THE FOURTH INDUSTRIAL REVOLUTION

제4차 산업혁명을 위한
문과·이과
융합형 인재

 Preface

《문과 출신입니다만》(원서 : 理系に學ぶ)이란 책의 저자 가와무라 겐키는 현재 일본에서 가장 각광받는 영화 프로듀서다. 1979년생으로 젊은 축에 속하는 그는 일본의 메이저 제작사인 도호영화사 소속으로 수많은 영화 제작에 참여해 왔다.

영화화된 첫 소설《세상에서 고양이가 사라진다면》이 140만 부나 팔리면서 베스트셀러 작가가 되기도 한 가와무라 겐키이지만 이과 콤플렉스는 떨칠 수 없었나 보다. 왜냐하면 저자는 수학과 과학을 싫어해서 도망치듯이 문과로 진학해야 했던 아픈 과거를 안고 있다. 스티브 잡스, 빌 게이츠, 마크 저커버그 등과 같은 이과 출신 사람들이 세계적인 트렌드를 이끌고 있는 것을 보고 자극 받은 그는 2년간 일본의 이과 출신 유명 인사 15명을 찾아가 대화하고 가르침을 구하였다.

그가 만나 대담을 나눈 사람들은 암흑 물질을 연구하는 이론 물리학자로부터 인터넷과 뉴미디어 업계의 선두 주자들, AI(인공지능)와 로봇 연구자에 이르기까지 매우 다채롭다.

이 책이 던지는 메시지는 각 분야의 최전선에 있는 사람들은 전공을 막론하고 모두가 발견자이자 창조자라는 사실이다. 무엇이든 꿈을 꾸고, 그것을 이루기 위해 충분한 시간을 들여 연구하고 숙고하는 과정을 거쳐, 괄목할 만한 성과를 내는 패턴은 영화 프로듀서인 저자든 이과의 유명인들이든 마찬가지였다. 다만, 접근하는 방식이 달랐을 뿐이다. 가와무라 겐키는 머리말에서 다음과 같이 이야기한다.

"처음에 나는 이과와 문과의 차이를 알려고 했다. 문과에 있고 이과에 없는 것. 이과에 있고 문과에 없는 것. 그 차이를 통해 각각이 해야 할 일을 찾아내려 한 것이다. 그러던 중에 깨닫기 시작했다. '이과와 문과는 똑같은 산을 다른 길로 오르고 있을 뿐'이라는 사실을. 인간은 무엇을 아름답다고 느끼는가? 어떻게 하면 행복해질 수 있는가? 문과인이 정치와 경제, 말과 문장을 통해 오르는 '산'이 있다. 똑같은 '산'을 이과인은 수학과 공학, 의학과 생물학을 이용해 오르고 있었다. 그리고 그들이 찾아낸 '길'은 예상을 아득히 초월할 만한 창조성과 시사점으로 가득 차 있었다. 그들과 이야기를 나눌 때마다 새로운 관점이 생기고 시야가 넓어졌다. 내가 앞으로 해야 할 일과, 세계가 앞으로 향해야 하는 길이 보이기 시작했다. 이과인 또한 같은 산의 정상을 향해 나아가는 동료로서 문과인이 필요하다는 사실을 알았다."

인문학의 위기를 말해왔다. 최악의 취업난, 공시족의 기하급수적 증가, 이제 4차 산업혁명의 시대라더니, 그나마 남아 있던 일자리도 인공지능에게 빼앗기게 생겼다. 더 이상 문과 출신이 설 자리는 없는가? 문과인은 어떻게 살아야 하는가? 앞으로 세상은 어떻게 변할까? 무엇이 필요해지고 무엇이 필요 없어질까? 문과에게는 없고 이과에게 있는 것은 무엇일까? 우리는, 그러니까 문과는, 어떻게 살아남을 것인가? 저자 가와무라 겐키는 묻고 있다.

이른바 통섭의 시대다. 통섭(統攝, consilience)은 '지식의 통합'이라고 부르기도 하며 자연과학과 인문학을 연결하고자 하는 통합 학문 이론이다. 이러한 생각은 우주의 본질적 질서를 논리적 성찰을 통해 이해하고자 하는 고대 그리스의 사상에 뿌리를 두고 있다. 자연과학과 인문학의 두 관점은 그리스 시대에는 하나였으나, 르네상스 이후부터 점차 분화되어 현재에 이른다. 한편 통섭 이론의 연구 방향의 반대로, 전체를 각각의 부분으로 나누어 연구하는 환원주의도 있다.

교육부가 현재 초등학교 5학년이 대학에 입학하는 2021학년도부터 문·이과를 통합한 수능시험을 도입하기로 하면서 융합교육에 대한 관심이 더욱 높아지고 있다.

유럽과 비슷한 교육제도를 갖고 있으며 가까운 미국과의 교류가 빈번한 캐나다의 교육제도는 문·이과를 나눈 적도 없고 그것을 통합 또는 융합하겠다는 시도도 없다. 그냥 다양한 과목, 전공들이 학생들 앞에 있어 본인들의 취향대로 골라서 배운다. 그러다가 자기에게 안 맞으면 바꾸기도 하고 한두 가지 전공을 더 하기도 한다. 시행착오가 허용되는 융통성 있는 캐나다의 교육제도를 참고할 만하다.

캐나다에서는 대학입학을 위해 전국적으로 보는 수능시험도 없고 대학교에 가서 보는 입학시험도 없다. 고교 성적과 자기소개서를 기준으로 입학 사정을 하고 우수 대학에서는 추가로 에세이(작문)를 제출하도록 한다. 최근 극소수 학과에서 지원자 중 서류전형에서 합격한 학생들에게 학교에 와서 작문을 쓰도록 하지만 대체로 작문은 해당 학교 웹사이트에 들어가 온라인으로 쓰는 것이 일반적이다. 고교 과목에서 문·이과가 나누어져 있지 않은 것과 마찬가지로 대학 지원에서도 문·이과를 나누지 않는다.

캐나다에서는 이렇게 배움과 진로의 선택과 변경이 고교뿐만 아니라 대학에서도 자유롭고 빈번하다. 전공 변경만이 아니라 대학 간 전학, 전문대에서 대학으로의 편입, 대학 공부를 포기하고 전문대로 가는 학생들 등의 숫자가 상당히 많다. 대학도 바꾸면서 전공까지도 마음대로 바꿀 수 있는 캐나다에 문·이과 구분이나 통합 논의란 없다. 캐나다 대학의 특징은 바로 유연성(flexibility)이다.

　이 책은 이런 생각을 공유하고자, 같이 고민해보고자 구상한 것이다. 문·이과에 관련된 교육개혁은 통합이나 융합이 아니라 학생들에게 더 많은 자유와 기회를 주는 방향이 되어야 한다는 것이 캐나다 교육시스템이 주는 시사점이다. 창조적 인재는 가르쳐서 만들어지는 것이 아니라, 생각과 도전에 자유를 주고 실패했을 때 재기할 수 있는 사회적 토양에서 자랄 수 있다. 통합과 융합 교육보다는 학생들이 시행착오를 겪을 수 있도록 융통성 있는 제도를 만드는 것이 더 필요할 것이다. 융합형 인재는 학생 스스로 만들어 가는 것이 아니겠는가?

　끝으로 이 책의 출판에 많은 도움을 주신 한올출판사 임순재 사장님과 최혜숙 실장님 그리고 관계자 여러분의 노고에 깊은 감사의 말씀을 드린다.

2018년 1월
저자 씀

Contents

Chapter 01 융합과학

Chapter 02 통섭의 시대

융합과학

제4차 산업혁명을 위한 **문과·이과 융합형 인재**

01 융합과학

1. 개론

융합(融合)이란 다른 종류의 것이 녹아서 서로 구별이 없게 하나로 합해지는 일이라는 의미로 화학에서 사용하는 말이다. 여러 가지의 개념을 합쳐서 한 가지의 개념으로 만드는 것을 융합이라고도 한다. 유의어로는 음악의 크로스오버나 콜라보레이션 등이 있다. 현대에는 작은 핵들을 합쳐 더 큰 핵을 만들면서 에너지를 방출하는 반응을 가리키는 데에도 쓰인다.

최근 전 세계적으로 융합에 대한 관심이 고조되고 있다. 스티브 잡스와 애플은 융합을 이룩한 산업계의 영웅으로 상찬되고 있고, 정부 관료와 언론은 10년 후 한국 사회를 먹여 살릴 핵심 이슈로 지식, 과학, 기술, 교육 등 전방위에 걸친 융합을 거론한다. 신상품을 개발하고 새로운 마케팅 기법을 고안해 내야 하는 산업계는 물론이고, 과학·기술 분야와 인문·사회과학 분야 같은 학계까지 미래를 개척할 새로운 돌파구로서 융합의 필요성이 강조되는 것이다. 그러나 우리나라에서 그동안 이루어진 융합에 대한 논의는 원론적이고 추상적인 수준에 그치고 있다. 특히 우리가 지향해야 하는 융합이 무엇이고, 어떻게 해야 성공할 수 있는지에 대한 기본적인 이해가 매우 부족한 상태인 것이다. 이런 상황이 계속된다면 융합 담론은 바람직한 융합 연구를 위한 기반을 마련하기 어렵다. 게다가 대학마다 경쟁적으로 바이오융합공학과, 환경에너지공간융합학과, 융합특성화 자유전공학부 등 정체불명의 학과 및 학부가 우후죽순처럼 개설되고 있다.

자료: ssunews.net

⚙ 그림 1.1 모대학의 융합 관련 학부

　이러다가는 자칫하면 형해화(形骸化), 즉 유명무실해질 공산(公算)이 크다. 또한 유력 대선 주자의 약력이나 장식하고, 곧 다음 담론에 밀려 사라질 판이다.

　융합은 이것저것 잡다하게 하는 르네상스 맨을 만드는 것을 목적으로 하고 있지 않다. 이것은 융합에 대한 흔한 오해 중 하나이다. 융합이 추구하는 바는 기후 변화, 노화의 문제, 신소재의 개발, 적정 기술, 합성 생물학 등 진정으로 중요한 문제를 해결하는 것이다. 그것이 개인에 의해서 해결이 되든지 그룹에 의해서 해결이 되든지, 그것이 인문학이나 예술의 영역이건 혹은 과학·기술의 영역이건 관계없다. 설령 그것이 학문의 경계에 존재하든 한 분과 내에 존재하든, 융합의 목적은 우리에게 중요한 문제를 해결하는 데 있다. 미해결 난제를 해결하

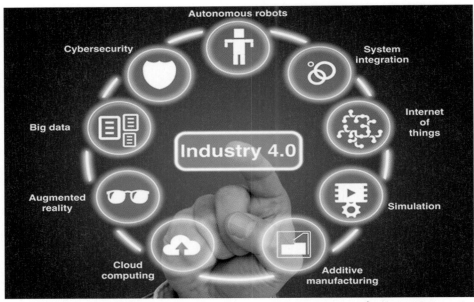

자료: businesskorea.co.kr

⚙️ 그림 1.2 융합을 통한 창의성

기 위해서 필요한 것은 그 문제와 관련된 전문성인데, 지식 융합이 추구하는 것은 '융합을 통한 전문성' 혹은 '융합을 통한 창의성'인 것이다.

이러한 상황에서 융합을 '종합적'으로 고찰하고 '구체적'으로 분석한 뒤에 '실질적'으로 도움이 되는 결론을 도출하고자 하는 연구가 필수적으로 요구된다.

융합과학(融合科學)은 과학, 기술 및 인문사회과학 등의 세분화된 학문들의 결합, 통합 및 응용을 통하여 만들어진 새로운 과학 분야를 말한다. 20세기 중엽부터 21세기에 이르러 학문과 기술의 수렴 및 융합의 흐름이 전개되었다. 융합과학은 인문학, 사회과학, 예술, 공학, 과학 및 문화의 여러 영역들을 동일한 창조와 융합의 정신, 원리로 탐구하여 인간의 삶뿐만 아니라 인간성의 향상을 목적으로 한다. 융합과학은 나뉘어 있던 자연의 지식 영역들의 경계에 따라 각 학문을 개별적으로 연구하지 않는다. 자연이라는 하나의 대상을 각 학문이 개별적

자료: smartacademy.tistory.com

🔧 그림 1.3 창의 융합형 교육[1]

인 특성은 유지하되 각각의 요소를 모두 고려하여 통합적인 탐구를 이루어낸다. 융합과학은 융합과학기술, 학제 간 과학, 통섭 등으로 나눌 수 있다.

2. 분류

전술한 바와 같이 융합과학은 크게 융합과학기술, 학제 간 과학, 통섭으로 나뉜다. 융합과학기술은 하나의 목표를 이루기 위해 각 분야의 기술이 합쳐져 연구하는 것을 말하며, 연구한 후에도 각각의 분야는 그 고유한 성격을 잃지 않는

---

1) 교육부가 현재 초등학교 5학년이 대학에 입학하는 2021학년도부터 문·이과를 통합한 수능을 도입하기로 하면서 융합교육에 대한 관심이 더욱 높아지고 있다.

다. 반면, 학제 간 과학은 각 분야의 전문가들이 함께 팀을 이루어 단일 학문의 범위를 벗어나는 주제에 대한 통합적인 연구를 한다. 각 분야가 완전히 통합되어 연구가 이루어지는 것이다. 마지막으로 통섭(統攝)은 자연과학과 인문학, 사회과학을 연결하는 통합 학문 이론으로 환원주의와 반대되는 개념이다.

(1) 융합과학기술

융합과학기술은 각각의 기술이 하나의 목표를 이루기 위해 융합되어 연구하는 것을 말한다. 하지만, 여러 기술이 합쳐져 융합기술이 문제를 해결하고 나면,

자료: www.iclickart.co.kr

🔩 그림 1.4 융합과학기술 이미지

각각의 분야가 없어지거나 흡수되지 않고 독립적으로 남아 있는 경우를 융합과
학기술이라고 한다. 즉, 융합과학기술은 전문분야의 병렬적 관점으로 생각할 수
있으며, 지식과 정보의 확대를 통한 학문 간 교류라고 생각할 수 있다. 각각의 팀
에서 구성원은 통합한다기보다 역할을 구분하여 수행하고 각각 따로 보고서를
제출하게 된다.

✦ 융합과학기술의 예시

지구온난화를 그 예로 들 수 있다. 지구온난화를 줄이기 위한 연구는 여러 학
문 분야에서 독자적으로 진행되었다. 자연과학 분야에서는 온실가스 저감기술
을 개발하기 위한 기술적인 연구가, 사회과학 분야에서는 온실가스를 절감하기

자료: news.samsung.com

✿ 그림 1.5 융합과학기술의 결과물 스마트폰

위한 정책개발과 관련된 연구가 이루어지고 있다. 뿐만 아니라 경제학계에서도 지구온난화에 따른 각종 영향 분석, 지구온난화를 막기 위해 제시되고 있는 여러 기술들에 대한 비용-편익분석 등 그 가치와 비용에 대한 연구가 진행되고 있다. 이와 같이 지구온난화의 억제라는 주제를 서로 다른 분야가 각각 연구하고 각각의 분야를 유지하여 결과를 내는 것이 융합과학기술의 예시라고 할 수 있다.

스마트폰은 여러 가지 과학적 원리와 그 원리들을 담아낼 기술, 사람들이 쓰기 편하도록 만들어진 디자인 등이 융합되어 만들어진 결과물이다.

(2) 학제 간 과학

학제 간 과학에 대한 정의는 학자들 사이에 큰 차이가 있으며, 그 기준이 모호하여 논란의 여지가 있다. 여러 정의들 중, 핀란드 아카데미에서 학제 간 연구의 의미를 다른 개념들과 비교를 통해 상세히 제시했다. 학제 간 연구는 복잡한 이슈와 질문에 대해 각각의 학문적 데이터, 방법, 개념, 이론 등을 통합한 연구이다. 이는 물방울과 같은 원리이다. 작은 물방울 여러 개가 합쳐지면 좀 더 큰 물방울 하나가 탄생하는 것과 같이 고유의 과학기술분야가 통합되어 하나의 융합된 분야가 탄생되는 것이다.

자료: kosen21.org

⚙ 그림 1.6 학제 간 과학 이미지

단순한 부분의 합이 아니며, 각각의 분야가 함께 팀을 이루어 단일학문의 범위를 벗어나는 주제에 대한 통합적인 연구라는 점에서 융합과학기술과 다르다. 융합과학기술이 서로 다른 분야가 병렬적으로 만나 융합되어 연구하고 다시 각각의 고유성이 사라지지 않는 것에 비해, 학제 간 과학은 완전히 통합하여 연구가 이루어지기 때문이다.

① 학제 간 과학의 예시

베를린 팀의 우라늄 핵분열 발견

당시에는 파리에 이렌 퀴리를 중심으로 하는 연구팀과 로마에 엔리코 페르미 연구팀이 있었지만, 그들은 모두 물리학자들로만 구성되어 있었다. 하지만 베를린 팀은 방사화학자 오토 한, 물리학자 리제 마이트너, 분석화학자 슈트라스만으로 이루어진 완벽한 학제 간 연구팀이었다.

먼저 팀장인 오토 한은 유기화학자 출신이었지만 1901년 박사학위를 마치고 병역을 마친 후, 비활성 기체의 연구로 유명하던 영국의 윌리엄 램지 연구실에서 공부하게 되었다. 방사능에 관심이 있던 램지가 오토 한에게 퀴리의 방법을 이용하여 바륨염으로부터 라듐을 추출하라는 부탁을 받고 연구를 하다가 방사토륨을 발견하게 되었다. 이를 계기로 하여 방사화학으로 길을 바꾼 오토 한은 1905년 9월 몬트리올의 맥길 대학에 있던 러더퍼드를 찾아갔다. 이곳에서도 그

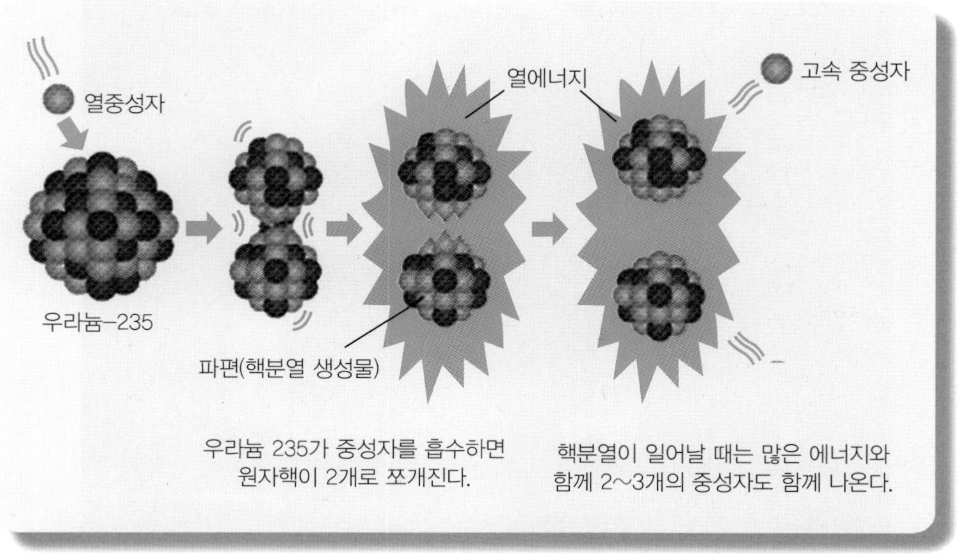

자료: blog.khnp.co.kr

그림 1.7 우라늄 핵분열을 발견한 과학자 오토 한(Otto Hahn)

는 방사악티늄을 발견해냈다. 1906년 가을 베를린의 에밀 피셔 연구실에서 일하게 된 그는 메조토륨을 분리해내는 등 방사화학 분야에서 계속 좋은 연구 업적을 냈다. 1910년에 베를린 대학 화학과 교수가 된 그는 여러 물리학자들과 교류하였는데, 그 중 한 명이 리제 마이트너였다.

1907년부터 평생 이어진 화학자 오토 한과 물리학자 리제 마이트너의 공동 연구는 결국 우라늄 핵분열 발견을 이뤄낸다. 우라늄을 변환시키는 실험 과정에서 새로 생성되는 원소의 분석을 위해 그들이 찾은 분석화학자가 바로 슈트라스만이었다. 실험에서 나타나는 원소들은 같은 족에 속해 있어 화학적 성질이 매우 비슷했기 때문에 꼼꼼한 분석화학자가 꼭 필요했다. 파리 연구팀과 로마 연구팀에 이러한 분석화학자가 없었다는 점은 큰 약점으로 작용했다. 파리 연구소의 이렌 퀴리와 사비치는 우라늄에 중성자를 쏘아 새로운 방사성 물질을 발견했으나 분석화학자의 부재로 어떤 물질인지 알아내지 못했고, 결국 베를린 연구팀이 분석하는 과정에서 우라늄의 핵분열을 발견하게 된 것이다.

자료: ctpress.kaist.ac.kr

⚙️ 그림 1.8 MIT 미디어랩

✺ MIT 미디어랩

 MIT 미디어랩은 현재 존재하는 세계적인 학제 간 연구기관이다. 이 기관은 공학에 예술과 인문학 등 이질적인 학문을 접목시킨 연구기관으로, '상상력을 발전시킨다'라는 목표를 가진다. MIT 미디어랩은 교수진 40여 명과 석·박사 과정 학생 120여 명으로 구성된 작은 연구소지만 세계 모든 어린이를 위한 100달러 미만의 컴퓨터, 스스로 생각하는 인공지능 로봇, 옷처럼 입을 수 있는 컴퓨터 등 다양한 기술을 만들어 왔다. 또한, 사람들과 대화하는 로봇이 사람의 눈을 뚫어져라 보지 않고 한눈을 팔게 만들고, 허공에서 손짓만으로 컴퓨터를 제어하는 기술을 만드는 등 자연스럽고 창의적인 연구 결과를 내놓았다. 이러한 결과는 다양한 전공의 사람들이 함께 연구한 결과로 나타날 수 있었다.

자료: m.blog.naver.com

✿ 그림 1.9 KAIST 문화기술대학원

- 정보를 깊게 다루던 문헌정보학이 확장된 정보과학 - 서울대학교 디지털정보융합과
- 웹 자체에 대한 과학, 공학적 접근을 주창하는 웹 과학
- 컴퓨터 과학/컴퓨터 공학에서 시작하여 다양한 분야로 확장된 인간과 컴퓨터의 상호작용
- 문화 및 예술과 접합한 경우 - KAIST 문화기술대학원, 서울대학교 정보문화학 연합전공

② 통섭

통섭(統攝, consilience)은 '지식의 통합'이라고 부르기도 하며 자연과학과 인문학, 사회과학을 연결하고자 하는 통합 학문 이론이다. 설명의 공통기반을 만들기 위해 분야를 가로지르는 사실들과 사실에 기반을 둔 이론을 연결함으로써 지식을 통합하는 것으로 설명된다. 이러한 생각은 우주의 본질적 질서를 논리적 성찰을 통해 이해하고자 하는 고대 그리스의 사상에 뿌리를 두고 있다. 자연과

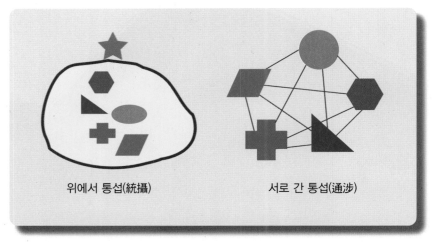

위에서 통섭(統攝)   서로 간 통섭(通涉)

자료: kookje.co.kr

그림 1.10 통섭 이미지

학과 인문학의 두 관점은 그리스 시대에는 하나였으나, 르네상스 이후부터 점차 분화되어 현재에 이른다. 한편, 통섭 이론의 연구 방향의 반대로, 전체를 각각의 부분으로 나누어 연구하는 환원주의도 있다.

◉ 어원과 뜻

 'consilience'라는 단어는 1840년에 윌리엄 휴얼이 쓴 귀납적 과학의 철학이라는 책에서 처음으로 등장한다. 이 말은 라틴어 'consiliere'에서 온 것으로, 여기서 'con-'은 '함께'라는 뜻을 갖고 있고 'salire'는 '뛰어오르다', '뛰어넘다'의 뜻을 가지고 있다. 이를 합하면 '더불어 넘나듦'으로 풀어서 설명하면 '서로 다른 현상들로부터 도출되는 귀납들이 서로 일치하거나 정연한 일관성을 보이는 상태'를 의미한다. 휴얼은 "귀납의 통섭은 하나의 사실 집합으로부터 얻어진 하나의 귀납이 다른 사실 집합으로부터 얻어진 또 하나의 귀납과 부합할 때 일어난다. 이러

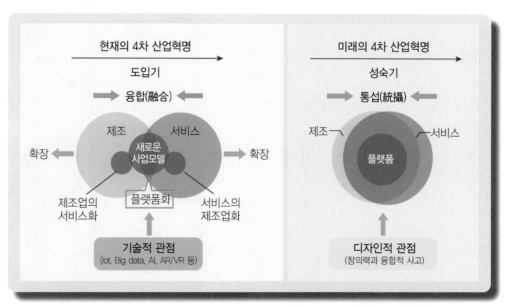

자료: brunch.co.kr

⚙️ 그림 1.11 4차 산업혁명의 현재와 미래

한 통섭은 귀납이 사용된 그 이론이 과연 참인지 아닌지를 가리는 시험이다."라고 하였다.

그 이후 통섭이란 말은 20세기 말까지 널리 알려지지 않았으나, 최근 에드워드 오스본 윌슨의 1998년 저서《통섭, 지식의 대통합》을 통해 다시 알려지기 시작했다. 이때부터 지금과 같은 의미의 통섭이라는 말이 널리 사용되게 되었다. 한국에서는 이를 윌슨의 제자인 이화여대 최재천 교수(현재 국립생태원 원장)가 처음으로 '통섭(統攝)'으로 번역하였는데, 이는 '사물에 널리 통함'이라는 뜻을 가진 '통섭(通涉)'과는 다르며, 불교와 성리학에 흔히 사용되는 용어로 '큰 줄기를 잡다'라는 뜻을 가진다.

✦ 융합적 통섭과 환원주의적 통섭

• 융합적 통섭

휴얼은 귀납적 과학의 철학보다 3년 먼저 저술한 그의 저서《귀납적 과학의 역사》에서 과학을 강에 비유하였다. 그는 여러 갈래의 냇물들이 모여서 강을 이루듯이 먼저 밝혀진 진리들은 시간이 흐르면서 하나둘씩 합쳐져서 결국 하나의 강령에 포함될 뿐 그 어느 것도 다른 것으로는 환원되지 않는다고 설명하였다. 냇물이 강으로 환원되지 않는 진리가 환원되는 것이 아니라 다른 진리들과 합류된다는 개념이다. 하지만 이와 같은 휴얼의 설명은 '돌아오지 않는 강'이라는 비난을 받는다.

• 환원주의적 통섭

윌슨은《통섭, 지식의 대통합》이라는 책에서 환원주의적 통섭의 개념을 제시한다.

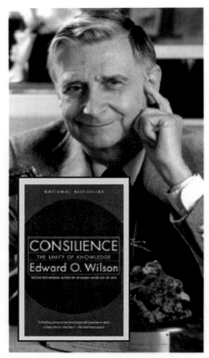

자료: sgsg.hankyung.com

⚙ 그림 1.12 에드워드 오스본 윌슨과 그의 저서

태생적으로 환원주의는 통섭과 상반되는 개념이기는 하나, 윌슨은 기본적으로 환원주의적인 입장을 부인하지는 않는다. 환원주의를 통섭적인 연구를 하기 위한 하나의 방법론으로 삼은 것이다. 이러한 윌슨의 환원주의적 통섭은 나무에 비유된다. 나무는 가운데 줄기를 두고 위로는 여러 갈래의 가지를 뻗어 나가고 땅 속으로는 많은 뿌리로 갈라져 있다. 줄기가 뿌리와 가지를 연결하듯이, 눈에 보이는 현상들을 관찰하고 기술하는 학문들과 눈에 보이지 않는 부분을 측정하고 이론화하는 학문들이 상호 영향력 있는 통섭을 이루어내는 것이다.

융합과학과 통섭

현재 시점에서 '융합'이라는 개념은 통일되어 정착되어 정의한 바가 없다. 미국이나 유럽에서는 융합의 개념보다는 기술의 수렴과 학제적 연구의 개념에 초점을 맞추고 있다. 현재 한국에서 통용되고 있는 융합과학의 개념은 이보다는 더 많은 개념을 포괄하고 있다. 한국에서의 융합과학은 기술의 수렴에 대한 한국적인 해석과 최재천, 장대익 교수에 의해 국내에 들어오게 된 통섭의 개념과

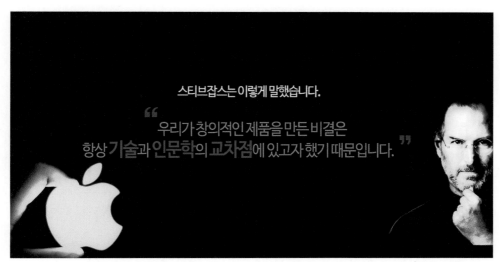

자료: youtube.com

그림 1.13 스티브 잡스와 인문학

추가적으로 융합에 대한 일반인들의 상식적이고 직관적인 이해를 포함하고 있다. 때문에 국내에서 융합은 쓰임에 따라 조금씩 의미에 차이를 보이지만 일반적으로 통용되고 있다. 특히나 통섭의 경우, 서구의 다른 국가들에서는 부각되지 않았던 학문 간의 융합의 한 면모이다. 통합은 서구에서 통용되는 기술 간의 수렴보다 더 넓은 인문학, 사회과학과 과학 및 과학기술의 융합의 개념을 포함한다. 통섭은 좁은 의미에서의 융합에서는 포함되지 않으나 넓은 의미의 융합에는 포함되는 개념이라고 할 수 있다.

3. 융합과학의 역사

(1) 르네상스와 그 이전의 과학

고대 그리스 시대부터 16세기 이전의 르네상스 시대까지만 해도 지금과 같은 학문 분류 체계가 존재하지 않았다. 당시 사람들은 자연 현상이나 인간 현상들은 여러 영역으로 나누어 접근하였고, 이러한 여러 지식의 영역들은 철학이라는 이름 하에 아직 분화되지 않은 채로 존재하였다.

고대 그리스의 과학은 과학보다는 자연철학이라는 용어로 더 잘 표현이 된다. 탈레스, 엠페도클레스, 데모크리토스와 같은 철학자들은 세상을 근본적인 한 가지 혹은 몇 가지의 개념들로 설명할 수 있다고 생각하였다. 실제로 탈레스는 만물의 근원은 물이라고 주장하였으며, 엠페도클레스는 만물은 물, 불, 흙, 공기와 에테르의 5원소의 혼합으로 만들어진다고 주장하였다. 데모크리토스는 세상의 모든 것은 원자로 이루어져 있다는 고대 원자론을 주장하였다. 이와 같은 고대 그리스 철학자들의 생각은 학문들이 분화되기 이전의 특징을 잘 보여주고 있다. 이와 같은 생각은 후에 과학적, 수학적 그리고 철학적 연구의 기초가 되었다.

또한 고대 그리스의 철학이 중요한 까닭은 이 시기의 사상이 우주의 본질적 질서를 논리적으로 성찰하고자 하기 때문이다. 인문학과 사회과학, 과학의 구분이 없었던 당시의 이러한 사상은 후에 융합과학의 바탕이 된다. 그 이후의 중세

자료: slidesplayer.org

🔧 그림 1.14 탈레스

유럽의 과학이나 르네상스 시대까지만 해도 당시의 전형적인 학자들은 지금의 관점으로 분류한 거의 모든 학문에 걸쳐 전문적인 지식수준을 갖추고 있었다. 그 예로 레오나르도 다빈치는 조각, 건축, 해부학, 식물학, 천문학, 지리학, 음악 외에도 도시 계획과 발명 등에 능통했다.

(2) 16세기 이후의 근대 과학

16세기 이후로 지식은 쪼개지기 시작하였다. 점차적으로 학문의 각 영역들이 그것의 고유한 탐구 대상과 원리를 가지고 있다고 판단되었다. 이로 인해 구체적으로 나뉘지 않았던 학문들이 점차 다른 영역들과는 독립적인 탐구와 설명이 가능하다고 여겨졌고, 이로 인해 학문의 구분이 생기기 시작했다. 이와 같은 추세는 환원주의의 영향으로 더욱 가속화되었으며, 엄청난 양의 지식의 발굴에 기여를 했다.

자료: whitelake.tistory.com

🔧 그림 1.15 아이작 뉴턴

학문의 구분이 시작된 16세기 이후에도 지적인 통일을 향한 비전이 존재하였다. 17~18세기의 계몽사상은 인간의 지성 혹은 이성의 힘으로 자연과 인간관계, 사회와 정치문제를 객관적으로 관찰해서 보편적이며, 자명한 진리를 발견하고 낙관적으로 발전시킬 수 있다고 보았다. 또한 18세기 뉴턴의 등장 이후 과학의 방법 이론이 가다듬어져서 학문의 여러 영역들이 뉴턴 과학이라는 체제하에 하나의 통일된 틀, 융합 가능성을 보였다. 그 이후 20세기 초에는 오스트리아의 빈 학파의 논리실증주의자들을 중심으로 전개된 통일 과학 운동이 있었다. 하지만, 20세기 전반까지 일반적인 학문 추세는 융합과 수렴보다는 세분화와 전문화의 경향을 보인다.

(3) 현대과학

근대에서 현대로 넘어오면서 과학은 서서히 융합되기 시작하였다. 20세기 말에서 21세기에는 본격적으로 학문 간의 통합의 개념이 시작되었다. 서로 별개라고 여겨졌던 다양한 학문들 간에 물리적, 개념적으로 공통 법칙들이 존재한다는 사실이 발견되었고, 이는 학문 간의 연계를 가져왔다. 또한 과학혁명 이후로 시작된 과학과 기술 간의 융합이 현대에 들어서 유기화학과 같은 과학과 기술이 융합된 새로운 학문의 탄생을 이끌었다. 이로써 과학의 발달은 새로운 국면으로 접어들었다.

20세기 중후반에 생화학, 분자생물학, 진화의학, 계산언어학, 메카트로닉스가 등장하였다. 디지털 컴퓨터와 인공지능이 출현하였고 인지과학 분야가 형성되었다. 또한 디지털 문화가 급격히 발생, 성장하였다. 마이크로와 나노 수준의 물질세계에 대한 연구가 부각되었고, 이는 유전자 연구 및 생명과학, 복잡계 이론과 함께 발전, 융합을 거듭하였다. 로보틱스에 관한 연구 또한 발전하였다. 이와 같은 학문의 발달은 학문 간의 융합이 없이는 불가능하였고, 그 이전까지 진행되었던 세분화의 경향을 넘어서며 학문 간의 융합이 이루어지기 시작하였다.

이러한 추세는 세계 각국의 과학기술 정책 변화와 과학 재단의 변화를 일으켰다. 미국 국립과학재단이 나노 과학자들을 중심으로 미래 과학기술의 틀을 모색할 초기 단계에서 융합의 개념에 도달하였다. 미국에서는 일차적으로 'GRIN'[유전학(genetic), 로보틱스(robotics), 정보과학(information science), 나노공학(nano technology)]의 틀을 제시하였다. 이후 2001년 말에 유전학이 생명공학으로 범위가 확장되었고 로보틱스가 정보과학에 포함되었다. 또 그 후 인지과학이 추가되어서 마침내 2002년 NBIC[나노공학(nano technology), 생명공학(biotechnology), 정보과학(information science), 인지과학(cognitive science)] 융합과학기술의 틀이 완성되었다.

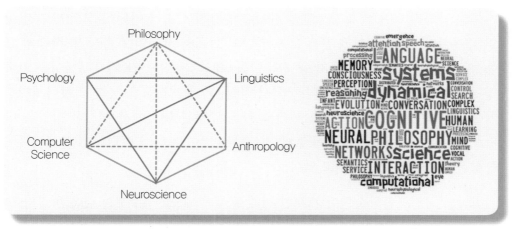

자료: brunch.co.kr

그림 1.16 슬로건 육각형(왼쪽)과 인지과학 단어 모음(오른쪽)

이후 유럽공동체(European Community, EC)가 2004년 CTEKS(유럽지식사회를 위한 융합과학기술 ; Converging Technologies for the European Knowledge Society)를 제시하였다. 유럽이 제시한 융합과학기술의 틀은 인문학과 사회과학의 응용분야를 공학 분야와 융합시켜 사회적 테크놀로지를 강조하였다.

4. 융합과학의 연구동향

(1) 해외융합과학의 연구동향

① 미국 융합과학의 연구동향

미래 융합과학기술의 틀은 미국 국립 과학재단에서 제시되었다. 미국 국립과학재단은 2002년, NBIC 수렴과학기술을 제시했다. NBIC는 나노과학기술, 생명과학기술, 정보과학기술, 인지과학기술의 줄임말로, 이 네 가지의 서로 다른 과학기술 분야가 서로 상호작용하여 하나로 융합된 과학기술분야로 재탄생된다는 것을 의미한다. 미국은 물질중심으로 융합된 과학을 연구하던 이전에 비해 인지과학을 추가하여 융합과학기술의 개념을 확장했다. 이들의 융합으로 미래 과학기술의 궁극적 목표는 획기적인 발견이나 인간의 장수가 아닌 일상적인 인간 삶의 증진이다. 인간 삶의 증진은 보통 인간의 삶에서 작업의 효율성 및 학습의 효율성 개선, 개인 감각 및 인지 능력의 강화, 개인 간·집단 간 커뮤니케이션 기술 및 효율성 증진, 개인과 집단의 창의성 향상, 뇌 상호작용을 통한 커뮤니케이션 기술의 향상 등을 포함한다. 21세기 과학은 대부분 미국에서 제시한 방향을 바탕으로 구분되며, 특정 영역이 홀로 진행하는 것이 아니라 수렴되고 학제적이며 통합적인 관점으로 진행되고 있다.

미국의 국립공학학술원이 제시한 미래 공학의 대도전 4주제는 다음과 같다.
- 인류 생존, 존속 : 태양열 활동, 지구 온난화 대책 등
- 생명 의학적 연구

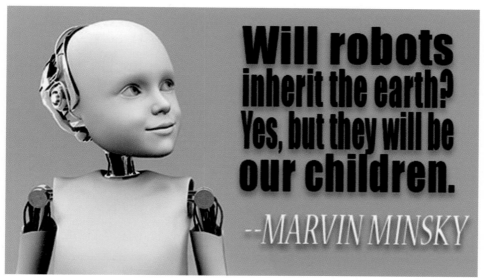

자료: wopen.net

🔧 그림 1.17 마빈 민스키[2]

- 취약성 축소 : 안전한 사이버공간, 핵 테러 방지
- 삶의 즐거움 증진 : 인간 자신에 대한 지식과 기능의 향상

또한, 미국 공학원이 제시한 13개의 대도전은 다음과 같다.

- 환경적 태양 에너지 만들기
- 융합 에너지 만들기
- 탄소 제거 방법 개발하기
- 질소 순환 다루기

---

2) 미국 국립공학학술원(National Academy of Engineering)과 국립과학학술원(National Academy of Sciences)의 회원이다. 인공지능(AI) 연구의 선구자 마빈 민스키 매사추세츠 공과대학(MIT) 교수가 2016년 1월 24일 향년 88세로 사망했다. 그의 삶은 인공지능의 가능성에 대해 낙관주의에서 출발해 깊은 실망감에 빠졌다가 열광적인 부활을 경험하며 마무리됐다.

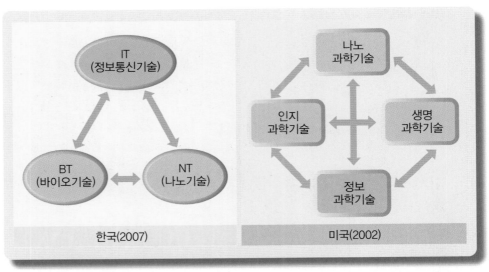

자료: 과학기술부, 미국과학재단

🔩 그림 1.18 한·미 융합과학기술 기본계획 틀 비교

- 깨끗한 물 얻는 방법 개발하기
- 도시의 구조 재건 및 개선하기
- 더 좋은 약 개발하기
- 뇌의 역-기술 연구하기
- 핵 테러 막기
- 사이버 공간 안전하기 만들기
- 생생한 현실감 증진시키기
- 개별적 지식의 증진
- 과학적 발견에 대한 방법들 개선

② 캐나다 융합과학의 연구동향

캐나다의 융합과학기술은 캐나다 국방성에서 제시되었으며 미국의 NBIC 융

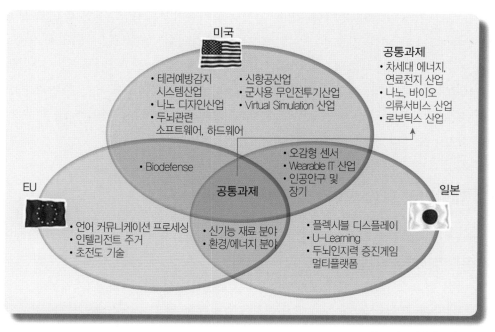

자료: 한국생산기술연구원

🔩 그림 1.19 선진국 융합산업 주요 테마

합과학기술의 틀을 거의 그대로 따른다. 그러나 네 가지 분야의 고른 융합으로 인간 삶의 증진을 목표로 하는 미국과 달리 나노 과학기술 중심으로 특정한 목표와 응용이 규정되지 않았다는 특징을 가진다. 이는 미래 과학기술의 목표를 인간 삶의 증진으로 보았을 때, 아직 목표의 참뜻을 이루지 못했다고 평가될 수 있다.

③ 유럽공동체 융합과학의 동향

유럽의 융합과학은 CTEKS로 불린다. 이는 유럽의 지식사회를 위한 융합과학의 줄임말로 나노과학, 생명과학, 정보과학, 인지과학, 사회과학, 인류학, 철학, 지리학, 환경과학, 거시-미시세계의 더 폭넓은 융합을 다룬다. 특히, 유럽공동체의 융합과학은 미국이 제시한 NBIC 융합과학기술에 사회과학적인 측면을 더하였으며, 이러한 면을 강조한다. 즉, 지리학, 환경과학, 철학 등 사회과학기술을 추가하여 융합과학기술의 개념을 더 확장시켰다. 앞으로 미래 사회는 사회학, 동물생태학, 언어학, 경제학, 정치학, 조직행동학과 같은 사회적인 측면과 테크놀로지 디자인과학, 인간공학, 생물공학과 같은 공학적인 측면이 더욱 더 강조될 것으로 보인다.

(2) 대한민국 융합과학의 연구동향

2008년 3월, 삼성경제연구소에서는 CEO 정보의 새 자료에 국가가 주도해야 할 6대 미래기술을 발표했다. 이는 지능형 인프라 구축, 바이오 제약, 청정 에너지, 군사용 로봇, 나노 소재, 인지과학으로 해외 융합과학기술에 포함되는 과학기술을 모두 포함하고 있음을 보여준다. 국내에도 융합과학기술이 발달되고 있다. 한국연구재단은 2009년 12월 3일을 시작으로 현재까지 총 6회의 융합과학

자료: ko.wikipedia.org

⚙ 그림 1.20 한국연구재단

워크숍을 열었다. 융합과학 워크숍은 김빛내리 교수의 특별강연, 융합과학 분야 첫 국가과학자로 선정된 남홍길 교수의 발표, 창의연구단장 우응제 교수, 젊은과학자상을 수상한 조광현 교수의 발표를 비롯해 여러 교수들이 참가하여 융합과학의 트렌드를 공유하고 더욱 창조적인 융합 연구의 기반을 닦기 위해 열렸다. 실제로 융합과학 워크숍은 많고 다양한 과학자들이 융합과학에 대해 발표하고 의견을 나누는 큰 장이 되었다. 각각의 워크숍은 소통과 융합, 신체와 정신, 융합과학 논문 경쟁력 강화, 예술문화와 과학기술의 만남, 자연과학과 인문과학의 만남, 2010년도 융합과학 트렌드를 주제로 하여 국립과천과학관, 대덕연구개발특구의 한국연구재단 연구관 등에서 개최하였다.

　주요 대학의 학문융합 추진 현황은 다음과 같다.
- 서울대학교 : 2008년 경기도 수원 광교신도시 차세대융합기술연구원 내 범학문통합연구소 개설(장기발전계획). 학문융합분야 참여 교수나 연구원 인사 고과 반영, 세계적 수준의 융합분야 연구소 설립 추진
- 고려대학교 : 2004년 교과과정 개편 통해 연계전공 실시. 학부생 이중전공 의무화
- 연세대학교 : 신촌캠퍼스에 융복합 프로그램 개설. 송도캠퍼스 융복합 관련 연구소 개설
- 이화여자대학교 : 학문융합 전담 스크랜튼 대학 설립(문화연구, 디지털 인문학, 사회과학 심화, 생명과 과학기술 4개 분야). 통섭원 개설. 파주 새 캠퍼스 화두를 '학문 융합'으로 결정

5. 융합과학의 한계점과 조건

　융합과학은 복잡한 여러 현상들을 설명하기 위해 반드시 필요하며 현대 과학의 트렌드이다. 하지만 융합과학 연구에 한계점이 존재한다. 융합과학으로 등록해야 더 많은 지원비가 나오는 것을 악용하여 융합과학으로 등록한 후, 각자 연

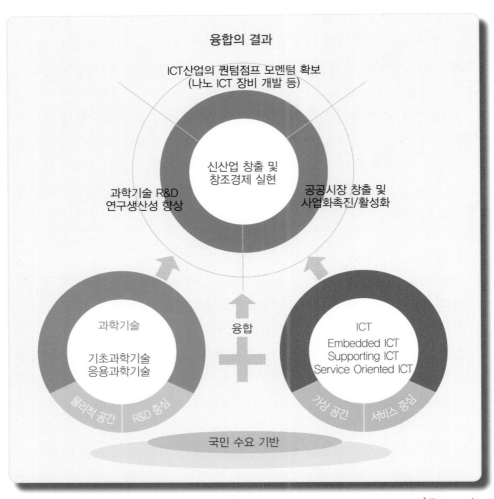

자료: nsa.or.kr

🛠 그림 1.21　과학기술 R&D와 ICT 간 융합 개념도

구하고 교류하지 않는 등의 일이 일어나기 때문이다. 또한 서로 다른 분야이기 때문에 협동하는 과정에서 의견 충돌이 생기는 경우가 있고, 자신의 분야에 대해 상대방보다 높은 위치에 있다고 생각함으로써 상호 간의 존중을 지키지 않는 경우가 있다.

자료: aictnews.blogspot.com

🛠 그림 1.22 가상현실과 실제 환경과의 융합을 통한 새로운 학습 게임

　　따라서 융합과학이 제대로 이루어지기 위해서는 여러 가지 조건이 필요하다. 먼저, 각 분야에 대한 전문성이 확보되어야 한다. 한 분야의 전문가가 아닌 사람들이 모이면 더 나은 단계로 발전시키지 못하고 단순히 밥과 반찬을 섞은 비빔밥과 같은 결과가 나올 수 있다. 또한, 전문가들 각각이 그들의 목표에 관심을 가져야 하며, 서로에 대한 강한 신뢰가 필요하다. 서로의 분야가 다르기 때문에 용어나 접근방법이 다를 수 있다. 따라서 서로에 대한 강한 신뢰를 바탕으로 융합과학은 그 빛을 발할 수 있게 될 것이다.

　　제4차 산업혁명 시대에 진입하며, 인공지능, 사물인터넷, 로봇 등의 놀라운 기술·기계가 급부상해서 미래를 예측할 수 없을 지경이다. 그러나 융합과학은 그 미래를 '사람'에게서 찾는다. 기계를 위한 기술이 아닌, 인간을 위한 기술을 위해서다.

　　결국 사람이 답이다.

통섭의 시대

제4차 산업혁명을 위한 **문과·이과 융합형 인재**

02 통섭의 시대

1. 개론

통섭(統攝, consilience)은 '지식의 통합'이라고 부르기도 하며, 자연과학과 인문학을 연결하고자 하는 통합 학문 이론이다. 이러한 생각은 우주의 본질적 질

융합과 통섭 : 핵분열에서 핵융합으로

✱ 통합 vs 융합
  • 통합 : 물리적 결합(GIST)
  • 융합 : 수요 충족형 메타기술!

✱ 융합의 시너지, 통섭의 지혜로!
  • 융합 〈목표〉
   – 상이 분야의 화학적 결합으로 새 가치 창출
   – 혈당 측정 휴대폰(IT&BT), 개인 휴대형 슈퍼컴퓨터(IT&NT), 치료용 나노로봇(NT&BT)
  • 통섭 〈방법론〉
   – 함께(con) 뛰기(salire), 'jumping together'
   – 상이 분야 이론과 지식 묶어 새 가치 창출
   – 수평적/상호영향적 vs 수직적/포섭적

자료: slideshare.net

🔧 그림 2.1 융합과 통섭

Every failure is a step to success.

(William Whewell)

그림 2.2 윌리엄 휘웰

서를 논리적 성찰을 통해 이해하고자 하는 고대 그리스의 사상에 뿌리를 두고 있다. 자연과학과 인문학의 두 관점은 그리스 시대에는 하나였으나, 르네상스 이후부터 점차 분화되어 현재에 이른다. 한편, 통섭 이론의 연구 방향의 반대로, 전체를 각각의 부분으로 나누어 연구하는 환원주의도 있다.

1840년에 윌리엄 휘웰(William Whewell)은《The Philosophy of the Inductive Sciences》라는 책에서 'consilience'란 말을 처음 사용했는데, 설명의 공통기반을 만들기 위해 분야를 가로지르는 사실들과 사실에 기반한 이론을 연결함으로써 지식을 통합하는 것을 뜻한다. "통섭의 귀납적 결론은 사실들로 이루어진 하나의 분야를 통한 결론에 의해 얻어진 귀납적 결론이 또 다른 분야에 의해 얻어진 결과와 일치할 때 얻을 수 있다. 그러므로 통섭은 어떤 것에 대해 발생한 사실을 해석하는 이론들을 검증하는 것을 말한다."라고 하였다. 여기서 귀납적 결론이란 과학적 방법론을 통해서만 통섭에 받아들여질 수 있다.

현대적 관점으로 볼 때 각 지식의 분야들은 각각의 연구 분야의 활동에서 얻어진 사실들에 기반하여 연구하여 이해하고자 하는 학문들이다. 그렇지만 또 다른 연구 분야의 활동에 의존하는 면이 크다. 예를 들어, 원자물리학은 화학과 관련이 깊으며, 화학은 또한 생물학과 관련이 깊다. 물리학을 이해하는 것 또한 신

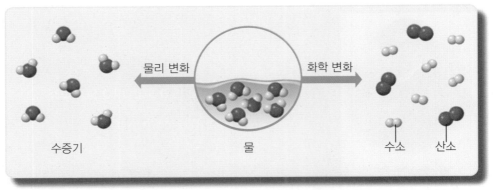

자료: m.blog.naver.com

⚙ 그림 2.3 물리 변화와 화학 변화

경과학이나 사회학, 경제학을 이해하는 데 없어서는 안 된다. 이렇듯 다양한 접합과 연관은 여러 분야 사이에서 이루어져 왔다.

2. 통섭 연구 학자

통섭이란 말은 20세기 말까지 널리 알려지지 않았으나, 최근 에드워드 오스본 월슨의 1998년 저서 《통섭, 지식의 대통합》을 통해 다시 알려지기 시작했다. 그는 《사회생물학》(1975년)을 저술한 인본주의적 생물학자로 인문학과 자연과학 사이의 간격을 메우고자 노력하고 있다. 이는 또한 C.P 스노우의 1959년 작 《두 문화와 과학 혁명》에서도 다루어진 바가 있다. 월슨은 과학, 인문학과 예술이 사실은 하나의 공통된 목적을 가지고 있다고 말한다. 그것은 분리된 각 학문의 세세한 부분을 체계화시키는 데에만 목적을 두지 않는다. 모든 탐구자에게 그저 보이는 상태뿐만이 아니라 깊이 숨겨진 세상의 질서를 발견하고 그것을 간단한 자연의 법칙들로 설명하고자 하는 시도이다. 이러한 점에서는 반대방향으로 연구하지만 오히려 환원주의에서 추구하는 것과 유사한 점을 발견할 수 있다.

자료: blog.daum.net

그림 2.4 에드워드 오스본 윌슨

한국에서는 윌슨의 제자인 이화여대의 최재천 교수가 《통섭, 지식의 대통합》을 번역하여 한국에 통섭의 개념을 본격적으로 알리기 시작하였다. 통섭이라는 단어는 성리학과 불교에서 이미 사용되어 온 용어로 '큰 줄기를 잡다'라는 뜻을 지닌다.

한편, 상지대의 최종덕 교수는 한국의철학회에서는 통섭이 마치 학문 간 동등하고 상호적이며, 양방향적 관점의 합일로 오해하게 하고 있으나, 원래 윌슨의 개념은 인문학이 자연과학에 흡수되는 통합을 의미한 것이라고 비판하였다. 또한 2006년 창립된 한국의철학회는 의학과 철학을 아우르는 학문과 실천 및 덕성으로 구성된 의(醫)의 본질에 대한 철학적 성찰을 통해, 이러한 문제에 대한 학문적 연구를 하고 학술지와 학술대회를 열고 있다.

웬델 베리는 그의 책 《삶은 기적이다》에서 윌슨의 위 책 《통섭》이 기계적 환원주의에 근거해서 세계를 파악하는 오류를 범했다고 지적한다.

3. 생명의 본질과 지식의 통섭

진리의 행보는 우리가 엄격하게 그어 놓은 학문의 경계를 존중해주지 않는다. 학문의 구획이란 자연에 실재하는 것이 아니다. 학문이란 진리의 궤적을 추적하기 위해 우리 인간이 그때그때 편의대로 만든 것이다. 진리는 때로 직선으로, 또 때로는 완만한 곡선을 그리며 학문의 경계를 넘나드는데, 우리는 우리 스스로 만들어 놓은 학문의 울타리 안에 갇혀서 진리의 한 부분만을 붙들고 평생 씨름하고 있는지 모른다. 하지만 이제는 진리의 행보를 따라 과감히 그리고 자유롭게 학문의 국경을 넘나들 때가 되었다. 학문의 국경을 넘을 때마다 여권을 검사하는 불편한 과정을 생략할 때가 되었다는 말이다. 진정한 세계화는 진리를 추적하는 학문의 영역들에서 가장 먼저 일어나야 한다.[1]

🔩 그림 2.5 미국 워싱턴에 위치한 스미스소니언 국립 자연사 박물관 내부

---

1) 최재천, 생명의 본질과 지식의 통섭(The Nature of Life and Consilience of Knowledge), 위키백과 '통섭' 링크.

21세기에 들어서며, 거의 모든 학문 분야에 통합(integration)의 바람이 거세게 불고 있다. 생물학을 예로 들어보면, 생물학은 생물의 거의 모든 걸 두루 연구하는 박물학, 즉 자연사(natural history)에 대한 연구로 시작한 학문이다. 그러다가 19세기에 이르면 카를 폰 베어, 에른스트 헥켈 등의 연구로 발생학(embryology)이 생물학의 중요한 한 축으로 자리를 잡는다. 유전학(genetics)은 20세기에 들어와 멘델의 연구가 재발견되고 분자생물학적 방법론의 도움을 받아 급속도로 발전했다. 그러는 동안 자연사는 꾸준히 넓은 의미의 생태학 또는 야외생물학으로 발전해왔다. 학자에 따라 견해가 다를 수 있지만, 20세기 생물학은 크게 보아 자연사, 유전학, 실험발생학의 세 분야로 나뉘어 발전했다고 볼 수 있다.

이러던 것이 최근에 들어 사뭇 학제적이고 통합적인 성격을 띤 진화발생생물학[進化發生生物學, evolutionary developmental biology, 이보디보(Evo-Devo)]이 등장했다. 이보디보는 표면적으로는 발생생물학과 진화생물학의 만남이지만 실제로는 생화학, 생물물리학, 세포생물학, 유전학, 생리학, 내분비학, 면역학, 신경생물학 등 생명 현상의 물리화학적 메커니즘을 밝히는 기능생물학(functional biology) 분야들과 행동생물학, 생태학, 계통분류학, 고생물학, 개체군유전학은 물론, 세균학, 균학, 곤충학, 어류학, 조류학 등의 개체생물학(organismic biology)들을 포함하는 이른바 진화생물학(evolutionary biology) 분야들이 통합

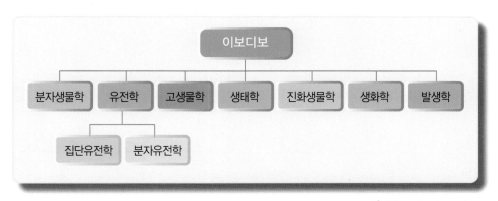

자료: koc.chunjae.co.kr

그림 2.6 이보디보

되어 생명현상을 포괄적으로 이해하려는 종합학문이다.

그동안 우리는 이른바 학제적(interdisciplinary) 연구라는 걸 한답시고 적지 않은 시도들을 해왔다. 하지만 우리의 노력은 대부분 여러 학문 분야의 연구자들이 제각기 일방적으로 자기의 목소리를 전체에 보태는 사뭇 다학문적(multidisciplinary)인 유희 수준을 넘지 못했음을 고백한다. 이제는 과감히 그리고 자유롭게 학문의 경계를 넘나들며 하나의 실로 서 말의 구슬을 꿰는 범학문적(transdisciplinary) 접근을 할 때가 되었다고 생각한다.

최재천은 2005년 하버드 대학의 진화생물학자 에드워드 윌슨(Edward Wilson)의 명저 《Consilience: The Unity of Knowledge (1988)》를 《통섭, 지식의 대통합》이라는 제목으로 번역해 내놓았다. 'consilience'는 19세기 영국의 자연철학자 윌리엄 휘웰(William Whewell, 1794~1866)이 1840년 《The Philosophy of the Inductive Sciences》에서 처음으로 소개한 것을 무려 한 세기 반 후에 윌슨 교수가 새롭게 부활시킨 개념이다. 그것을 최재천은 '통섭(統攝)'이라는 그릇에 담았다. 'consilience', 즉 '통섭'은 한 마디로 말해 다양한 학문 분야들을 가로지르며 사실과 그 사실에 기초한 이론들을 한데 묶어 공통된 하나의 설명체계를 이끌어 내는 것을 의미한다.

'통섭'은 불교학이나 도교학에서는 심심찮게 사용해온 용어이다. 특히 원효의 화엄 사상에 관한 해설에 자주 나온다. 조선 말기 실학자 최한기의 기(氣) 철학에도 종종 등장하는 용어이다. 정치적으로는 '총괄하여 관할한다'는 뜻이기도

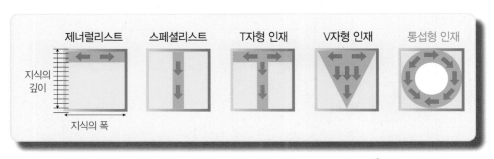

자료: youngallianz.com

🔩 그림 2.7 통섭형 인재

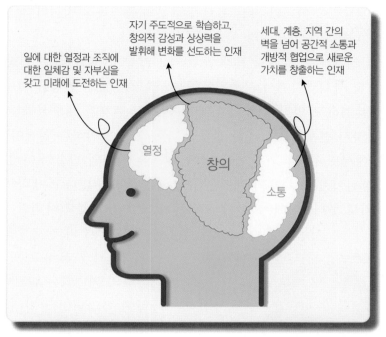

일에 대한 열정과 조직에
대한 일체감 및 자부심을
갖고 미래에 도전하는 인재

자기 주도적으로 학습하고,
창의적 감성과 상상력을
발휘해 변화를 선도하는 인재

세대, 계층, 지역 간의
벽을 넘어 공간적 소통과
개방적 협업으로 새로운
가치를 창출하는 인재

열정

창의

소통

자료: econovill.com

⚙️ 그림 2.8 인문과 기술에 대한 이해를 갖춘 통섭형 인재

하다. 그래서 '삼군(三軍)을 통섭한다'는 방식으로 쓰기도 했던 것이다. 통(統)은 '큰 줄기' 또는 '실마리'의 뜻이고, 섭(攝)은 '잡다' 또는 '쥐다'의 뜻이다. 그래서 둘을 합치면 '큰 줄기를 잡다'는 의미가 된다. 휘웰이나 윌슨 교수가 이러한 동양적인 의미를 이해하고 이 단어를 썼는지는 확실하지 않지만, 'consilience(통섭)'는 학문의 경계는 물론 동서양의 경계도 쉽게 넘나들 수 있는 개념인 듯하다.

4. 전체론

전체론(holism)은 한 기관(생물, 화학, 사회, 경제, 정신, 언어 등)이 그것의 구성 요소들을 통해 설명될 수 없다고 하는 사상이다. 즉, 부분이 기관 전체의 동작을 결정하는 것이 아니라 기관 전체가 부분의 동작을 결정한다는 생각으로서, 환원주의에 대비되는 개념이다.

　현대적인 전체론은 존재의 본래 모든 연관성을 전제로 하는 입장이라는 의미로, 과학 및 사회과학에서 사용된다. 근대 과학은 자연 현상을 최대한 부분으로 나누어 분석하고 법칙 등을 끌어내며, 거기서 세계를 재구성하는 방식을 취해 왔다. 따라서 전체론은 그러한 전통적 과학·기술에 반하는 입장이라 할 수 있다. 사회학에서도 전체론의 영향을 받아, 사회는 개인의 집합이 아니라 사회 자체에 사고방식이 있고 사회가 개인을 규정하는 측면이 많다고 생각하는 사람들이 등장하기도 했다. 이에 대해 칼 포퍼는 그러한 사고방식(사회학 분야에서는 마르크스주의 전체론을 비판하는 맥락으로 사용하고 있기 때문에, 본래의 의미와는 다르다.)이 사회학에 유입되면 국가 권력을 증대시키는 논리로 작용하거나 전체주의(totalitarianism)와 같게 된다는 것을 지적한 바 있다. 생물학과 생리학에서는 종종 생기론과 연결되어 왔다. 한스 드리쉬(Hans Adolf Eduard Driesch)의 새로운 생기론도 전체론의 영향을 받은 대표적인 사상이다. 그러나 이것은 생명 현상은 물리와 화학 법칙만으로는 설명할 수 없는 독특한 원리가 있다는 입장으로서, 많은 학자로부터 비판을 받고 있다.

자료: britannica.com

🔧 그림 2.9 한스 드리쉬

　인간의 정신은 부분이나 성분의 집합이 아니라 전체성과 구조가 중요시되어야 한다는 게슈탈트 심리학도, 전체론의 영향을 받은 것으로 현상학에서 환원주의에 반하는 입장을 가지고 있다.

자료: ohmynews.com

🔩 그림 2.10 게슈탈트 심리학 – 볼테르의 흉상 혹은 두 명의 수녀

5. 환원주의

환원주의(還元主義, reductionism)란 철학에서 복잡하고 높은 단계의 사상이나 개념을 하위 단계의 요소로 세분화하여 명확하게 정의할 수 있다고 주장하는 견해를 말한다.

물체는 원자들의 집합이고 사상은 감각 인상들의 결합이라는 관념은 환원주의의 한 형태이다. 20세기 철학에서는 일반적인 형태의 두 가지 환원주의가 주장되었다. 첫째, 논리실증주의자들은 존재하는 사물이나 사태를 가리키는 표현이 직접적으로 관찰할 수 있는 대상이나 감각자료로 정의할 수 있고, 따라서 사실에 대한 어떤 진술도 경험적으로 증명할 수 있는 일련의 진술과 동치라고 주장했다. 특히, 과학의 이론적 실체는 관찰 가능한 물리적인 것으로 정의할 수 있

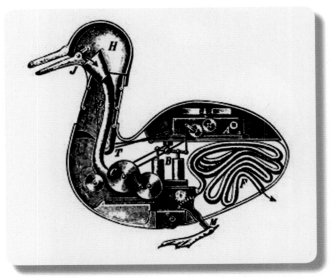

자료: ko.wikipedia.org

⚙ 그림 2.11 　데카르트는 인간이 아닌 동물은 환원적으로
자동기계로서 설명될 수 있다고 주장하였다.
— De homines 1662

으며 과학법칙은 관찰보고들의 결합과 동치라고 주장했다. 둘째, 과학의 통일을 주장하는 사람들은, 생물학이나 심리학 같은 특정 과학의 이론적 실체는 물리학 같은 더 기본적인 특정 과학의 실체들로 정의할 수 있거나, 그 과학들의 법칙을 더 기본적인 과학의 법칙으로 설명할 수 있다고 주장했다.

여러 과학의 이론적 실체를 관찰 가능한 것으로 정의할 수 있다는 점이 모든 과학법칙의 공통 기초를 이루는 한 논리실증주의의 환원주의도 과학의 통일을 함축한다. 이러한 환원주의는 과학에서 이론명제와 관찰명제를 만족스럽게 구별하기 힘들기 때문에 널리 받아들여지지 않고 있지만, 한 과학이 다른 과학으로 환원될 수 있는가 하는 문제는 여전히 논란거리이다. 연관된 개념으로는 통섭이 있다.

6. 혼합주의

싱크리티즘(syncretism) 또는 혼합주의(混合主義)는 본질적으로 상이하거나 혹은 완전히 정반대의 성격을 가진 여러 믿음을 조화롭게 공존시키고 다양한 학파의 사상들을 융합하는 것을 가리킨다. 특히, 신학과 종교적 신화의 영역에서

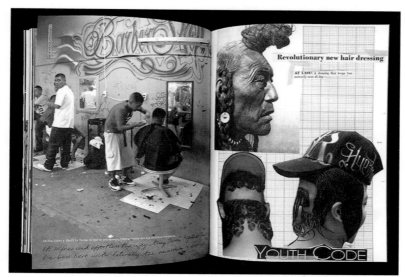

자료: asapjournal.co.kr

⚙️ 그림 2.12 싱크리티즘 - 새로운 남미 문화의 태동

자료: ancient-origins.net

⚙️ 그림 2.13 책상에 앉아 글을 쓰고 있는 마니교 사제들

근본이 전혀 다른 몇 개의 전통을 하나로 합하고 유추하여 조화시키려는 시도로 흔히 나타난다.

고대 이집트에서는 각 도시와 지방의 신과 신화, 신학들을 혼합하여 새로운 강력한 신앙을 만들기도 하였다. 알렉산드로스 대왕에서 시작된 헬레니즘 시대와 로마 제국 시대에 각지의 다른 종교들이 서로 결합되었다. 기원 후 1세기부터 3세기까지 융성하였던 나스티시즘은 고대의 대표적인 혼합주의 종교 운동 중 하나이다. 3세기에 페르시아의 마니는 기독교·조로아스터교·불교의 요소를 혼합하여 나스티시즘의 일파인 마니교를 창시하였다.

나스티시즘(Gnosticism)이라는 낱말은 고대에 존재하였던 이 종교 운동을 특별히 가리키기 위하여 현대 학자들이 '나스틱(Gnostic)'이라는 낱말로부터 만든 말이다. 이런 의미에서 나스티시즘을 영지주의(靈知主義)와 동의어로 사용하기도 한다. 16세기에는 무굴 제국의 구루 나나크가 이슬람교와 힌두교의 요소를 혼합하여 시크교를 창시하였다.

자료: blog.daum.net

🏵️ 그림 2.14 영지주의(靈知主義, Gnosticism, 나스티시즘)

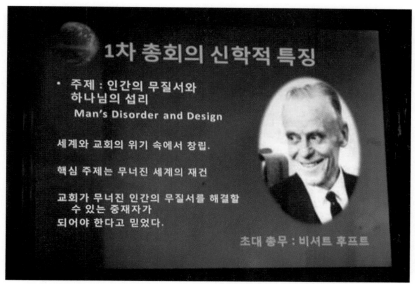

자료: blog.koreadaily.com

🔩 그림 2.15 WCC 총회

　종교 분쟁의 역사가 곧 인류 역사 자체였다는 반성 위에서 세계 종교 통합 운동도 일어나고 있다. 19세기에 일어난 바하이 신앙도 그 일환으로 볼 수 있다.

　혼합주의적 경향은 문학, 음악, 그리고 문화의 표현양식에서도 흔히 찾아 볼 수 있다.

　세계교회협의회(World Council of Churches, WCC)는 세계적인 에큐메니컬 운동 단체이다. 1948년에 네덜란드의 암스테르담에서 에큐메니컬 운동의 첫 총회를 시작으로 결성되었다. 교회의 일치와 연합, 이를 통한 선교의 의미를 담고 있는 에큐메니컬 운동이 본격적으로 시작된 것은 바로 WCC를 통해서다. 성공회, 개신교, 동방 정교회, 오리엔트 정교회, 아시리아 동방교회가 회원교단으로 참여하고 있다. 협의회 내에 국제선교협의회, 생활과 실천위원회, 신앙과 직제위원회가 조직되어 있다. 로마 가톨릭교회는 WCC 회원이 아니지만 신앙과 직제위원회에 정식 위원으로 참여하고 있다. 이 협의회의 성격을 '성서에 따라 예수께서 하느님이자 구원자이심을 고백하며, 삼위일체 하느님의 영광을 위해 교회 공동의 부르심에 응답하는 것'으로 규정한다. 본부는 스위스 제네바에 있다.

1948년 루터교, 개혁교회(장로교), 감리교, 침례교, 성공회 등의 개신교 일부 교파들과 동방 정교회 대표 성직자들이 네덜란드 암스테르담에 모여서 결성했으며, 1961년 협의회의 성격을 '삼위일체이신 한 분의 하느님의 영광으로서 공통적 부름을 성취하고자 노력하는 교회들의 단체'로 규정하였다. 틀에 박힌 기독교의 교리보다는 다소 유연하게 예수 그리스도의 제자로서 삶을 중요하게 생각한다.

문과의 발상과
이과의 발상

03 문과의 발상과 이과의 발상

1. 문과인과 이과인

(1) 문과의 우아·이과의 우직

사람은 자주 문과계와 이과계로 나누어진다. 그 분류가 구체적으로 되는 것은 대학수험을 준비하는 고교의 고학년일 것이다. 그러나 초등학교, 중학교 학생 무렵부터 '이 아이는 수학이나 과학에 소질이 있으므로 이과계'라든가, '사회나 국어를 좋아하니까 문과계' 등으로 불리고 있다. 대학입시라고 하는 한 번의 기회로 그 사람의 미래가 크게 영향을 받는다고 하는 생각이 뿌리 깊게 박혀 있는 우리나라나 일본 사회에서는, 입시과목에 대응한 구분방식이 존재하는 것은 당연하다고 할 수 있다.[1]

자료: namu.wiki

⚙ 그림 3.1 흰 선을 두른 경북고교 모자

---

1) 太田次郎, 文科の發想·理科の發想, 講談社現代新書, 1981.

문과와 이과의 구별은 오래전부터 있었다. 아마 그 기원은 일제 강점기 구제 (舊制) 고교의 제도에 있다고 생각한다. 흰 선을 두른 모자를 쓰고 망토의 옷자락을 휘날리며 거리를 활보했던 고교생의 모습은 현재로서는, 노스탤지어 (nostalgia, 향수)를 불러일으키거나 아나크로니즘(anachronism, 시대착오)의 상징으로 여겨지거나 할 것이다.

그 생활을 체험했던 사람은 모두 80세를 훨씬 넘긴 나이이므로, 지금에 와서 거론하는 것도 조금 부끄럽지만 문과와 이과의 특징은, 구제 고교쪽이 현재보다 더욱 분명했던 것으로 생각한다. 그것을 한마디로 정리해보면 '문과의 우아, 이과의 우직[2]'이 아닐까 한다.

당시 구제 고교에 입학하면 구제 대학에 들어가는 것은 일본에서는 비교적 용이했다고 한다. 우리나라에서는 구제 고교에 입학하는 사람도 그리 많지 않았을

자료: daction.tistory.com

⚙️ 그림 3.2 농땡이 먹고대학생

---

2) 성실하고 정직함을 의미하기도 한다.

🔩 그림 3.3 문과인의 우아함

것이다. 현재와 달리 구제 대학의 학생은 한 마을에서도 보기 드문 희소가치가 있어서 주민들도 그들에게 관대했다고 한다.

　1945년 해방 후의 대학생만 하더라도 오늘날의 대학생보다는 훨씬 대접을 받고 우아한 생활을 보냈던 것으로 추정된다. 좋게 말하면, 예전의 대학생들은 자신에게 충실, 나쁘게 말하면 자기중심적인 생활을 보낼 수가 있었다. 이 점은 문과생, 이과생에 공통적이다.

　그러나 동료들끼리는 그가 문과인가 이과인가 하는 것은 보통 쉽게 구별할 수 있었다. 일반적으로 문과생은 문학이나 철학의 서적을 닥치는 대로 읽고, 수업에 출석하는 시간도 적어서 당시의 말로 말하자면 '먹고대학생'이 우리나라나 일본이나 많았던 모양이다. 그에 비해서 이과의 학생은 착실히 공부하는 시간이 길었다. 수업을 빼먹고 싶은 기분은 공통적이지만 너무 빼먹으면, "$\frac{dy}{dx}$(미분)과 $\int f(x)dx$(적분)을 모른다."고 선배들에게 협박을 받았다. 수업을 빼먹는 것은 자유이지만 중간고사와 기말고사를 망치면 F학점을 받게 된다. F학점을 여러 과목 받다 보면 틀림없이 낙제를 면치 못하게 된다. 지금의 대학생은 스펙 관리로 학

자료: blog.daum.net

그림 3.4 이과인의 우직함

점에 신경을 많이 써서 낙제가 드물지만 옛날에는 낙제하는 것에 그다지 저항감이 없었던 모양이다. 그러나 2년 계속하면 제적되기 때문에 누구든지 낙제를 원하지 않는 것은 말할 나위도 없다.

따라서 비교적 시간에 여유가 있는 문과생 쪽이 소위 교양서적을 읽고 있고, 우아함과 함께 깊은 맛이 있었다. 흔히 그들로부터 "이과생은 단세포다."라고 일컬어졌던 것이다. 심지어 공대생들에게는 '공돌이'라는 모욕적인 말까지 서슴지 않고 입에 올렸다. 대학생 시절 이과생으로서는 약간 비뚤어져 있던 필자는 주위로부터의 그런 냉대와 그로 인한 열등의식에 사로잡혀 지내기도 했다.

이와 같은 문과와 이과의 차이는 현재의 대학생에게도 남아 있는 것 같다. 그러나 오늘날의 대학은 많이 개방되었고, 사회 풍조로부터 예전과 같이 우아하고 자기중심적인 생활을 보내는 것은 점점 어렵게 되어가고 있다.

아무튼 예전 문과생의 우아함이 점점 사려져 가는 것은 아쉬운 점이라고 하지 않을 수 없다. 냉엄한 경쟁사회에 살고 있는 사람들에게, 우아함이라고 하는 것은 한가한 대학인의 허튼소리로 질책을 받을지도 모른다. 그러나 마음의 여유를 잃어도 좋다고 생각하는 사람은 없을 것이다. 하물며 학문의 세계에서 여유가 없는 우직(愚直)만이 평가되고 있는 현상은 역시 문제가 아닐 수 없다.

(2) 문과의 논문·이과의 논문

문과의 경우 석사나 박사과정에 있는 학생들은 무조건 좋은 학위논문을 써서 연구자로서의 능력을 인정받는 것이 가장 중요하다. 그런데 이 스트레스가 보통이 아니다. 이과의 대부분처럼 실험과정을 거쳐 연구결과를 얻는 것이 아니라 순전히 가설의 아이디어와 탁월한 가설검정 방식으로 승부를 해야 하기 때문에, 정말 제대로 된 논문을 쓰려고 한다면 과정에 입학하는 순간부터 논문을 최종적으로 제출하는 그 날까지 머리 빠지게 고민해도 모자랄 지경이다.

문과든 이과든 논문 표절 시비로 논문 심사에서 탈락된다거나 학위가 취소되는 일이 드물지 않다. 이 문제는 평생을 따라다녀서 학교를 떠난 지 오래 지나서도 본인의 앞길을 막는 장애물이 되기도 한다.

또 문과의 경우 아무래도 연륜이 좀 필요하다보니, 이과에 비해 상대적으로 젊은(혹은 연구경력이 짧은) 연구자가 낼 수 있는 성과의 수준이 높지 않다. 이과 쪽에서는 연구 결과가 곧 논문이 되지만, 문과는 기본적으로 존재하는 1차 자료 +기존의 연구결과를 자신이 소화하여 자신만의 결과를 만들어내야 하기 때문이다. 당연히 그 과정은 사람에 따라 길든 짧든 시간이 필요하고, 경험이 모자라면 아예 논문을 시작하기조차 어렵다.

따라서 대부분의 대학원생들은 일단 학위논문이라도 제대로 쓰기 위해 노력하는 경우가 많다. 그래서 학위논문 이외의 다른 논문을 최고수준의 저널에 게재할 수 있는 가능성은 매우 낮다. 예컨대, 한국의 석사과정 대학원생이 SSCI[3]급 논문을 썼다면 전공에 따라 조금씩 다르지만 그는 당장 하버드나 프린스턴, MIT에 갈 수 있다. 물론 정말 공부를 학부 때부터 눈에 띄게 잘 해서 이미 경지에 오

---

3) 사회과학의 SCI라고 보면 된다.

그림 3.5 논문 표절 대란

른 대학원생들(한 학년에 1~2명 정도 있다)은 대학원 재학 중에도 좋은 논문을 써서 자질을 인정받기도 하고, 교수와 공동연구를 해서 제2저자나 제3저자로 이름을 올리기도 한다.

　문과의 논문작성을 괴롭히는 요소는 보통 첫째는 통계분석, 둘째는 글쓰기, 셋째는 외국어 실력이다. 수식이나 그래프, 통계자료 등이 중요하고 핵심내용만 명확하다면 논문의 분량은 크게 중요하지 않은 이과에 비해 글쓰기 자체의 중요성이 더 높고, 외국어로 글을 쓸 때도 표현의 다양성을 어느 정도 고려해야 하기 때문이다. 그래서 막상 아이디어가 쉽게 떠오른 경우에도 그걸 글로 옮기는 과정에서부터 벌써 지치는 경우가 대부분이다. 무엇보다 문제가 되는 것은 하루아

침에 이루어지는 것이 아닌 통계분석 능력이다. 기초 수학·통계학 실력이 부족한 데다 고급통계학, 특히 다변량분석(multivariate analysis)의 이해가 부족하여 엄두도 못내는 학생들이 많다. 심지어 본인의 논문을 아예 남에게 의뢰하는 경우도 적지 않다.

이에 비해 이과는 그래도 학계에서 논리적으로 응답이 오는 편이지만 문과에서는 말 그대로 마음에 안 든다고 퇴짜를 맞을 수도 있다. 전설적인 이야기로는 제목만 보고 논문이 거절당한다든가, 혹은 들도 보도 못한 잡소리라고 거절한다든가 하는 이야기가 많이 내려져 온다. 심할 때는 마음에 들지 않는 사람이 쓴 논문이라고 거절한다는 말도 들린다. 물론 문과의 특성상 랩에서 실험하는 게 아니라 기존의 자료나 다른 연구결과를 기초로 자신의 의견을 보태는 것이 문과 졸업논문이다. 이과에 비해서 논문을 편찬할 때 드는 비용 자체는 훨씬 적은 편

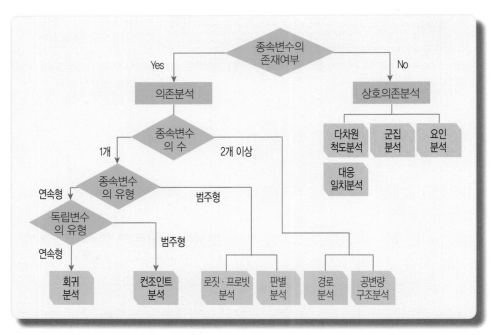

자료: datatales.co.kr

🔩 그림 3.6 다변량분석의 분류

이지만 그래도 근거가 부족하다든지 표현이 틀렸다든지 하는 등의 이유로 거부 당하면 논문 쓴 사람 기분을 더욱 상하게 한다.

예외적으로 이과에서도 수학과 이론물리학 등 사고(思考) 과정이 큰 비중을 차지하는 학문의 경우 이와 비슷하다. 물론 서술과 주석(notation)을 간명히 할 수 있기 때문에 글쓰기 스트레스는 상대적으로 덜하다.

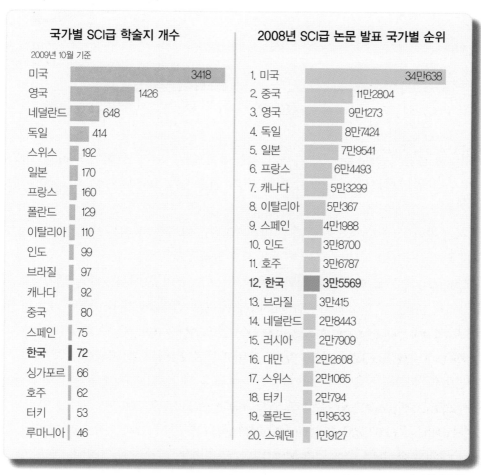

국가별 SCI급 학술지 개수		2008년 SCI급 논문 발표 국가별 순위	
2009년 10월 기준			
미국	3418	1. 미국	34만638
영국	1426	2. 중국	11만2804
네덜란드	648	3. 영국	9만1273
독일	414	4. 독일	8만7424
스위스	192	5. 일본	7만9541
일본	170	6. 프랑스	6만4493
프랑스	160	7. 캐나다	5만3299
폴란드	129	8. 이탈리아	5만367
이탈리아	110	9. 스페인	4만1988
인도	99	10. 인도	3만8700
브라질	97	11. 호주	3만6787
캐나다	92	12. 한국	3만5569
중국	80	13. 브라질	3만415
스페인	75	14. 네덜란드	2만8443
한국	72	15. 러시아	2만7909
싱가포르	66	16. 대만	2만2608
호주	62	17. 스위스	2만1065
터키	53	18. 터키	2만794
루마니아	46	19. 폴란드	1만9533
		20. 스웨덴	1만9127

자료: KAIST, 교육과학기술부

그림 3.7 국가별 SCI급 학술지 개수 및 논문 발표 순위

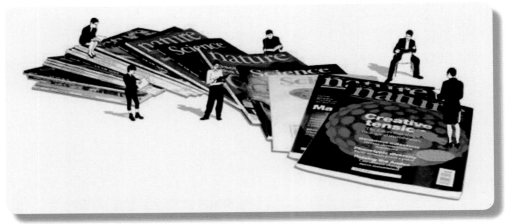

자료: scienceon.hani.co.kr

⚙ 그림 3.8 과학 학술지는 과학자 사회에서 이뤄지는 공개된 지식 교류의 장

최소 1~3명의 연구자로도 연구가 가능한 문과에 비해 실험이 필요한 이과는 교수부터 말단 석사 1년차까지 여러 명의 연구자가 요구되므로, 이과 대학원생이 자신의 이름이 들어간 논문을 출판하는 것은 문과보다는 쉬운 편이다. 그래서 서울대학교나 카이스트의 경우 많은 학과가 박사학위 취득의 요건으로 SCI급 논문을 제1저자로 몇 편 이상 쓸 것을 요구한다.

SCI(Science Citation Index, 과학인용색인)는 미국의 ISI에서 1960년에 만든 인용색인이다. 지금은 Thomson Scientific이 소유하고 있다. 온라인 버전인 SCI 확장판(SCIE, Science Citation Index Expanded)이 있으며, 2009년 기준 3,768개의 SCI 저널과 8,060개의 SCIE 저널을 싣고 있다. 그러나 주로 영어로 된 저널들이다.

대한민국 교육부에서 각 대학의 연구능력을 평가할 때 'SCI급 논문횟수'를 집계하는데, 이때의 SCI급에는 SCI, SCIE, SSCI, A&HCI, SCOPUS 5가지를 말한다.

과학저널의 수준과 신뢰성은 논문 하나하나를 가지고 객관적으로 평가하기가 거의 불가능하기 때문에 네임드 저널을 분류하는 기준으로 피인용수와 얼마나 다양한 저널에서, 그리고 공신력 있는 저널에서 많이 인용되고 있는가를 지표로 수치화해 선정하는 저널들이다. Thomson Reuters에서 평가하여 매년 발표하는

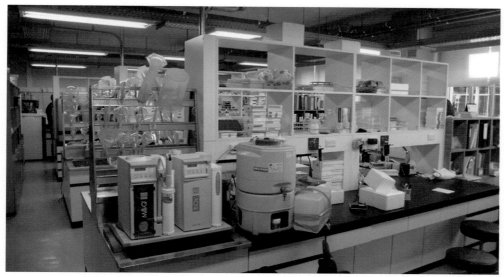

그림 3.9 서울대학교 분자신호전달 실험실

저널 목록을 기준으로 하는 경우가 많다. SCI에 등재된 저널은 다른 SCI 저널에서 활발하게 인용되고 있으며, 따라서 어느 정도 저널의 수준이 보장되며, SCI 저널에 게재된 결과는 대부분 각 분야 학계에서 (최소한 저널에 게재될 정도로는) 전문가에 의해 충분히 검토된 최신 연구결과를 수록하고 있다고 보면 된다.

문과에 비해 작문 스트레스보다 아이디어 도출 및 실험 설계와 자료 정리가 문제다. 특히 자연과학이나 공학 쪽은 논문을 '쓰는' 과정은 차라리 아무 것도 아니다 싶을 정도로 그 결과를 내기까지 고통의 시간을 보내는 경우가 많다. 그렇다고 글쓰는 건 쉽냐고 하면 그렇지도 않다. 게다가 외국 저널에 실어야 하니 몇 배의 고통이 따른다.

그리고 이과 쪽은 단계적인 가설검정과 초기조건을 변경한 응용 성격이 강한 실험도 나름대로 의미를 갖기 때문에 문과에 비해서는 논문의 양이 많은 편이고, '남보다 먼저 발표하는 것'의 중요성이 상대적으로 높다. 그래서 심한 경우는 몇 개 대학의 연구실이 서로 같은 주제를 가지고 경주하듯이 경쟁적으로 속도전을 펼치기도 한다. 주제 하나 정하고 죽도록 실험해서 괜찮은 저널에 보내고 마이너 리비전[4]이 온 거 살짝 고치고 있는데, 같은 주제의 논문이 게재 완료되었다고 검색창에 뜨기라도 하면 끝장이다. 남이 한 것을 따라서 한 것은 거의 대부분 인정해주지 않기 때문에, 그동안의 고생은 물거품이 된다.

(3) 태만의 장려

콘라트 차하리아스 로렌츠(Konrad Zacharias Lorenz, 1903~1989년)는 오스트리아의 동물행동학자이다. 동물행동학 및 비교행동학의 창시자로 꼽힌다. 로렌츠는 자연 속에서 살아가는 동물을 직접 찾아가서 연구하고, 집에 야생동물을 키우기도 하면서 동물행동에서 본능이 중요한 역할을 한다는 사실을 알았다. 특히 거위와 오리에 대한 연구를 통해 조류는 태어나서 처음 본 움직이는 물체를 어미로 인식하는 본능(각인)을 갖고 있음을 발견한 것으로 유명하다.

1973년에 카를 폰 프리슈·니콜라스 틴베르헌과 함께 동물행동학에 대한 업적으로 노벨 생리학·의학상을 수상했다.

콘라트 로렌츠는 1903년 11월 7일 오스트리아의 수도 빈 교외의 알텐베르크라는 마을에서 정형외과의의 아들로 태어났다. 그의 아버지 콘라트 로렌츠는 성공한 정형외과의로 막대한 부를 축적했고, 콘라트가 태어난 해 빈 교외에 대저택을 완성했다. 로렌츠는 어린 시절을 이

자료: ko.wikipedia.org

🔩 그림 3.10 콘라트 로렌츠

---

4) 논문을 보냈을 때 오는 반응 중 하나.

저택에서 보내면서 수많은 동물들을 만나고 그들과 교감할 수 있었다. 또 그 부모님 또한 콘라트가 동물들과 시간을 보내는 것을 배려해주었다.

로렌츠는 빈의 쇼텐 김나지움을 우수한 성적으로 졸업했다. 로렌츠는 대학에서 고생물학과 동물학을 공부하고 싶었지만 현실적인 금전문제를 생각한 의사였던 아버지의 강권으로 미국 뉴욕 컬럼비아대학에서 의학을 배우게 된다. 그러나 영어실력도 충분치 못했고 알텐베르크의 별장과 자연을 그리워한 로렌츠는 결국 돌아와서 빈대학에서 의학공부를 계속하게 된다. 로렌츠는 의학을 공부하면서 동물관찰에도 몰두해 자신이 관찰한 내용들을 모두 관찰일기로 남겨놓았다.

아버지의 이 강권에는 또 다른 이야기가 숨어 있다. 콘라트는 한 살 때부터 그보다 두 살 더 많은 마르가레테 게프하르트라는 여자를 좋아했고 둘은 어린 시절부터 항상 붙어다니면서 결혼까지 약속한 사이였다. 그러나 부유한 콘라트의 아버지의 눈에는 가난한 정원사의 딸이었던 그녀가 눈에 들어오지 않았고 아버지는 콘라트가 그 마르가레테와의 관계를 끊기를 원했다. 그러던 차에 콘라트가 대학에 갈 나이가 되었고 아버지는 콘라트가 마르가레테와 떨어져서 뉴욕에 가서 그와 어울리는 신분의 여자를 만나기를 바랐던 것이다.

로렌츠의 알텐베르크 저택에는 항상 동물들이 가득했다. 정원에는 기러기 오리 등을 비롯한 새들로 붐볐고 앵무새, 카나리아, 나이팅게일이 있었다. 집안은 수족관으로 가득 차 있었고 긴꼬리원숭이와 같은 이국적인 동물들 또한 심심찮게 볼 수 있었다.

그의 세밀한 관찰을 바탕으로 한 로렌츠의 첫 논문인 〈갈가마귀 관찰〉이 1927년 10월 〈조류학회〉에 실리게 된다. 로렌츠는 이 논문으로 인해 평생 스승인 슈트레제만과 하인로트와의 인연을 맺게 된다. 로렌츠가 1937년 회색기러기를 키우기 시작하면서 새로운 관찰이 시작되었고 이 관찰이 훗날 비교행동학의 시초가 되었다. 로렌츠는 회색기러기가 키우던 오리보다 저렴한 비용으로 키울 수 있었기 때문에 회색기러기를 선택했다고 한다. 그는 이 연구에서 각인(刻印, imprinting)이라 불리는 현상을 관찰한다. 한 거위새끼가 알에서 부화했을 때 처음 본 것을 그의 어미로 인식하고 따라다니는 것을 목격한 것이다. 이 발견으로 인해 나온 저술이 동료 연구가인 니콜라스 틴버겐과 함께 집필한 《회색기러기가

자료: m.blog.daum.net

⚙ 그림 3.11 야생 거위와 기러기들과 함께 살며 그들을 통해 비교행동학의 결실을 얻은 로렌츠

알을 굴리는 행동에 나타나는 본능동작과 자극에 의한 동작》이다.

1939년 제2차 세계대전이 발발하자 그는 나치의 편을 들어 독일군에 참전했다. 이에는 그의 오스트리아 국적이 크게 작용했을 것으로 보인다. 이 일은 그의 인생을 평가할 때 큰 오점으로 남아 있다. 1948년 오스트리아로 돌아와서 알텐베르크 비교행동학연구소 소장으로 일했다. 1950년에는 베스트팔렌 불데른의 막스플랑크 연구소에 비교생태학과를 설립했으며, 1954년 연구소의 공동 책임자가 되었다. 이 시점에 그의 대표작들인 《공격성에 대하여》, 《솔로몬왕의 반지》 등이 출간된다. 제비센의 막스플랑크 행동생리학연구소 소장을 지냈으며, 카를 폰 프리슈·니콜라스 틴버겐과 함께 동물의 행동 양상을 발견하여 노벨 생리학·의학상을 수상했다.

아무래도 개성과 능률이란 조화를 이루기 어려운 것인가. 이공계의 지금 모습은 능률화와 균일화의 방향으로 너무 진행되어서 정보처리에만 쫓기고 있는 느낌이다. 그리하여 이와 같은 방식을 계속하는 한 로렌츠와 같은 개성에 넘치는 사람들은 태어나지 않는 게 아닐까.

어떤 고명한 문과계의 학자가 "깔끔하게 정리된 속에서 탁월한 아이디어는 생겨나지 않는다."고 말했다. 문과계의 학자는 우아한 반면, 게으른 사람이 적지 않으므로, 성실하고 우직하며 꼼꼼한 이과계의 사람이 보면, 그 말은 변명과 같이 들리기 십상이다. 그러나 아무래도 그 속에 일면의 진실이 담겨 있는 것처럼 느껴진다.

아이디어라든가 발상이라고 하는 것은 개성에 뒷받침되고 있다. 철재 책상, 파일 박스에 깔끔하게 정리되어 들어 있는 정보, 근대적인 사무용품 등은 능률을 중시하는 산업사회에는 필수품일지 모른다. 그러나 인간은 약한 존재로 그와 같은 환경에 놓이면, 사고 자체도 영향을 받게 마련이다. 그리하여 거기에서 안출되는 것은 스테레오 타입의 일정한 수준이 있는 성과이지, 전례 없는 미증유(未曾有)의 아이디어 등과는 거리가 먼 것이 많을 것이다.

근년, 문과계에서도 젊은 연구자는 꼼꼼해졌다. 연구실도 찾아가 보면 깔끔하게 정리해 놓고 있다. 그리하여 이공계의 정보처리방식을 이야기하면, 눈을 크게 뜨고 귀 기울여 듣는 이가 많다. 오히려 옛날처럼 "그러니 이과 사람은 단세포라니까."라고 비판받았던 사람이 만족하는 일이 적지 않다.

회화나 음악 등의 뛰어난 작품이 나타나는 것은 건전한 시대보다도 문화가 무르익어서 약간 퇴폐로 향한 시기이다. 건강하고 나무랄 데가 없는 생활을 영위하고 있는 예술가로부터 사람들의 마음에 호소하는 작품이 나오는 예는 매우 드물다.

학문도 마찬가지로 능률적이고 균일화된 방식으로부터는 내일의 생활에 도움이 되는 성과는 오르더라도, 긴 안목에서 본 큰 업적은 나오지 않는다.

그러나 좀 더 학자가 태만해진 편이 좋지 않을까. 허덕거리며 정보처리에 쫓기지 않고, 유유자적하게 하는 것이 허용되어야 마땅하다. 그 예전의 문과인 같이 우아하게 사는 속에서 개성 넘치는 업적이 나타날 것으로 믿는다.

2. 문과·이과를 나누는 실험

(1) 성실함의 원천은 실험에 있다

"이과계는 실험이 있기 때문에 게으름 피워서는 안 된다."고 하는 것은, 이과계의 학생이 문과계 학생의 우아한 생활을 부러워하면서 하는 말이다. 보통 이과계는 일주일에 1, 2회 실험이 있어 그 날은 오후가 거의 허비되어버린다. 게다가 실험 시간만은 출석하지 않으면, 아무래도 안 된다. 가령 출석을 하지 않는 경우라도 친구의 노트를 빌려서 리포트를 제출하는 것은 극히 어려운 일이다.

게다가 실험이라고 하는 것은 대학에 따라 다소 차이가 있지만, 15회로 3시간, 1단위이다. 강의 쪽은 1시간으로 1단위, 연습은 2시간으로 1단위이기 때문에, 같은 단위 수를 취하는 데도 실험은 훨씬 많은 시간, 대학에 있지 않으면 안 된다. 그렇다고는 하지만 강의 쪽도 1시간으로 1단위라고 하는 이면에는 그 강의 예습·복습에 2시간 걸리는 것이 예상되고 있다. 그러나 어학 이외에 2시간이나 예습·복습하는 학생은 별로 없을 것이다.

더욱이 학생의 부담이 느는 데에는 교수의 책임도 있다. 3시간으로 1단위이기 때문에 오후 1시에 실험이 시작하면 4시 이후는 해방될 것이다. 그러나 웬지 모르게 많은 분량의 프로그램이 있어서 시간 내에 끝나지 않는 것이 보통이다. 그 중에는 규정 시간을 초과해서 밤이 될 때가지 실험을 하고 있으면, "저 학생은 착실하고 좋다."고 평가하는 교수도 있다. 만일, 매번 솜씨 좋게 시간 내에 해치우고 지체 없이 귀가해버리는 학생이 있다면, "저 친구는 요령이 좋다."라고 하는 약간 마이너스의 뉘앙스가 가득 찬 비판을 받는 경향이 많다.

이렇게 해서 단련되어 졸업 때가 되면, 특별 연구가 부과되는 일이 많다. 각각의 연구실에 배속되어 어느 정도 자주적으로 연구를 할 수도 있지만, 그 대신에 구속시간은 훨씬 길어지고 귀가가 심야 시간이 되는 일도 드물지 않다.

학생뿐만 아니라 교수 쪽도 마찬가지이다. 실험적인 연구를 추진하고자 하면 대학에 있지 않으면 안 된다. 문과계의 교수처럼 강의가 없는 날은 유유히 자택의 서재에 있는 것이 아니다. 그래서 이과계의 교수는 거의 매일 대학의 연구실

자료: scienceon.hani.co.kr

그림 3.12   대학 실험실

에 있다고 하는 상태가 된다.

서재에 있어도 놀고 있는 것은 아니기 때문에, 지적 노동이라고 하는 면에서는 어느 쪽이 바쁜지는 판정할 수 없지만, 자택에 있는 것과 차를 타고 대학에 가는 것과는 기분적으로 차이가 생기는 것은 당연하다.

이렇게 해서 학생이나 교수나 이과계(한마디로 이과계라고 하더라도 수학이나 이론물리의 일부처럼 실험을 동반하지 않는 분야는 별개로 하고)는 문과계보다도 대학에 구속되는 시간이 길어진다. 약간 극단적인 경우에는, 지적 노동은 모두 대학에서 행하고, 가정은 완전히 '휴식 공간'으로 하고 있는 사람도 있다. 그런 사람은 토요일 오후나 일요일도 자주 연구실로 나간다.

일반적으로 인간의 사고방식은 생활습관과 관련되는 경향이 많다. 이과계의 사람은 또바기 연구실에 나가기 때문에 사고방식도 우직하고 성실하게 되기 쉬울지도 모른다.

(2) 실험이란 무엇인가

그런데 실험, 실험이라고 걸핏하면 말하는데, "실험이란 무엇인가?", "과학에 있어서 실험의 역할은 무엇인가?" 등에 대해서는, 대부분의 연구자는 별로 깊이 생각하고 있지 않다. 기껏해야 "실험적 증거에 기초하지 않는 논의는 과학적 의의가 아니다."라는 정도로 받아들이고 있는 것은 아닐까.

위키백과에서는 실험을 다음과 같이 정의하고 있다.

"실험(實驗)은 가설이나 이론이 실제로 들어맞는지를 확인하기 위해 인위적으로 설정한[5] 조건 아래에서 여러 가지 측정을 실시하는 일이다. 지식을 얻기 위한 방법의 하나이다. 실험은 관찰(측정도 포함)과 함께 과학의 기본적인 방법의 하나이다. 다만, 관찰이 대상 그 자체를 있는 그대로 알려보는 일이라면, 실험은 어떤 조작을 가해 그에 따라 일어나는 변화를 조사하고 결론을 내는 일이다."

이어서 다음과 같이 개요를 설명하고 있다.

"실험은 서로 경쟁 관계에 놓인 모델이나 가설들을 비교 대조하는 과학적 방법론의 한 단계이다. 실험은 또한 이미 존재하는 이론이나 새로운 가설들을 뒷받침하거나, 혹은 반증하는 데 쓰인다. 과학적인 의문에 대한 답변을 얻거나 문제에 대한 조사를 하기 위한 목적으로 실험을 설계하고 수행할 수 있다. 첫 번째로는 관찰이 이루어져야 한다. 그에 따라 다음으로 과학적 의문, 혹은 문제가 발생하게 되고, 그 다음에는 가설이 형성된다. 그리고 나서 실험을 수행하여 그 가설을 검증하게 된다. 결과를 분석하고 결론이 나오면, 때때로 이론이 형성되고, 연구 논문을 통해 그 결과가 공유되게 된다. 좋은 실험은 대체로 특정한 가설을 검증하는 실험이다. 그렇지만, 실험은 질문이나 이전 실험의 결과를 테스트할 수도 있다.

실험의 모든 요소를 파악하는 것과 정확한 결과를 얻는 것은 실험 과정 중 가장 중요하다고 할 수 있다. 만약, 어떤 실험이 신중하게 이루어진다면, 그 실험

---

5) '인위적으로 설정한'이라는 부분은 필자가 '다양한' 대신에 표현했다.

자료: hyperigm.org

그림 3.13 실험

의 결과는 가설을 뒷받침하거나 혹은 반증할 것이다. 여기서 주목하여야 할 점은 실험은 가설을 단지 뒷받침할 수만 있을 뿐, 절대 '증명'할 수는 없다는 점이다. 하지만 반복되는 실험에서 단 하나의 반례라도 이론이나 가설을 반증할 수 있다. 또한 실험은 반드시 변인-실험의 정확성, 실험의 반복 가능성, 혹은 실험의 해석에 영향을 미칠 수 있는 모든 요인이 정확하게 통제되는 상태에서만 이루어져야 한다. 이러한 실험에 있어서 교란 요인을 통제하는 것은 매우 중요하기 때문에, 연구자들은 가능하면 적절하게 설계된 실험실 실험을 하는 것을 선호하는 편이다."

이와나미서점(岩波書店)의 《이화학사전(理化學辭典)》에서는 실험을 다음과 같이 정의하고 있다.

"특정의 현상이나 관계를 연구할 목적으로, 인위적으로 갖추어진 조건하에서

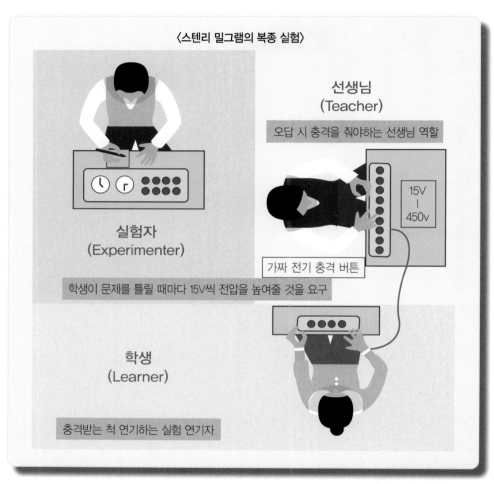

그림 3.14 인위적으로 설정된 조건

일어나는 현상을 적당한 장치를 이용하여 관찰·측정하는 것. 자연 그대로는 나타나지 않는 사실을 생기게 하고 또 특정의 조건에서 생기는 변화만을 관측할 수 있으므로, 현상의 분석이 단순하게 된다. 더욱이 일정한 조건하에서 동일한 변화를 반복시킬 수가 있다."

과학사나 과학철학의 연구자로서 저명한 야스기 류이치(八杉龍一) 교수는 "실험이란 인위적으로 설정한 조건하에서 일어나는 현상을 관찰하고 측정하는 것이다."라고 정의하고 있다.[6]

어느 정의에서도 '인위적으로 설정된 조건'하에서 행하는 것이 실험이라고 하는 셈이 된다. 이 사실로부터 자연현상에 손질을 가하지 않고 조사하는 것을 관찰이라고 부르고, 실험과 구별하는 경우가 있다. 그러나 이 구별은 그다지 명확하지 않다. 실험도 설정된 조건하에서의 결과를 관찰하므로, 넓은 의미의 실험에는 관찰이 포함된다고 할 수도 있을 것이다. 또 전혀 손질을 가하지 않고 관찰하는 것도 어렵다. 양자의 차이는 대상에 대한 작용의 정도 차이여서, 실험을 '능동적 관찰', 소위 관찰을 '수동적 관찰'이라고 하는 사람도 있다.[7]

그런데 실험에 즈음해서 인위적인 조건을 갖추는 것은, 자연현상에는 다수의 요인이 관련되어 있으므로, 그대로는 너무 복잡하여 인과관계 등을 분석하기 어렵기 때문이다. 또 일정한 조건하가 아니면, 관찰 혹은 측정한 결과의 재현성이 부족하다는 것도 지적되고 있다.

자연과학에서는 결과의 재현성이 중시된다. 어떤 사람이 발표한 결과를 의심하여 추시(追試)[8]를 실시해서, 재현성이 얻어지지 않은 경우도 적지 않다. 그러한 경우에는 독단이나 측정 그 자체가 엉성할 수도 있는데, 많은 경우에는 조건 설정이 조잡한 이유 때문이다. 따라서 과학자는 조건의 설정을 엄밀히 해서 실험을 실시한다. 생명현상과 같이 복잡한 경우에는 재현성이 있는 실험 조건을 설정할 수 있다면, 연구의 절반은 진척되었다고 할 수 있을 것이다. 더욱이 생물의 경우에는 실험재료에 변이(變異)가 있는 경우가 많으므로, 대조군(control group)을 취하는 것이 보통이다.

예를 들면, 어떤 약품의 효능을 조사하는 실험에서는, 가능한 한 같은 조건에서 기른 생물군을 두 가지로 나누어서 한 쪽에 약품을 가하고 다른 쪽은 약품을

---

6) 八杉龍一, 科學とは何か, 東京敎學社, 1979.

7) 太田次郎, 前揭書, p.139.

8) 전 사람이 한 실험을 또 한 번 그대로 해서 확인함.

Spark of genius

생각도구1

관찰

1. 수동적인 '보기'가 아니라 적극적인 '관찰'

2. 관찰은 눈으로만 하는 것이 아니다

3. '그냥 듣는 것'과 '주의 깊게 듣는 것'

4. 마르셀 뒤샹이 재발견한 일상의 가치들

5. 괴테에서 헨리 밀러까지 관찰을 위한 예술훈련법

6. 관찰을 통해 깨닫는 '세속적인 것의 장엄함'

자료: slideshare.net

🔧 그림 3.15 관찰

주지 않는 이외는 모두 같은 조건으로 해서 양자를 비교하는 것이 실시된다. 이 경우, 약품을 주지 않은 쪽이 대조군이다. 약품을 가한 쪽은 실험군(experimental group)이 된다.

재현성이라고 하는 것은 말하기는 쉽지만 행하기는 어렵다. 추시(追試)에 즈음하는 연구자가 전의 연구자와 완전히 같은 조건을 설정하는 것은 용이하지 않고, 동일한 연구자라도 반복하여 같은 실험을 진행하는 것은 그렇게 쉬운 일이 아니다. 실험에 이용하는 설비나 기구의 질도 관련이 있고, 더 정밀한 조건설정이 가능한 기구(예를 들면, 일정한 온도조건이라고 하더라도 방 전체가 일정한지 어떤 기구 내의 온도만이 일정한지, 더 나아가 일정이라고 하더라도 오차가

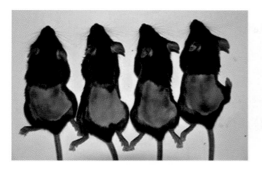

자료: taimo-taimo.tistory.com

⚙️ 그림 3.16 발모제 연고 실험 대조군(왼쪽)과 실험군

어느 정도인지 하는 등이 문제가 된다.)를 가지고 있는 쪽이 유리한 경우가 많다. 그 때문에 과학자는 비싼 실험설비나 기구를 구하는 데 열을 올려 자금획득에 정력을 쏟는 것이다.

(3) 사회과학에서의 실험

자연과학 이외의 분야에서 실험이 가능한지 어떤지 생각해 보기로 한다.

그 점에서 자주 문제가 되는 것은 사회과학이다. '사회과학에서 실험이 가능할까 아닐까'는 예전부터 있어온 질문이다. 어떤 사람은 "자연현상과 달리 사회현상은 1회뿐으로 재현성이 없으므로, 실험할 수 없다."고 주장한다. 그러나 만일 사회현상이 모두 일과성으로 재현성이 전혀 없는 것이라면, 사회과학의 법칙성은 성립되지 않을 것이다. 자연현상에서도 완전한 재현성을 묻는다면 어려워진다. 전술한 바와 같이 인위적으로 설정한 일정한 조건하에서 실험하기 때문에, 성과(데이터)에 재현성이 있다고 해서 자연현상에서도 조건설정이 모호하다면 재현성은 미덥지 못하다. 사회현상에 대해서도 자연과학에 있어서와 같은 정도로 엄밀한 조건설정을 하면, 재현성이 있는 성과가 얻어진다고 생각할 수 있다. 그러나 문제는 그와 같은 조건설정이 가능한지 어떤지 하는 것이다. 사회현

그림 3.17 패전 후 1945년 8월에 731부대의 증거인멸을 위해 수용되었던 약 400
명의 생체실험 대상(마루타)

상에 대해서는 연구자가 의도하는 조건에 따르기 어렵다는 것을 말할 나위도 없
을 것이다.

　다음에 사회과학적인 실험은 누구에게도 불가능하다고 하는 면이 있다. 예를
들면, 한때 자주 행해지고 있던 공정보합(公定步合)의 변동이 있다. 경기가 과열
되면 공정보합을 올려서 식히고, 역으로 경기가 식어지면 공정보합을 내려서 경
기를 자극하고자 한다. 이것은 대략적인 법칙성으로서 공정보합을 올리면 경기
가 활발해진다고 하는 일은 없을 것이다.

　그러나 실제로는 공정보합을 어느 정도의 폭으로, 다시 말하면 몇 % 올리고
내릴까가 문제가 된다. 그 경우 어떤 학자가 일정한 비율을 생각했다고 하더라
도 그것을 실현하는 것은 우선 불가능하다. 공정보합에 대해서는 기획재정부를
중심으로 하는 정부와 한국은행의 관계자가 협의하고, 한국은행의 정책위원회
에서 결정하게 되어 있다. 다시 말하면, 공정보합을 변경시킨다고 하는 실험을

자료: exem.tistory.com

⚙ 그림 3.18 영화 〈엑스페리먼트〉 – 가상 감옥 체험 실험[9]

실행할 수 있는 것은 위정자에게만 허용된 권한이다.

　나라의 정책에 관여하는 문제에는 이와 같이 사회과학의 실험이라고도 할 수 있는 것이 적지 않다. 그리하여 그 경우는 어느 것도 공정보합과 사정이 같다.

　따라서 사회과학에서는 실험이 불가능하다고 하는 것이 아니라 오히려 실험을 할 수 없는 일이 많다고 하는 편이 적절한 표현일 것이다.

　인문과학에 관해서는 일반적으로 실험은 어울리지 않는 것 같다. 그러나 보통 그 중에 포함되어 있는 심리학 등에서는 자연과학과 마찬가지의 실험이 행해지고 있다.

---

9) 수감자와 교도관 각각의 특징과 감옥의 어려운 상황에 처했을 때의 인간의 본질을 실험하기 위함.

3. 다시 문과인과 이과인

(1) 구획문제

구획문제(區劃問題, demarcation problem)란 과학철학에서 과학과 비과학을 어떻게 구분할 수 있는지를 논하는 분야이다. 여기서 비과학이란 사이비 과학, 맹목적 신앙, 그 외의 여러 행위들을 포함한다. 과학적 방법에 대한 기본적 합의는 광의적으로 이루어졌으나, 구획문제는 100년 이상 동안 수많은 과학철학자들과 과학자들 사이에, 또 온갖 과학의 분야들에서 논쟁이 이루어지고 있다.

① 고대 그리스

구획문제를 해결하려는 초기 시도는 그리스의 자연철학자들과 의약사들에게서 찾을 수 있다. 그들은 선대 그리고 당대의 신화적 미신적 해석들로부터 자신

자료: namu.wiki

🔩 그림 3.19 아리스토텔레스

들의 자연에 대한 해석과 방법론을 구분하고자 하였다.

아리스토텔레스는 무언가에 대한 과학적 지식을 가지고 있는 것에 관련된 것들을 상세히 설명했다. 그에 따르면, 과학적이기 위해서는, 원인에 대해 다루어야 하고, 논리적 증명을 사용해야 한다. 하지만 무엇보다도, 과학적인 것은 필연적 증명의 확실성이 있어야 한다. 그것이 바로 아리스토텔레스에게 있어서 앎의 과학적 방법을 구분 짓는 마지막 특징인 것이다.

② 논리실증주의

논리실증주의는 경험적 관찰과 논리적 형식을 갖춘 명제에 관한 언명만이 유의미하다고 주장했고, 이러한 방식으로 유도되지 않은 언명(종교적, 형이상학적 언명 등)은 애초에 무의미하다고 했다. 제2차 세계대전이 종전된 뒤, 논리실증주의의 중심 교리들은 넬슨 굿맨, 윌러드 밴 오먼 콰인 등 철학자들의 공격 대상이 되었다. 니콜라스 포션(Nicholas G. Fotion)은 "1960년대 후반이 되기 전에 (논리

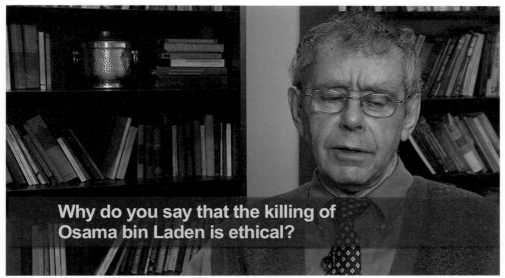

자료: youtube.com

그림 3.20 니콜라스 포션

실증주의) 운동은 감기가 낫듯이 자연히 사라졌다."고 말한다. 대부분의 철학자들은 논리실증주의가 "죽었다."고 간주하고 있다. 1970년대 후반이 되면 논리실증주의가 심각한 결함이 있다는 인식은 더욱 널리 퍼져서, 논리실증주의의 주요한 옹호자 중 한 명인 앨프리드 줄스 에이어마저 "가장 중요한 결점은 …… 그것의 거의 모든 점이 틀렸다는 것"이라고 말할 지경이 되었다.

③ 반증주의

반증 가능성은 칼 포퍼가 논리실증주의의 검증 가능성에 반대하여 제안한 구획 기준이다. "언명 또는 언명의 체계가 과학적이라고 평가받기 위해서는, 가능한 또는 생각할 수 있는 관찰 결과와 모순될 수 있어야 한다."는 것이다. 포퍼는 구획문제를 과학철학의 가장 핵심 문제라고 여겼다. 논리실증주의의 비엔나 학파와 달리, 포퍼는 자신은 '유의미'의 기준을 제안하는 것이 아니라고 천명했다.

포퍼는 후기 연구에서 반증 가능성이야말로 구획의 필요충분조건이라고 말했다. 이에 따라 어떤 언명의 과학적 또는 비과학적 여부는 시간이 지나도 변하지 않는다고 주장했다. 포퍼의 주장을 요약하면, 어떤 언명이 "논리적으로 관찰 가능한 사건을 논리적으로 설명하는 다른 어떤 (경험적) 언명과 논리적으로 모순된다면, 그리고 모순되어야만" 반증이 가능하다.

④ 탈실증주의

미국의 과학사학자이자 과학철학자인 토머스 쿤은 탈실증주의 또는 탈경험주의라 불리는 어떤 사조와 관련이 있는 것으로 생각되곤 한다. 그는 1962년 작품 《과학혁명의 구조》에서 과학을 하는 과정을 두 가지의 서로 다른 노력, 즉 정상과학과 비정상과학('혁명적 과학'이라고도 한다.)으로 나누었다.

쿤의 구획문제에 관한 시각은 그가 천문학과 점성술을 비교한 데서 명확히 드러난다. 고대로부터 천문학은 퍼즐 풀이의 기능을 가지고 있었고 그렇기에 과학이다. 만약, 천문학자의 예측이 틀리더라도, 그에게 더 많은 측정값이 주어지거

라이벌전

VS

비교체험 극과 극?

칼 포퍼

사회 과학분야의 저명한 저서인
《열린사회와 그 적들》이 유명하지만,
역사분야에 알게 모르게 영향을 미친
《추측과 논박》도 너무 유명하다.

토마스 쿤

《과학혁명의 구조》라는 책에서 제시한
'패러다임'이라는 한 단어는
모든 인문과학에 큰 파장을 일으켰다.
물론 《코페르니쿠스 혁명》도 너무 유명하다.

자료: historia.tistory.com

🔩 그림 3.21 칼 포퍼 vs 토마스 쿤

나 이론이 수정되면 그 퍼즐은 풀릴 수도 있다. 이에 반해 점성술사는 이러한 퍼즐을 가지고 있지 않다. "특정한 실패 사례는 퍼즐을 연구하게 만들지도 못하고, 점성술의 전통을 다시 쓰고자 하는 건설적인 시도를 불러일으키지도 못한다." …… 그러므로 쿤에 따르면 점성술은 과학이 될 수 없다.

포퍼는 쿤의 구획 기준을 비판했다. 포퍼에 따르면 점성술사들 역시 퍼즐 풀이에 참여하고 있으며, 쿤의 기준에 따르면 점성술도 과학이 될 것이라는 것이다. 포퍼는 쿤의 기준을 따르면 "과학의 이성적 기준이 사회적인 것으로 대체되는 …… 대참사가 일어날 것"이라고 했다.

자료: blog.naver.com

자료: ko.wikipedia.org

⚙ 그림 3.22 파이어아벤트와 러커토시

⑤ 파이어아벤트와 러커토시

쿤의 연구는 포퍼의 구획론에 큰 의문을 제기했으며, 과학적 변화에 있어 인간 과 주관을 강조하였다. 파울 파이어아벤트는 구획문제는 사람을 함정에 빠뜨린 다고 주장했다. 과학은 애초에 구획지어질 필요가 없으며, 일부 철학자들이 과 학의 특별한 권위적 위치를 정당화시키려고 시도하여 과학이 공공 담론을 지배 할 수 있게 하려는 것 뿐이라는 것이다. 파이어아벤트는 과학은 논리적으로나 방법론적으로나 특별한 위치를 점하고 있지 못하며, 과학자들에 의해 만들어진 특수한 권위들은 유지될 필요가 없다고 주장했다. 그는 과학이 실행되어온 역사 를 살펴보면, 과학적 지식을 증진시키기 위한 목적으로 과학의 규칙이나 방법이 위반 내지 회피되지 않은 적이 없다고 주장했다.

러커토시 임레는 포퍼는 지나치게 완고하고, 쿤은 과학과 사이비과학의 명시 적인 구분을 포기했다며 둘을 모두 비판했다. 그는 연구 프로그램의 방법론에 기반하여, 참신한 예측을 하고 예측이 들어맞는 '진보적 프로그램'은 과학적이고, 예측에 실패하며 그 실패를 설명하기 위해 이론을 꾸며내는 '퇴행적 프로그램'은 비과학적이라고 주장했다.

러커토시와 파이어아벤트 모두 과학은 추론의 자율적 형태가 아니며, 인간의 사고와 탐구라는 더 큰 집합에서 떼어놓을 수 없다고 생각했다.

⑥ 태거드

폴 태거드는 어떤 이론이 다음 두 가지 사항을 만족하면 그 이론은 과학적이 아니라고 주장했다.

- 그 이론은 오랜 시간동안 경쟁 이론들에 비해 덜 진보적이었고, 많은 미해결 문제에 직면해 있다.
- 그 이론에 종사하는 공동체가 이론을 발전시켜 문제를 해결하려는 노력을 거의 하지 않고, 그 이론을 다른 이론과 비교하려는 시도에 관심을 보이지 않으며, 입증과 반증을 선택적으로 고려한다.

태거드는 어떤 이론이 완전히 사이비과학의 낙인이 찍히기 전 얼마 동안 그저 '장래성이 없다'는 정도의 취급을 받는다고 명시한다. 그는 점성술을 예시로 든다. 점성술은 17세기 물리학의 발전과 비교할 때 침체되어 있었다가, 19세기에 들어 심리학이 더 좋은 대안 설명을 제공함으로써 마침내 '사이비과학'이 되었다는 것이다.

또한 태거드는 자신의 기준은 협의적으로도, 너무 광의적으로도 해석되어서는 안 된다고 말한다. 협의적 해석이 지나치면 대안 이론에 관한 고의적인 무지가 발생할 수 있고, 광의적 해석이 지나치면 우리 시대의 과학을 미래의 과학과 비교해서 평가절하하는 사태가 발생할 수 있다. 태거드의 정의는 실용적 정의이며, 침체되어 있고 과학적 연구를 수행하지 않는 탐구 분야로서의 사이비과학을 구분해 내는 것을 일반 목적으로 한다.

자료: wordpress.com

⚙️ 그림 3.23 래리 라우든

⑦ 라우든

래리 라우든은 구획의 기준을 마련하기 위한 다양한 역사적 시도들을 살펴본 뒤, 과학과 비과학을 구분하는 문제, 과학과 사이비과학을 구분하는 문제에 있어 "철학은 제 기능을 하는 데 실패했다."는 결론을 내린다.

(2) 과학 세계의 '3종의 신기'

1970년대 가정의 부의 상징으로서 3C, 즉 자동차(car), 에어컨(cooler), 컬러 텔레비전(color television)을 들어 '3종의 신기(神器)' 등으로 불린 적이 있다. 현재는 그것들을 갖춘 가정이 대부분이어서 무엇이 새로운 신기(神器)에 해당하는지 분명하지 않다.

자연과학의 세계에서도 같은 일이 있다. 예를 들면, 생화학이나 세포생물학의 연구실에서는 초원심기(超遠心機), 대형 전자현미경, 액체섬광계수기(liquid scintillation counter)의 세 가지가 3종의 신기에 상당한다. 초원심기는 극히 고속도로 회전하는 원심기로 분석용과 분리용이 있다. 각각 고분자나 세포의 구성요소 밀도를 결정한다거나 분리·농축한다거나 하는 데에 불가결한 기구이다. 대형 전자현미경은 미세한 구조를 관찰하는 데에 쓰인다. 액체섬광계수기는 액체 중에 포함되어 있는 방사성동위체의 양을 측정하는 기구로 어떤 물질이 세포 내의 어느 구조에 어떻게 받아들여져 있는지 등을 측정하는 데에 쓰인다. 세포 내의 물질교대를 조사하기 위해서는 없어서는 안 되는 기구이다.

이 3종의 기계가 없으면 세포의 연구가 완전히 불가능하다고 하는 것은 아니다. 그러나 세포의 미세구조가 어떠한 기능을 갖는지 등 첨단 연구를 실시하는

자료: wacid.kins.re.kr

🔩 그림 3.24 액체섬광계수기

것은 어렵다고 할 수 있다. 그 기계들은 모두 억 단위의 고액이어서 어디의 연구
실이나 대학에서도 간단히 구비할 수 있는 것이 아니다. 신설 대학 등에서는 설
비를 위한 예산획득에 큰 고생을 한다. 한편, 연구자가 많은 대규모 대학에서는
사용신청자의 조정에 부심하고 있을 정도이다.

　생물학은 자연과학 중에서는 비교적 대형의 장치를 필요로 하지 않는 분야로
되어 있다. 그런데도 전술한 사정으로부터 실험물리학이나 공학 등과 같이 더
대형의 장치가 필요한 곳에서는 문제는 좀 더 심각할 것이다. 게다가 장치가 대
형화하면 그것을 상시 사용할 수 있는 상태로 보수하기 위해서, 전담 직원이 필
요하다. 우리나라처럼 기계의 오퍼레이터 인원 확보가 어려운 곳에서는 그런 면
에서도 미국 등에 비해서 핸디캡이 있다.

　가정용 3종의 신기가 시대와 함께 변하듯이 과학의 세계에서도, 간신히 보통
의 연구 설비가 갖추어졌다고 생각하자 더욱 새롭고 고가의 설비가 고안되어 시
판된다. 그리하여 점점 연구실 간의 격차가 넓어져 간다.

그런 불리한 조건을 머리로 보완해서 훌륭한 실험을 실시하여 세상을 깜짝 놀라게 하고 싶다는 것은 연구자라고 자임하는 사람이라면, 누구라도 여러 번 생각하는 일일 것이다. 그러나 그것은 정형적인 방식과 비교해서 성공률이 높지 않고, 재능과 운을 타고나지 않으면 잘 되지 않는 경우가 많다.

이렇게 해서 좋은 설비를 가진 기관에 우수한 연구자가 모이는 경향이 강하게 된다. 이 사실은 실험적인 자연과학에 따르는 숙명과 같은 것이다. 아무래도 과학 그 자체 속에 거대화를 향해가는 속성이 있는 것은 아닐까 하는 생각이 든다. 게다가 거대화를 향하는 소용돌이 속에 많은 연구자의 개성이 빨려 들어가는 듯하다. 그와 같은 관점에서 '반과학론'을 주창하는 사람도 나타나고 있다.

그 소용돌이에 휩쓸리지 않고 어떻게든 거대화의 흐름에 저항해 가는 것이 더 인간적인 삶의 방식이라고 생각한다. 그러나 실제로는 그 흐름에 몸을 맡기는 쪽이 편하고 이윽고 그 속에 빠져버리는 것이 대세인 것 같다.

자료: news.joins.com

⚙ 그림 3.25 임페리얼 칼리지[10] 런던 기계공학과 학생들의 실험 모습

---

10) 노벨상 14명을 배출한 '유럽의 MIT'

이 사실도 또 최근에는 자연과학뿐만 아닌 것 같다. 사회과학 등에서는 슈퍼 컴퓨터의 유무가 영향을 미치는 경우도 있다고 하고, 인문과학에서도 문헌이나 자료의 규모가 문제가 되는 까닭이다.

(3) 어긋남의 확대

1970년대가 되어 과학기술의 진보가 인류에게 장밋빛 미래를 여는 것이 아니라 오히려 인류의 존재를 위태롭게 할 우려가 있다는 것을 알았다. 그래서 '진보의 종언'이라든가 '성장의 한계'라든가가 일컬어지게 되었다. 그러나 1980년대 들어오자 다시 과학의 부흥 기운이 생기게 되었다.

몇 사람인가의 사회학자가 이미 지적했듯이 탈공업사회의 과제는 합리주의 혹은 효율주의와, 인간의 평등과의 사이에 생기는 상극(相克)을 어떻게 조정할 것인가에 존재한다.

이와 같은 상극 혹은 어긋남은 현대사회의 여러 가지 면에서 일어나고 있다. 특히 물질문화와 정신문화의 어긋남은 큰 문제인 것처럼 생각된다. 과학과 그것의 속에 효율을 주로 한 진보의 이론이 포함되어 있다. 한편, 정신문화 쪽은 이 과학문화의 스피드를 따라 갈 수 없는 것인지, 그 대응이 잘 안 되는 것인지 어느 쪽인가 되어 있는 상황이다.

그리하여 이 진보의 흐름은 자주 인간의 평등을 중요시하는 생각과 조화되기 어렵다. 근년 경제와 정치의 톱니바퀴가 맞물리지 않는 경향이 많은 것도, 전자가 효율에 입각하는 경향이 많고 후자가 평등을 으뜸으로 하기 때문인 것으로 생각한다.

이 진보의 사상을 억제하는 수단에 대해서도 많은 논의가 있다. 낙관론자는 과학 그 자체에 도움을 구하여 종래 진보의 과학만이 아니라 억제의 과학을 병행해서 추진함으로써, 해결 가능하다고 논하고 있다. 한편, 비관론자는 "과학 그 자체가 진보의 체질을 가지고 있기 때문에, 문제의 해결에 과학을 가지고 들어가는 것은 자기모순에 가까운 방식이다."고 해서 반과학론이랄까 그것에 가까운 논의를 전개하고 있다.

아무래도 사회의 여러 가지 면에 있어서의 어긋남을 평형론으로 해결하고자 하는 것은 어렵다고 생각하는 사람이 많은 것 같다. 그보다도 많은 상극이 있다는 것을 인정하고, 그 현실에 입각한 이론을 생각하지 않으면 안 된다.

이와 같은 문제는 너무 커서 안이한 해결법이 생기기는 어렵다.

문과인과 이과인의 사이에도 점점 어긋남이 생기고 있다. 그리하여 그 어긋남도 또 다른 많은 문제와 마찬가지로 쉽게 해결되지 않고, 오히려 갈라진 곳이 더욱 확대되어 가는 것은 부정할 수 없다.

더구나 그것이 개성을 키우는 것이나 우아하게 사는 것으로 해결할 수 있을 만큼 녹록하지 않다. 그러나 이대로 흘러가는 데 몸을 맡기는 사람이 늘어나는 것보다 잠시 멈춰서 이대로 좋은지 뒤돌아보는 사람이 많아질 필요가 있다고 생각한다.

자료: pann.nate.com

⚙️ 그림 3.26 문과와 이과의 차이

(4) 공통의 장을 갖자

본 장의 제목과 같이 문과와 이과의 차이를 주로 발상 면에서 생각해 보고자 했다. 그러나 이과적인 발상의 득실에 대해서는 평소 생각하고 있으므로 자기 나름의 생각을 기술하려고 시도해 보았다. 그런데 문과의 발상에 대해서는 인상 비평적(印象批評的)인 느낌밖에 얻지 못했다. 그 때문에 당초의 목표로 했던, 양자의 다른 점, 같은 점을 체계적으로 기술하는 것은 이루지 못했다.

아무래도 문과와 이과라고 하는 것은 예전 구제(舊制) 고교, 대학 시절에는 그 나름대로 분명한 차이가 있었으나 점차 그 구별이 희미해져가는 느낌이다. 그리하여 문과와 이과의 차이 등을 진지하게 문제 삼는다고 하는 것은, 이미 소수파가 된 구제 고교, 대학 경험자들의 노스탤지어(향수)나 아나크로니즘(시대착오)의 느낌에 지나지 않는다.

인류의 2백만 년 역사, 문명 1만 년의 역사 중에서, 과학문화는 불과 수백 년의 역사를 가진 것에 지나지 않는다. 더욱이 과학문화가 다른 문화와의 상극을 보이게 된 것은 최근 50~60년일 것이다. 그러한 짧은 시간에 일어난 일이 이처럼

자료: jp.vonvon.me

🔧 그림 3.27 문과와 이과

큰 영향을 미치고 있다는 것은 무시해도 좋은 것은 결코 아니라고 생각한다. 진보라고 하는 흐름에 압도되어 바쁘게 돌아다니는 것이 아니라 하다못해 주위의 경색을 바라보는 정도의 여유를 갖고 싶다고 하는 것이 '우아함', '태만', '낭만'을 제창한 이유이다.

이른바 제4차 산업혁명의 시대에 접어들고 있다. 정부도 현재 초등학교 5학년이 대학에 입학하는 2021학년도부터 문과·이과를 통합한 수능을 도입하기로 했다. 문과와 이과의 벽을 허물어버리겠다는 발상이다. 이는 상상력과 과학기술 창조력을 두루 갖춘 융합형 인재를 양성하기 위함이며, 문과·이과 통합 교육의 목적이라 할 수 있다. 이제 문과인과 이과인이 서로 공통의 장을 가질 수밖에 없다면, 무엇을 실마리로 하면 좋을까에 대해서 논의할 필요가 있을 것이다.

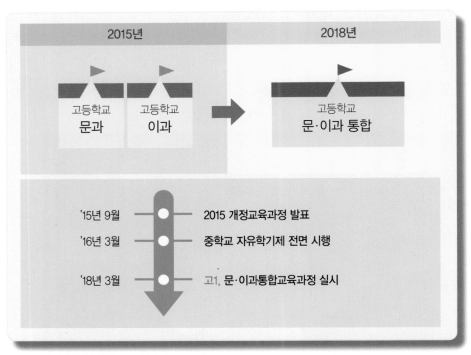

자료: youthassembly.or.kr

🔧 그림 3.28 문과·이과 통합

인문학

04 인문학

1. 인문학이란 무엇인가

(1) 개요

인문학(humanities)은 인간과 인간의 근원문제, 인간의 사상과 문화에 관해 탐구하는 학문이다. 자연과학과 사회과학이 경험적인 접근을 주로 사용하는 것과는 달리, 분석적이고 비판적이며 사변적인 방법을 폭넓게 사용한다.

WEF(세계경제포럼) 보고서에서도 인문학과 자연과학의 양분화를 지양하고, 평생학습을 위한 재훈련 교육시스템 강화를 요구하고 있다.

스티브 잡스가 대학을 중퇴하고 서체론(calligraphy)을 청강한 것이 후일 매킨토시 글자체 디자인

자료: macrumors.com

🔧 그림 4.1 스티브 잡스와 인문학

의 아이디어가 됐다는 등의 이야기가 신화처럼 전해지고 있지만 본격적인 인문학 열풍의 진원지는 2011년 3월, 아이패드2 발표회장이었다. 스티브 잡스는 "사람들의 가슴을 두근거리게 만드는 애플의 DNA는 기술(technology)을 자유교양(liberal arts) 및 인문학(humanities)과 결합시키는 데 있다."고 언급했던 것이다.

(2) 역사

서양에서 인문학에 대한 연구는 시민들에 대한 광범위한 교육의 기준으로서, 고대 그리스까지 거슬러 올라갈 수 있다. 로마 시대 동안에, 4과(음악, 기하, 산술, 천문)와 함께, 3학(문법, 수사 그리고 논리)을 포함하여, 7가지의 자유 인문학문의 개념이 만들어졌다. 이들 과목들은 인문학에서 기술들 또는 '행위의 방법들'로써 강조되어, 중세 교육의 중요한 부분이 되었다.

르네상스 시대에 하나의 중요한 전환이 발생했으며, 그때 인문과학은 전통적인 분야로부터 문학 및 역사와 같은 분야로의 전환에 상응하는, 실용적이기보다는 오히려 학문적인 과목으로 간주되기 시작하였다. 20세기에는, 민주사회에서 평등원칙에 더 적합한 용어로써, 인문과학을 재정의하려는 포스트모더니즘 운동에 의해 재차 논의되었다.

(3) 하위 분야

① 고전학

서양의 학문 전통에서 고전학은 고전고대의 문화, 즉 고대 그리스와 로마 문화로 불린다. 고전 연구는 예전에는 인문과학의 토대의 하나로 간주되었으나, 20세기 동안에 그 중요성은 감소하였다. 그럼에도 불구하고, 철학과 문학과 같은 인문과학에서 고전적 관념들의 영향은 여전히 강하게 남아 있다. 다시 말하면, 고전은 초기 세계의 주요 문명에서 쓰인 기본적인 책들이다. 서양 이외의 주요 전통에서, 고전은 인도에서는 베다와 우파니샤드, 중국에서는 공자와 노자 장자

자료: blog.daum.net

⚙ 그림 4.2 사자의 서

의 저서, 이집트의 '사자의 서'[1]와 마찬가지로 메소포타미아에서는 함무라비 법전과 길가메시 서사시[2]와 같은 책들을 가리킨다.

② 역사학

역사는 체계적으로 집적한 과거라 불리는 어떤 것에 대한 정보의 재창조이다.

---

[1] 사자의 서(Book of the Dead)는 고대 이집트 시대 관 속의 미라와 함께 매장한 사후세계(死後世界)에 관한 안내서이다.

[2] 길가메시(Gilgamesh)는 고대 메소포타미아 수메르 왕조 초기 시대인 우르 제1왕조의 전설적인 왕으로 수많은 신화나 서사시에 등장하는 영웅이다. 이 왕이 실제로 존재했던 인물이었을 가능성이 있다. 그의 무훈담을 기록한 길가메시 서사시(Epic of Gilgamesh)는 기원전 2000년대에 점토판에 적혀 있다. 오늘날에도 고대 메소포타미아의 영웅 가운데 가장 잘 알려진 이름으로, 수많은 픽션 작품에서 그의 이름을 차용하고 있다. 이 서사시는 고대 메소포타미아의 것으로 수메르 남부의 도시 국가 우루크의 전설적인 왕 길가메시를 노래하였다. 19세기 서남아시아 지방을 탐사하던 고고학자들이 수메르의 고대 도시들을 발굴하는 과정에서 발견되었다. 이것은 호메로스의 서사시보다 1500년 가량 앞선 것으로 평가된다.

일종의 학문 분야 이름으로 사용할 때, 역사학은 인간과 사회, 제도 그리고 시간의 흐름에 따라 변해 왔다고 여겨지는 어떤 주제에 관한 연구와 해석, 재창조를 가리킨다. 역사에 대한 지식은 때로는, 지난 사건들에 대한 지식과 역사적 사고 기술의 두 가지 모두를 망라한다.

전통적으로 역사에 대한 연구는 인문학의 한 분야로 간주되었다. 그러나 근현대 학문에서 역사학은, 특히 미국과 프랑스에서, 연대기가 초점이 될 때는 점차 사회과학으로 분류된다. 그러나 예를 들어 서울대학교는 역사학을 분명히 인문과학으로 구분하여, 역사학의 인문과학성을 강조하였다. 인문과학과 사회과학 등과 같은 학문 분류는 다양한 학문분야 간의 융합의 결과인 역사학에 대한 지나친 협소한 정리이다.

③ 언어

언어는 인류가 발전시킨 최고 수준의 정보체계인 동시에 의사소통 수단이다. 고전과 근현대 언어들 각각에 대한 연구는 근대 인문과학 연구의 뼈대를 형성한다. 언어에 대한 과학적 연구는 언어학으로 알려져 있고, 이는 하나의 사회과학이다. 근대과학으로서의 언어학의 역사는 그리 길지 않으며, 19세기 특히 독일을 중심으로 언어의 역사성과 민족성을 규명하는 데 중심을 둔 역사언어학이 중심을 이루었다. 그러나 20세기 이후 소쉬르에 의해서 언어를 기호체계로 이해하는 관점이 생겨나면서 소위 현대언어학이 발전하게 되었다. 언어에서의 변화는 다른 인문과학에 심오한 영향을 줄 수 있다.

④ 문예학

문학은 언어예술이며 달리 말하면 문예이다. 문예학은 예술학의 핵심이며 인문학의 중심학문 중 하나이다. 문학을 어떤 특정한 주제 주위의 소설과 시 그리고 희곡의 집합으로 볼 수 있다. 이 경우에, 소설과 시 그리고 희곡은 국민주의적 함의를 갖거나 혹은 그렇지 않을 수 있다.

자료: bluemovie.tistory.com

♻ 그림 4.3 셰익스피어

　서구의 정전(표준적 작품 또는 명작)은 일련의 그런 문학을 지칭한다. 'literature' (문학)라는 용어는 그것을 사용하는 사람이나, 맥락에 따라 다른 의미를 지닌다. 그것은 어떤 상징적 기록을 의미하거나, 이미지들과 조각에서부터 문자에 이르기까지 모든 것을 망라하는 것으로 널리 적용될 수 있다.

　사람들은 문학과 대중적인 형태의 작품 사이의 차이를 감지할 수도 있다. '본격 소설'과 '문학적 가치'라는 용어는 가끔 개별 작품들을 구별하는 용도로 쓰인다. 이전에는 순수문학만을 연구대상으로 삼았으며, 현대에는 소위 대중문학 및 통속문학 또한 연구영역으로 흡수하는 추세다.

⑤ 음악사학

　음악은 시각매체인 악보로 기록된 소리예술이자 시간예술이다. 인간의 정신과 밀접히 닿아 있는 예술로 인간의 고도의 이성과 감성의 조화의 산물이기 때문에 음악과 음악의 역사, 음악을 통해서 본 역사에 대한 탐구는 인문학에서 필수적이다. 그렇기에 음악사학은 음악과 음악의 역사를 연구하는 학문으로 서양에서는 고대 그리스 시대부터, 동양에서는 고대 중국과 인도 등에서부터 연구되던 가장 오랜 역사를 지닌 학문이다. 음악사학은 고대 그리스 시대를 거쳐 4과에도 포함되어 있었고, 중세대학에서 자유 7과 중 하나로 교육 및 연구되었다. 그리고 르네상스 시대를 거쳐 19세기 포르켈 등을 위시한 독일을 중심으로 근대과학으로서의 인문학으로 발전되었다.

음악사학은 크게 지역적으로 서양음악사학과 동양음악사학, 한국음악사학 등으로 나누어진다. 작곡가와 작품에 대한 연구라는 기본적인 영역에서 시작하여 음악이론과 분석담론 및 (소위 음악철학이나 음악미학으로 알려져 있는) 사상, 장르와 사조의 변천, 악기의 연구, 음

자료: wikiwand.com

그림 4.4 서양 중세음악의 네우마 기보법으로 기보된 성가 악보

악과 문학 및 무용 등 타 예술 장르와의 관계, 음악과 정치, 사회, 경제, 문화와의 관계 등의 역사를 다룬다. 단, 음악연주는 실기의 영역이기 때문에 학문의 대상으로 간주되지 않는다.

⑥ 공연예술학

공연예술학은 무대 위에서 벌어지는 예술을 다루는 학문이다. 공연예술은 예전에 예술가들이 매개물로써, 자신의 신체, 얼굴 그리고 존재를 사용하고, 나중에는 어떤 예술 대상을 창조하기 위해 구상되거나 변형될 수 있는 진흙, 금속 또는 물감과 같은 재료를 사용함에 있어서는 조형 예술과는 다르다. 공연예술은 곡예, 무용, 마술, 오페라, 뮤지컬, 텔레비전 드라마, 영화, 저글링, 연희, 취주 악단과 연극 등을 포함한다. 관객 앞에서 이런 예술을 공연하는 예술가들은 행위

그림 4.5 오페라 공연

예술가, 배우, 희극 배우, 무용가 등으로 불린다. 공연예술은 또한 작사와 각색과 같은 관련 분야 노동자들의 조력을 받는다. 무대 예술가들은 의상과 분장 등등과 같은 것으로 자신의 겉모습을 꾸미기도 한다. 이는 또한 예술가들이 자신의 작품을 관객에게 공연하는 면에서 미술의 특수한 형식이기도 하다. 이런 것을 행위예술이라고 부른다. 대부분의 무대예술은 또한 조형예술 형식을 포함하는데, 여기에는 소품의 제작과 같은 것을 들 수 있다. 무용은 근대 무용 시대 동안에는 종종 '조형예술'로 간주되었다.

⑦ 철학

고대 그리스에서 철학은 학문 그 자체, 고대 그리스에서 지혜에 대한 사랑을 의미했다(philosophy = philos(사랑하다) + sophia(지혜))를 뜻하였고, 전통상으로 철학은 세계와 인간과 사물과 현상의 가치와 궁극적인 뜻을 향한 본질적이고 총체적인 천착을 뜻했다. 이에 더하여 현대철학은 철학에 기초한 사고인 전제나 문제의 명확화, 개념의 엄밀화, 명제 간 관계 명료화를 이용해 제 주제를 논하는 언어철학에 상당한 비중을 둔다. 철학이라는 단어는 고대 희랍어의 필로소피아(지혜에 대한 사랑)에서 유래하였는데, 여기서 지혜는 일상생활에서의 실용하는 지식이 아닌 인간 자신과 그것을 둘러싼 세계를 관조하는 지식을 뜻한다. 이를테면 세계관, 인생관, 가치관이 포함된다. 이런 일반 뜻으로서 철학은 어느 문화권에나 오래전부터 존재하여 왔다. 심지어 문자가 없는 사회에서도 세계를 향한 깊은 지혜는 발견된다. 서구화 이후, '철학'은 대체로 고대 희랍 철학에서 시작하는 서양철학 일반을 지칭하기도 하나 철학 자체는 동서로 분리되지 않는다.《윤리 형이상학의 정초》의 첫 부분에서, 이마누엘 칸트는 고대 그리스 철학을 자연학과 윤리학 그리고 논리학의 세 학문으로 나눈다. 그것은 시간이 지남에 따라 - 17세기의 물리학(또는 자연 철학), 19세기의 심리학과 20세기의 인공 지능과 언어학에 이르기까지 - 개별 학문 분야로 분리되었다.

⑧ 종교학

대부분의 역사학자들은 종교의 기원을 신석기 시대까지 거슬러 올라가 탐색한다. 이 시기 동안의 대부분의 종교적 믿음은 모계 신과 하늘 신에 대한 숭배, 또한 신으로서의 해와 달에 대한 숭배(태양 신앙 참조)로 이루어져 있다.

특히 기원전 6세기경에, 동양과 서양 양쪽에서 새로운 철학과 종교가 나타났다. 시간이 흘러, 초기의 주요 신앙들 중의 일부가 된 인도의 힌두교와 불교, 페르시아의 조로아스터교와 같은, 세계 곳곳의 종교에서 다양한 변화가 생겨났다. 동양에서는, 3개의 유파가 근대에 이르기까지 중국인들의 지배적인 사상이었다. 그것들은 도가와 법가, 그리고 유가였다. 경지에 도달한 것으로 보이는 유교 전통은, 정치 도덕에서 법의 강제가 아닌 전통에 대한 권위와 모범 쪽을 향했다. 서양에서는, 플라톤과 아리스토텔레스의 작업으로 대표되는 그리스 철학 전통은 기원전 4세기에 알렉산드로스 대왕의 정복 전쟁에 의해 유럽과 중동에 이르기까지 널리 퍼지게 되었다.

자료: well.hani.co.kr

🔧 그림 4.6 4대 종교 성인과 상징물의 그림

아브라함 종교들은 하나의 공통된 고대 셈족 전통으로부터 유래한 종교들이다. 그리고 꾸란에서는 예언자로서, 그리고 또한 창세기 20장 7절에서도 예언자로 불리고, 히브리 성경·구약 성서에서 이야기가 전해지는 장로의 하나인 아브라함(기원전 1900년경)을 신봉하는 이들에 의해 조사되었다. 이는 대규모의 일신교 종교들과 관련된 하나의 거대 집단을 형성하고, 일반적으로 세계 종교 신자의 약 절반에 해당하는 유대교, 기독교 그리고 이슬람교를 포괄한다.

⑨ 미술사학

⊛ 역사

미술에서의 뛰어난 전통들, 예를 들면 고대 이집트와 그리스 그리고 로마와 중국, 인도, 메소포타미아 메소아메리카와 같은 고대 문명들 가운데 하나인 미술에서 하나의 기초를 지닌다.

고대 그리스 미술은 인간의 신체적 형태에 대한 숭배와 근육, 자세, 미와 해부

자료: blog.aladin.co.kr

그림 4.7 서양 종교미술

학적으로 정확한 비례들을 보여주기 위한 동등한 기술들의 개발을 고안했다. 고대 로마 미술은 이상화된 인간으로서 신들을 묘사했는데, 특유의 구별되는 특징들을 보여준다(예를 들면, 제우스의 천둥 번개).

교회가 지배한 중세 시대의 비잔틴 미술과 고딕 미술은 실체적 사실들이 아닌 성경적 표현만을 고집했다. 르네상스는 실체적 세계에 대한 가치로의 귀환을 의미하고, 이러한 전환은 인간 신체의 구체성과 풍경에 대한 삼차원적 실재성을 보여 주는 예술 양식으로 반영된다.

동양 미술은 일반적으로 서양의 중세 미술과 양식 면에서 유사하게 작업되었다. 이를테면, 외면적 무늬와 부분적 색채상의 농도(빛과 그림자 그리고 반사에 의해 일어나는 색채의 변주보다는 오히려, 붉은 색 관복을 위해 기본적 붉은 색을 사용하는 것처럼, 물체의 담백한 색채를 의미하는)이다. 이 양식의 특징은 부분적 색채가 종종 윤곽에 의해 정의된다는 것이다(현대 예술에서 이와 같은 것

자료: mandala21.com

✿ 그림 4.8 동양 종교미술

은 만화이다). 이것은 예를 들면, 인도, 티베트, 일본의 미술에서 뚜렷하다.

    종교적인 이슬람 미술은 도상학을 금지하고, 기하학을 통하는 것 대신에 종교적 관념들을 표현한다. 물리적이고 합리적인 확실성들은 아인슈타인에 의한 상대성이론과 프로이트에 의한 눈에 보이지 않는 심리학의 새로운 발견에 의해서뿐만 아니라 미증유의 기술적 진보에 의해서 산산이 깨져 버린 19세기 계몽주의에 의해 묘사되었다. 이 시기 동안에 증가한 세계적인 교류는 서양 미술 속에 다른 문화들도 동등한 영향력을 주게 했다.

🌐 매체의 종류

    그림은 여러 가지의 다양한 도구나 기술 중의 일부를 사용하여 이미지를 만드는 것을 의미한다. 일반적으로 도구를 가지고 표면에 압력을 가하거나 표시를 하는 것, 또는 표면을 가로질러 도구를 움직이는 것을 포함한다. 통상적으로 쓰이는 도구들은 흑연, 연필, 펜과 잉크, 붓, 색연필, 크레용, 숯, 파스텔 그리고 마커 펜 등이다. 이런 도구들과 비슷한 효과를 내는 디지털 도구들도 역시 사용된다. 그림에서 사용되는 주요 기술은 다음과 같다: 선 그리기, 해칭, 교차 해칭, 임의 해칭, 흩뿌리기, 점화, 뒤섞기. 그림에 뛰어난 사람은 '화가'로 간주한다.

✳ 회화

회화는 용기(또는 매체)에 담긴 안료와 어떤 접착물을 종이, 캔버스 또는 벽과 같은 표면에 바르는 행위를 말한다. 그러나 예술적인 의미에서 사용될 때, 그것은 표현과 행위자의 관념적 의도를 드러내기 위하여 그림, 구도 그리고 미적인 고려 등을 조합하는 이런 활동의 사용을 의미한다. 회화는 또한 영적인 영감과 관념들을 표현하기 위해 사용된다. 그림의 이런 종류는 시스티나 성당의 도기에 신화적인 인물을 묘사하는 것에서부터 인간의 신체 자체에까지 걸쳐 있다.

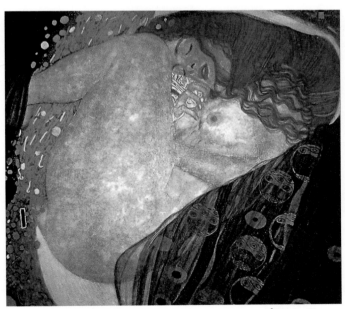

자료: cine21.com

⚙ 그림 4.9 구스타프 클림트 '다나에'

◈ 색

음악에서 소리가 필수이듯이 그림에서는 색이 필수적이다. 색은 대단히 객관적이지만, 상당한 심리적 영향들의 아래에 놓여 있기 때문에 문화에 따라 색에 대한 파악과 의미 해석이 다를 수 있다. 서양에서는 검정색이 애도와 관련이 있지만 다른 지역에서는 흰색이 애도의 색일 수도 있다. 괴테, 칸딘스키, 아이작 뉴턴을 포함하는 일부 화가와 이론가, 작가 그리고 과학자들은 그들 스스로의 색 이론을 썼다. 게다가 언어의 사용은 색과 같은 것에 대한 유일한 일반화이다. 예를 들어, '빨강'이란 단어는 스펙트럼의 순수 빨강 상에서 폭넓은 범위에 걸쳐 있다. 음악에서 다조 또는 내림다조처럼, 다른 음들에 대한 기준이 있고, 색은 팬톤 시스템이 이런 목적으로서 산업의 인쇄와 디자인에 널리 쓰이고 있지만, 이런 방식으로 다른 색들에 대한 하나의 공식적인 정식화는 없다.[3]

근대 화가들은, 예를 들어 콜라주와 같이, 회화에 포함되는 영역을 크게 확장했다. 이것은 큐비즘과 함께 시작되었고, 엄격한 의미에서는 그림이 아니다. 일부 근대 화가들은 그들 회화의 질감을 위해 모래, 시멘트, 밀짚 또는 나무와 같은 서로 다른 재

자료: pinterest.com

⚙ 그림 4.10 콜라주[3]

---

3) 간단히 말해서 '붙인다'는 뜻을 갖는 근대 미술의 특수 기법 중 하나이다. 벽지, 낡은 서책의 삽화, 사진, 무늬가 있는 천 등을 모아 붙여서 화면을 구성하는 기법을 말한다.

료들을 집어넣는다. 이런 예로는, 장 두부펫 또는 안셀름 키퍼의 작품들을 들 수 있다. 근대 및 현대 미술은 역사적으로 기교에 가치를 두던 것에서 개념에 대한 옹호로 이동했다. 이 때문에 이것이 다수의 화가들에게 그들의 작품에 부분적으로든 전체적으로든 적용하는 것을 꺼리게 했음에도 불구하고, 일부에서는 진정한 미술 형식으로서의 회화는 죽었다라고 말해질 정도가 되었다.

2. 공자

(1) 개요

공자(孔子, Confucius, 기원전 551년 ~ 기원전 479년)는 유교의 시조이며, 고대 중국 춘추시대의 정치가·사상가·교육자이고, 노나라의 문신이자 작가이면서, 시인이기도 하다. 흔히 유교의 시조로 알려져 있으나, 어떤 관점에서 보더라도 유가의 성격이나 철학이 일반적인 종교들과 유사하게 취급될 수 없다는 점에서 20세기 중반 이후에는 이처럼 호칭하는 학자는 거의 없다. 유가 사상과 법가 사상의 공동 선조였다.

정치적으로는 요순우 삼황오제의 이상적 정치와 조카를 왕으로서 성실하게 보필한 주공 단의 정치철학을 지향했다. 뜻을 펴려고 전국을 주유하였으나, 그의 논설에 귀를 기울이는 왕이 없어 말년에 고향으로 돌아와 후학 양성에 전념하다 생을 마쳤다. 춘추시대에 서주의

자료: m.blog.daum.net

⚙ 그림 4.11 공자

제후국인 노(魯)나라의 무관인 숙량흘(叔梁紇)의 둘째 아들이자, 서자로 태어났다. 이름은 구(丘), 자는 중니(仲尼)이다.

공자 또는 공부자(孔夫子)로 불린다. 공자(孔子)의 호칭에서 자(子)는 성인(聖人)인 공자를 높여 부르는 존칭이다. 그 뒤 여러 번 추증되어 대성지성문선왕(大成至聖文宣王)에 추봉되었다.

(2) 생애 초반

① 탄생과 가계

공자는 기원전 551년 9월 28일 노나라 곡부(曲阜)에서 떨어진 시골인 창평향(昌平鄉) 추읍(耶邑)에서 부친 숙량흘이 그의 노년에 모친 안씨(이름은 징재)를 맞아 공자를 낳았으나, 부친인 숙량흘(叔梁紇)과 모친인 안징재(顔徵在)는 정식으로 혼인한 관계는 아니었다.

안징재는 숙량흘의 동료 무사이자 친구였던 안양(顔襄)의 셋째 딸이었다. 숙량흘이 안징재를 만났을 당시 숙량흘은 60대 후반이었고 안징재는 13세의 소녀였다는 설도 있으나, 이는 후세에 호사가들이 꾸며낸 이야기에 불과하다.

공자의 조상은 주나라의 이전 왕조인 은나라에서 봉토를 하사 받은 송나라의 공족(소국의 왕에 해당)이었으며, 공자의 3대 전에 노나라로 옮겨 왔다. 그의 집안은 송나라 왕실에서 연유한 명문 가문이었으나 몰락하여 노나라에 와서 살게 되었으며, 부친 숙량흘은 무사였다. 부친과 그의 본처 시씨(施氏) 사이에는 딸만 아홉이었고 아들은 하나뿐이었다.

공자의 자(字)가 중니(仲尼)가 된 이유는 집안의 장남인 맹피에 이은 둘째 아들이라는 뜻이었다. 흔히 소개되는 공자의 가계는 보통 그의 부친 숙량흘과 증조부 공방숙까지 언급되나, 후대에는 보통 공자를 시조로 간주하기도 한다.

② 소년 시절

《사기》의 '공자세가'에는 공자의 키가 9척6촌에 달하여 '장인(껑다리)'으로 불렸다는 기록이 남아 있다.[4] 공자는 사생아였기 때문에 공씨 집안에서 숙량흘의 자손으로 인정받지 못했다. 3살 때 아버지가 죽었고, 어머니 안징재가 궐리로 이사하여 홀로 공자를 키웠다. 부친 숙량흘의 재산은 이복 누이들과 이복 조카에게 상속되었다. 그의 몫으로 돌아온 것은 없었다. 설상가상으로 모친마저 눈이 멀어 버려 생활 형편은 더욱 나빠졌다. 그 결과 공자는 어려서부터 거칠고 천한 일에 종사하면서 곤궁하고 불우한 소년 시절을 보냈다. 기원전 536년에 혼인하였으며, 기원전 535년 공자 16세에 모친마저 세상을 떠났다. 그녀가 세상을 떠나자 공자는 3년 상을 마친 뒤 부친 묘소 옆에 안장하였다.

자료: blog.naver.com

⚙ 그림 4.12 당나라 화가 오도자(吳道子)가 그린 공자상(孔子像)

③ 청년 시절

기원전 533년 19세에 송(춘추 전국)나라의 병관(并官)씨의 딸과 결혼하여 20세에 아들 리(鯉)를 얻었다.

사생아였던 공자에게는 자신이 대부였던 숙량

---

4) 사마천은 저서 《사기》의 '공자세가' 편에서 공자의 탄생을 이렇게 기록했다. "공자는 노나라 창평향 추읍에서 태어났다. 그의 조상은 송나라 사람으로 공방숙이라고 한다. 방숙이 백하를 낳았고, 백하는 숙량흘(叔梁紇)을 낳았다. 흘(紇)은 안씨(顔氏) 딸과 야합(野合)하여 공자를 낳았으니, 니구(尼丘)에서 기도를 하여 공자를 얻은 것이다. 노나라 양공 22년 공자가 태어났다. 공자는 태어나면서부터 머리 정수리가 낮고 사방이 높아 이로 인해 이름을 구(丘)라 했다. 그의 자는 중니(仲尼)고 성은 공씨(孔氏)다."
사마천은 위대한 성인 공자의 탄생을 '야합'이라는 아리송한 단어로 표현하면서 일체의 설명을 생략했다. 그 때문에 후대 사람들은 갖가지 추측과 항변으로 공자의 탄생에 대한 설전을 거듭했다. 그러나 '야합'은 문자 그대로 '야합'일 뿐이다. '야외(野)'에서 결합(合)한다'는 뜻이다. 사마천이 살던 시대의 '야합'은 지금처럼 그렇게 부정적인 의미로 사용되지 않았다. 오히려 제의적이고 생산적인 의미가 더 강했다.

흘의 자손, 즉 귀족임을 인정받는 것이 필생의 목표였다. 무사였던 아버지와 달리, 공자는 글과 지식으로서 인정받으려 했다. 어릴 적부터 제사 지내는 흉내를 내며 놀기를 좋아했다고 하며, 고실(故實), 즉 예부터 내려오는 전통적 종교 의례·제도·관습 등에 밝았다. 공자에게는 특별한 선생은 없었다. 그가 만날 수 있는 모든 사람에게서 배웠다. 그 가운데 유명한 사람이 주나라의 주하사였던 노자이다. 공자가 노자를 찾아가서 배웠던 것은 여러 문헌에 나온다. 이런 사정을 만년에 공자는 "15살에 배움에 뜻을 두었고, 30살에 섰다."고 술회한다. 서른 살에 학문의 기초가 섰고, 생활의 토대가 섰으며, 한 인간으로서 우뚝 선 것이다. 30대가 되자 공자는 노나라에서 가장 박식한 사람이 된다. 그는 학원을 열어서 학생들을 가르쳤다. 중국 역사상 최초의 학교를 창설한 것이다. 노나라의 유력한 대부의 자손에서 평민의 자제까지 '묶은 고기'(束脩) 이상을 가져온 사람은 누구나 가르쳤다. 공자는 《시경》, 《서경》, 《주역》 등의 경전을 가르쳤다.

자료: mvq.co.kr

⚙ 그림 4.13 공자와 제자들

공자는 노나라에 살았다. 따라서 노나라를 건국했던 주공(周公)을 본받아야할 사람으로 받들었다. 주공은 어린 성왕을 대신해서 섭정을 하면서 주나라의 봉건제를 수립했다. 봉건제는 종법제라 한다. 천자가 형제 친척을 제후로 임명한다. 제후는 다시 자손을 대부로 임명한다. 그 결과 국가의 주요 기관장은 종친들이 된다. 이래서 종법이라 한다. 공자 당시는 종법과 봉건제가 무너지고 극심하게 혼란했다. 노나라가 바로 그런 상황이었다. 공자는 주공의 종법제를 회복해서, 노나라 나아가 천하를 평화롭게 하고자 했다.

(3) 관료 생활과 교육 활동

① 관료 생활

회계 출납직인 위리(委吏)를 거쳐 목장 경영직인 사직(司直) 등으로 관리 생활을 시작하였다. 공자는 30세에 이르러 관리로서의 지위도 얻고, 학문적으로도 많은 진전을 보였다.

공자의 정치관은 법보다 덕으로써 백성과 나라를 다스려야 한다는 것이었고, 세상사를 처리함에 있어 사람을 가장 중시하는 인본주의를 주창하였다. 주공이 나라를 다스리던 시대처럼 올바르고 평화로운 인간 세상을 건설하는 것이 공자의 이상이었다.

본국인 주나라(周)의 낙읍(洛邑)을 돌아보고 귀국한 후 그의 명망은 차츰 천하각국으로 퍼져 나갔다. 이에 따라 그에게 배움을 청하는 제자들이 구름처럼 모여들었다. 그리하여 그 수가 훗날 3천명을 넘어섰다. 이에 공자를 눈여겨 본 노(魯)나라의 왕 소공(昭公)은 그를 가까이 두려 하였다.

② 주유천하

35세 때 소공(昭公) 25년 노나라에 '삼환(三桓, 맹손·숙손·계손 등 당시 노나라의 권세가)의 난'이 일어나 노왕 소공이 신하인 계씨에게 쫓겨나 제나라로 도망치는 일이 벌어졌다. 공자도 그의 뒤를 따라 피난, 기원전 517년에 제(齊)나라에 갔다.

공자는 제나라의 왕 경공(景公)과 신하들에게 여러 모로 진리를 가르쳤다. 그는 그 곳에서 음악을 논하고 경공에게 정명주의(正名主義)에 입각한 정치 이상을 말하였다. 공자의 박학다식함과 고매한 인품에 매료돼 그를 흠모하게 된 경공은 그를 자신의 정치적 고문으로 기용하려 했으나, 공자의 높은 학식과 덕망으로 인해 자신의 지위가 위태로워지는 것을 꺼린 제나라 재상 안영(晏嬰)의 적극적인 반대로 좌절되었다.

이로 인해 2년 만에 귀국한 공자는 제자들을 가르치다가 46세 무렵 노나라 왕의 측근 배신(陪臣)인 양호(楊虎)가 세력을 잃고 물러나게 되면서 중도재(中道宰)가 되었다. 52세 무렵에는 대사구(大司寇)로 지위가 올랐다. 그 이듬해 노나라의 정공을 따라가 참석한 제나라와의 강화 회의에서 예전에 제나라에 빼앗긴 노나라의 땅을 돌려주도록 요구하여 이를 관철시켰으며, 난신대부 소정묘(少正

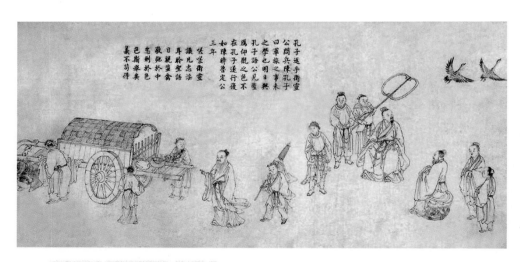

자료: timetree.zum.com

🔧 그림 4.14 주유천하

卯)를 축출하는 데 참여하였다고도 한다(기원전 496년. 그러나 실제로는 그러한 일이 없다는 주장도 있다.).

이때 제나라에서는 밀자(密者)를 파견하여 노나라를 함정에 빠뜨리려 하였으나 공자가 이를 꿰뚫어보고 회의 장소에 들어가려는 의심쩍은 사내를 붙잡아 화를 미리 막고 노나라에 유리하게 강화를 맺었다. 삼환 씨의 세력을 꺾으려 했으나 실패하고, 대부(大夫)인 계환자가 제나라의 흉계에 속아 쾌락에 빠진 것을 만류하다가 대립하게 되었다. 이 때문에 크게 낙담한 공자는 그의 큰 뜻을 이루지 못할 것으로 판단하여 벼슬을 버린 후, 14년 동안 제자들과 온갖 고초를 무릅쓰고 위·송·조·정·진·채 등 여러 나라를 주유하였다.

③ 정치 활동

공자의 인망은 해를 더할수록 거듭 높아져 기원전 499년에는 대사구(현재의 법무부 장관) 벼슬에 기용되었고, 최고 재판관 및 외교관직도 겸하게 되었다.

자료: weekly.chosun.com

🔩 그림 4.15 재상이 된 공자가 처음 한 일은 사형

당시 공자는 순장될 뻔한 아이를 구하고 이 사건을 계기로 그 때까지 이어져 오던 순장의 악습을 왕에게 간하여 끝내 폐하였다. 또 제나라 경공과의 회동에서 뛰어난 지략과 용기로 전쟁 한 번 치르지 않고 단지 협상만으로 노나라가 잃었던 옛 땅을 되찾는가 하면, 당시 권세가였던 삼환씨의 횡포를 꺾기 위해 그들의 요새인 삼성(三城)을 허무는 계획을 추진하였다. 그러나 이러한 일들은 계손사의 저항으로 도중에 중단되고 말았다. 계손사는 노나라 삼환인 계손, 맹손, 숙손 가문을 이끄는 수장이었다.

이 무렵, 공산불뉴(公山不狃)[5]는 삼환과 계손사의 전횡에 맞서 반란을 일으켰

자료: blog.daum.net

⚙ 그림 4.16 곡부의 유저지[6]

---

5) 전국시대 노나라 사람이다. 반면 《열국지》에 따르면 공자는 노나라에서 전횡을 일삼는 삼환씨와 계손사(季孫斯)에 대해서 부정적이었기 때문에 공산불뉴가 공자를 초청했을 때 가려고 하였으나 제자들의 만류로 가지 않았다고 한다. 청나라 때 강영(江永)은 《향당도고》(鄕黨圖考)에서 공산불뉴와 양호(陽虎)가 삼환, 계환자를 제거하고자 모의하였지만 실제로 읍을 점거하고 병사를 일으킨 적이 없다고 설명하며 공산불뉴의 반란 사실을 부정하였다.

6) 공산불뉴의 반란군과 계씨의 군사들이 서로 주춤하여 대치하고 있을 때 제후의 정규군이 뒤에서 다가들어 반란군을 쳤다.

다. 공자 역시 삼환 등의 무리를 몰아내 어지럽혀진 노나라를 바로 잡으려고 이미 일을 꾀했던 데다, 도덕 정치 구현에 대한 열망 때문에 반역자 공산불뉴가 하극상을 벌인 처지임에도 그가 초빙했을 때 이에 응하는 문제를 놓고 심한 갈등을 겪었다. 그러나 노나라 출신 제자였던 맹의자, 남궁도 등의 만류와 때마침 벌어진 상황 여건의 괴이한 변화로 인해 결국 단념하였다.

공자는 국정을 쇄신하기 위해 방자하게 권세를 휘두르는 계손사(季孫斯)[7]를 타도하려고 여러 모로 계책을 꾸몄으나 일이 성사 단계에 가서 실패하고 말았다. 그 때문에 계손사의 미움을 받은 공자는 기원전 496년에 노나라를 떠나 수십 명의 수행 제자들과 함께 자신의 학문적 이상을 현실 정치에서 실현시켜 줄 어질고 현명한 군주를 찾아 기약 없는 여정에 나섰다.

무려 10여년이 넘게 걸린 이 주유열국(周遊列國)의 기간은 성인(聖人)인 공자로서도 참기 어려운 고달픈 세월이었다. 이 무렵 공자는 생명에 위협이 가해지는 위험에 빠지기도 하였으며, 그 같은 봉변으로 인해 여행 도중 만난 은자(隱者)들에게 수모와 조롱을 당하기도 하였다.

공자의 도덕정치는 어느 나라에서도 외면당했다. 당시의 왕들은 더디더라도 올바른 길을 택하기보다 손쉽게 국력을 팽창시켜 천하를 제패할 부국강병의 방법만을 원하고 있었기 때문이었다.

공자는 마침내 자신의 학문적 이상이 당시의 정치 상황에서는 결코 실현될 수 없음을 깨닫고 제후와 군주들을 설득하는 일을 단념하였다. 그리하여 그는 귀국 후 후학 양성에만 전념하기로 결심하고 미래 세대에 남은 희망을 모두 걸게 되었다. 이로써 공자의 정치적 삶은 마감되었고 이후에는 교육자로서의 본격적인 삶이 시작되었다.

---

7) 계손사는 노나라 삼환인 계손, 맹손, 숙손씨 가운데 가장 세력이 강한 계손씨 가문의 수장이다. 일반적으로 그는 공자와 대립한다. 공자는 순장당할 뻔한 아이를 구하고, 제나라 경공과의 회동에서 입심으로 노나라가 잃은 땅을 찾고, 삼환의 영지에 있는 세 성을 허무는 일을 하였다. 이러한 일들이 계손사의 책략에 도중에 중단된다. 계손사의 계략으로 왕에게 버림받은 공자는 노나라를 떠나고 다른 나라로 10년 동안 방랑생활을 했다.

(4) 생애 후반

① 교육 활동

인(仁)에 기반한 도덕 정치를 실현하고자 전국을 주유하며 군주들을 설득하였으나, 오직 부국강병책으로 천하통일만을 노리는 당시의 세태에서는 공자의 이상을 받아 주는 제왕이 아무도 없었다.

공자는 말년에 고향으로 돌아와 후학 양성에 힘을 기울였다. 그는 중국의 오래된 전통적 경전들을 제자들에게 가르쳤다. 공자가 교육에 활용한 경전은 육예(六藝) 또는 육경(六經)이라 불리는 '역', '시', '서', '예', '악', '춘추'이다. 당시 육경은 진귀한 서적이었음에도 불구하고 공자는 속수 이상을 예물로 가져온 이에게 가르쳐주지 않은 적이 없었다. 금문학파는 공자가 육경을 창작했다고 주장하였으며, 고문학파는 공자가 육경을 계술한 것이라고 주장하였다. 공자 이전에도 육경의 이름들은 사서에 등장하지만 유가의 계술이 있은 후에야 단순한 점술서, 잡기의 영역을 뛰어넘을 수 있었다. 실제로 '춘추'를 비롯한 종래의 사관들의 기

자료: blog.daum.net

그림 4.17 공자, 정치 내려놓고 교육자로

록을 바탕으로 공자는 자신만의 독창적인 정치관인 정명(正名)론을 끌어내었고 맹자는 이를 춘추의 대의만은 공자가 은연중에 취했고 춘추를 정명으로 귀결시키면서 난신적자를 두렵게 했다고 평하였다.

공자의 만년에 아들인 백어가 50세의 나이로 죽었다. 또 특히 아끼던 제자 안연과 자로마저 잇따라 죽었다. 이때 공자는 "하늘이 나를 버렸다."며 비통함을 감추지 않았다.

아들 백어가 사망하자 공자가 어린 손자를 키웠다. 그의 손자인 자사는 훗날 공자의 뛰어난 제자 가운데 한 사람인 증자를 스승으로 모시고 그의 문하에서 배워 조부인 공자의 사상과 학맥을 훌륭히 이어 나갔다.

② 제자들

공자의 문하(門下)에서는 걸출한 대학자가 무수히 배출되었는데, 육경(六經)에 통달한 이만 해도 무려 70명에 이르렀다고 한다. 이들을 가리켜 '칠십자(七十子)'라고 한다.

자료: marisol88-seraphim.tistory.com

그림 4.18 공자와 제자들 – 영화 〈공자〉의 한 장면

그 중에서도 특히 학식이나 덕망, 재능이 출중하여 역사에 길이 이름을 남긴 열 사람의 제자를 가리켜 '공문십철(孔門十哲)'이라고 한다. 이들은 안회(顔回), 민자건(閔子騫), 염백우(冉伯牛), 중궁(仲弓), 재아(宰我), 자공(子貢), 염유(冉有), 자로(子路), 자유(子有), 자하(子夏) 등이었다.

　공문의 많은 제자들 중 안회의 학문과 덕이 가장 뛰어났다. 이는 스승인 공자와 동문 선후배 등이 모두 인정하는 바였다. 그러나 안회는 스승인 공자보다도 먼저 세상을 떠나 그를 크게 상심시켰다. 그의 학통을 후대에 전한 인물은 증자와 자궁(子弓)이었다.

　덕행(德行)으로는 안회(顔回), 민손(閔損), 재백우(再伯牛), 중궁(仲弓)이며, 언행은 재예(宰豫), 자공(子貢)이며, 정사(政事)에는 재구[再求, 자유(子有)의 본명], 중전[仲田, 자로(子路)의 본명]이고, 문학(文學)에는 자유(子游)·자하(子夏)이다. 그 외에도 증자(曾子), 자장(子張), 자궁(子弓), 유자(有子) 등이 있다.

　"자공이 물었다. 자장과 자하 중 누가 더 낫습니까? 공자께서 말씀하셨다. 자장은 지나치고, 자하는 미치지 못함이 있다. 자공이 말했다. 그러면 자장이 자하보다 낫다는 말씀이신가요? 공자께서 말씀하셨다. 지나침과 미치지 못함은 같

자료: bookdramang.com

⚙ 그림 4.19 과유불급

은 것이다(子貢問 師與商也 孰賢 子曰 師也過商也不及 曰 然則 師愈與 子曰 過
猶不及)."

이들 중에서 증자는 공자의 손자인 자사(子思)를 가르쳤고, 훗날 맹자(孟子)가
자사에게서 배웠으니, 맹자학파는 증자가 배출한 셈이다. 자궁의 손제자들 중에
한 분파는 순자와 한비자로 이어졌고, 이는 법가의 출현으로 이어졌다.

③ 말년

아들과 아끼던 제자들을 잇따라 잃고 상심에 빠진 공자는 고향인 곡부로 돌아
와 후학 양성으로 만년을 보냈다.[8]

공자는 만년 들어 자신의 삶을 반추하며 말하기를, "나이 열다섯에 학문의 길
로 가기를 마음먹었고, 서른에 이르러 세상에 나의 존재를 알렸으며, 마흔에는

자료: seoul.co.kr

🔩 그림 4.20 공자학원 개원식[8]

---

8) 시진핑 중국 국가주석이 부주석이던 2010년 6월 20일 호주 멜버른 공대에서 열린 공자학
원 개원식에 참석해 현판을 공개하고 있다.

어떤 일에도 미혹됨이 없었고, 쉰에 이르러서는 하늘의 뜻을 모두 알았으며, 예순에는 모든 일에 대해 순리를 알 수 있었고, 일흔에는 하고 싶은 대로 해도 법도에 어긋나는 일이 없었다(吾十有五而志于學 三十而立 四十而不惑 五十而知天命 六十而耳順 七十而從心所欲不踰矩)."고 하였다.

공자는 73세가 된 해인 기원전 479년에 제자들이 지켜보는 가운데 승하하였다. 공자가 세상을 떠난 후 제자들은 스승이 남긴 말씀들을 모아서 《논어》라는 책을 저술하였다. 그리하여 공자의 가르침은 그의 사후에도 수 천 년 동안이나 이어지며 중국을 비롯하여 이른바 '중화(中華)'의 국제 질서에 속한 동아시아 대부분 국가에서 정치, 경제, 사회, 문화의 종범(宗範)이 되었다. 또 공자는 세계 4대 성인 중 한 사람으로서 오늘날까지도 동·서양을 막론한 세계 각국에서 인류의 영원한 스승으로 추앙 받고 있는 것이다.

(5) 사후

공자의 승하 후 노성 북쪽(魯城北 曲阜 洙上, 현재의 산동성 곡비현 북쪽)에서 장례가 치러졌다. 그의 제자들은 증자를 상주로 하고, 부모의 장례에 준하는 예로써 상복을 입고 그의 묘소 앞에서 3년 상을 마친 뒤, 각자 고향에 돌아가 후학을 양성하였다.

이후 증자의 문인들과 증자의 제자이자 자사의 문인들, 자사학파에서 갈려 나온 맹자의 학파, 자궁의 학파, 자궁의 학파에서 분파된 순자의 학파가 크게 융성하였다. 이후 유학의 사상은 인간의 본성은 선하므로 교육을 통해 선한 본성을 보존하는 데 힘을 쏟아야 한다는 맹자의 성선설과, 인간의 본성은 악하므로 예로써 악한 본성을 억제하여야 한다는 순자의 성악설로 나뉘어 발전하게 된다.

(6) 사상

공자의 중심 사상은 그가 제자들과 나눈 문답 형식의 언행집인 《논어(論語)》에 들어 있다. 이를 요약하면, 인간이 취하여야 할 모든 행동의 궁극적 지향점은 인(仁)에 있다고 할 수 있다.

대체로는 지덕(至德), 지선(至善)의 뜻을 지니고 있는 인도주의(人道主義)로서, 정치적으로는 명분을 바르게 하고(必也正名乎), 임금은 임금답게, 신하는 신하답게(君君臣臣), 부모는 부모답게, 자식은 자식답게(父父子子) 각자가 본분을 지킴으로써 국가와 가정의 질서를 유지시키며, 사회적으로는 자기의 도리를 다하고(盡己), 남을 부축하며(推己), 자기가 싫은 것은 남에게 강악(強惡)하지 않는 것(己所不欲勿施於人)을 비롯한 제덕(諸德)으로 나타난다. 여기에서 그는 자신이 하기 싫은 것, 자신이 할 수 없는 것을 다른 사람에게 강요하는 것을 강악(強惡)이라 하여 악으로 간주했다.

인(仁)을 지향하고, 예(禮)에 정진하며, 실천하는 사람이 군자요, 그렇지 못한 사람이 소인이자 악인으로서 군자가 덕을 생각할 때 소인은 이익만을 생각하며, 악인은 타인에게 해를 끼쳐서라도 자신의 이익을 행한다. 또한 그는 군자가 보편적이고 비상대적인데 비하여, 소인은 상대적이고 비보편적이다(君子周而不比 小人比而不周)라 설파하였다.

인간은 성인과 군자 외에도 인간적으로 범인과 소인, 악인으로 구분하여 생각하였다. 그러나 인(仁)은 성인만이 능히 이룰 수 있는 것으로 자신도 외경(畏

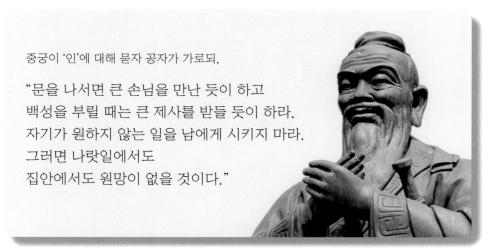

중궁이 '인'에 대해 묻자 공자가 가로되,

"문을 나서면 큰 손님을 만난 듯이 하고
백성을 부릴 때는 큰 제사를 받들 듯이 하라.
자기가 원하지 않는 일을 남에게 시키지 마라.
그러면 나랏일에서도
집안에서도 원망이 없을 것이다."

자료: youngsamsung.com

그림 4.21 공자(孔子)의 강의 내용을 수록한 《논어》 '안연편'의 일부

敬)할 만큼 이루기 어렵다고 하였다. 그러나 그 자신은 예(禮)에 엄격하여 절도가 있었으며, 성품은 엄숙·온화·원만하였다. 제자를 교육함에 있어서는 각인(各人)의 능력과 이해 정도에 따라 가장 적합한 방법으로 성품을 계발하도록 유도하였다. 사상이 현실적이고 현세적이었으며, 실용적·합리적·상식적이었다고 보는 견해도 있지만 공자가 활동했던 시기의 은자(隱者)들의 평가는 사뭇 달랐다. 《장자》에서 도척이 공자에게 하는 말이나 《논어》 18:7에서 노인이 공자에 대해서 "팔다리로 부지런히 일도 하지 않고, 오곡도 분간하지 못하는데, 누가 선생님이란 말이오?"라고 말하는 것으로 보아 생산활동을 도외시하고 결과(利)보다는 뜻(義)를 고려하는 태도에 회의적이였던 의견들이 당대에 있었음을 알 수 있다. 이렇듯 생산활동을 하지 않는 사(士)계급에 대한 비판은 법가에서도 드러난다.

738년 당나라 현종은 공자를 왕으로 추봉하여 문선왕(文宣王)의 시호를 내렸다. 1008년 송나라 진종은 시호 지성(至聖)을 추시하여 지성문선왕(至聖文宣王)

자료: blog.naver.com

⚙️ 그림 4.22 논어

이 되었다. 원나라에 와서는 대성지성문선왕(大成至聖文宣王)이 되었다.

명나라 건국 이후에는 지성선사(至聖先師)라는 다른 별칭도 수여되었다. 1645년 대성지성문선선사(大成至聖文宣先師)의 칭호가 수여되었다.

한편, 중국 대륙이 공산화된 후 중화인민공화국의 문화대혁명이 시작되면서 공자와 그의 사상은 중국 공산당에 의해 '악의 표상'으로 규정되었고, 이에 따라 공자묘와 비석 등이 파괴되었다. 유학서 및 다량의 공자 관련 유물 등도 무더기로 불에 타 사라지는 참화를 겪었다.

① 정치관

공자가 교육에 있어 목표로 삼은 것은 국가와 사회를 이끌어 갈 지도층 인사로서 인격의 완성체인 이른바 군자(君子)의 양성이었다. 군자란 원래는 한 나라의 정치에 참여하는 능력과 자격을 겸비한 귀족 계층의 사람을 두고 하는 말이었으

"남들이 나를 알아주지 않는다고 걱정하지 말고,
내가 능력이 없음을 걱정하라."

자료: blog.naver.com

그림 4.23 공자의 명언

나, 공자는 그러한 지위에 어울리는 도덕적 인격·정치적 능력·인문적 교양을 지닌 사람으로 뜻을 확대하여 이러한 인재의 육성을 교육의 목표로 삼았다.

공자는 군자의 양성이라는 교육 목표를 위한 경전으로 춘추시대 이전의 여러 나라의 민요나 주나라의 조정에서 의식이나 제사를 지낼 때 부르던 가요 등을 편집한 《시경(詩經)》과 주나라가 천명(天命)을 받아 왕조를 창시할 시기의 왕조의 기록물을 정리한 《서경(書經)》 등 종래의 전통을 익히고 이어가는 데 마땅한 서책들을 교범으로 사용하였다.

한편, 공자는 주나라의 권위가 쇠퇴하여 마침내 땅에 떨어지는 춘추시대에 속한 노나라의 연대기적 역사서인 《춘추(春秋)》를 편찬하는 동안 영고성쇠가 거듭되는 난세(亂世)를 지켜 본 '역사의 산 증인'이기도 했다.

따라서 군자 양성을 목표로 한 공자식 교육의 내용이란 전통을 계승하는 데 적합한 교범의 숙달 및 난세로 치닫는 현실을 직시하고 통찰하는 눈이라는 두 가지를 중심으로 하였다.

② 철학

공자의 군자교육(君子敎育)에서 중심이 되는 것은 '인'이었다. 공자 사상의 핵심인 인(仁)은 하나의 문장으로서 명백히 개념이 규정되지는 않았으나, 대체로 박애, 도(道), 덕, 선 등의 뜻을 지니고 있는 심오한 휴머니즘으로서, 정치적으로는 이름을 바르게 하고, 이에 따라 임금은 임금답게, 신하는 신하답게 책임과 본분을 다 하는 것으로 나타난다.

또 사회생활에 있어서는 자기의 도리를 다하고 남을 부축하며, 내가 싫은 것은 남에게 강요하지 않는다는 것을 비롯한 여러 가지 덕으로 나타난다. 이러한 인을 지향하고 예에 정진하는 사람이 군자요, 그렇지 못한 사람은 소인으로 규정했다. 군자가 덕을 생각할 때 소인은 이익만을 생각하며, 군자가 보편적임에 비하여 소인은 상대적이라고 역설, 인간을 인간적으로 구분하였다.

'인'은 공자가 생각하는 인간의 최고는 도, 덕(德)이었다. 덕이란 인간에게서 기대되는 개개인의 훌륭한 자질이라고 중국인은 생각하며, 동시에 그것은 영향

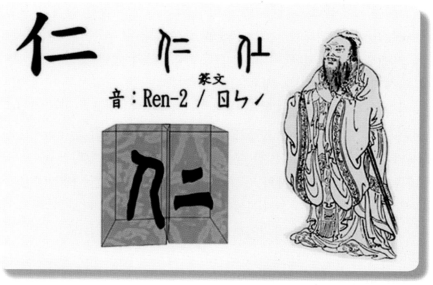

자료: epochtimes.co.kr

⚙ 그림 4.24 공자의 사상 인(仁)[9]

력 내지는 인격력으로서 남에게 감화를 미치는 것이라고 생각한다. 중국인의 정치사상에서 근간을 이루는 덕치주의(德治主義) 내지 정치에서의 도덕중심주의의 근거라고 하겠으며, 공자의 정치사상 근저에도 이 같은 기대가 있었다.

　그는 당초 위정자 특히 최고 권력자인 군주에게 기대를 걸어 각국을 편력하면서 자기의 사상을 설명했다. 군주가 덕(德)으로써 백성을 다스리고 이에 따라 백성의 덕도 높아져 그 결과로서 도덕이 고루 퍼진다면 온 세상이 저절로 평화로워진다는 것이 공자의 정치사상이었다. 그러나 이 사고방식은 난세(亂世) 아래의 제후들에게 받아들여지지 않았다.

---

9) 공자 유학 사상의 핵심은 '인(仁)'이라는 글자에 있는데, 좌측의 '사람 인 변(亻)'은 사람을 가리키며 '두 이(二)'자는 갑골문 체계에서는 '상(上)'자와 같다. 따라서 공자의 가르침은 '어떻게 하면 상급의 인물이 될 수 있는지를 가르치는 것'이다.

그래서 그는 제자들에게 '인'을 터득하게 함으로써 학식과 함께 인격적인 '덕'을 겸비하는 군자가 되도록 하고, 그들을 장래 정치의 요직에 나아가게 함으로써 난세를 전쟁이 아니라 평화적 방법으로 평정하려 했던 것이다. 사상이 현실적이고 상식적인 듯하면서도 매우 심오하며, 제자들을 교육하는 데 있어서도 개인의 능력과 이해도에 따라 적합한 방법으로 유도하여 성품을 개발시켰다. 또한 그 자신은 예에 엄격하여 절도가 있었고, 엄숙, 온화, 원만한 성품을 지니고 있었다. 공자가 예에 대해서 말하기를 "사람이 어질지 못하면 예의가 무슨 소용이겠는가!"라 하였으며, 또한 공자와 자하의 대화에서 채색은 흰 바탕이 있은 연후에야 가능하다는 비유를 들어 예의 근본에 대해 강조한 것에 따르면, 공자의 '예'는 외면적 사회규범의 측면도 가지지만 그 바탕에 정직한 마음(直)이 있어야 함을 알 수 있다.

    백성을 중시하고 인간의 심미적 부분을 존중하는 것은 유교가 공자 사상의 장점이다. 반면, 존비친소(尊卑親疎)적 규범은 비판의 대상이 되기도 하였다. 예를 들면, 유가의 삼년상이 대표적인 예이다. 공자는 부모를 사랑하는 마음을 다하기 위해 삼년상을 치르는 것이 사람의 도에 맞다고 여겼는데, 묵자의 사상을 지지하는 비판자들은 삼년상이 남들에게 보여주기 위한 허례허식이며, 그와 같은 관념이 백성들의 이익을 저해한다고 주장하였다.

    공자의 사상과 묵자 이론은 존비친소적 규범에 관한 부분은 차이가 있으나, 본질적 이상의 차이라기보다는 방법론적 차이이다. 공자, 묵자의 사상을 서양 철학으로 분류하면 유심론에 가깝기 때문에 공유되는 부분도 존재한다.

    공자의 사상은 생시에 실현되지 못한 채 증자(曾子)·자사(子思)를 거쳐 맹자(孟子)[10]에 이르러 활기를 띠고, 한(漢)의 무제(武帝) 이후 중국의 사상계를 지배한 가장 커다란 조류를 이루었으며, 또 한국, 일본, 베트남 등 동아시아에 지대한 영향을 주었다.

---

10) 맹자(孟子, 기원전 372년? ~ 기원전 289년?)는 공자의 사상을 이어 발전시킨 유학자이다. 전국시대 추(鄒)나라 사람으로 이름은 가(軻)이고, 자는 자여(子輿) 또는 자거(子車)이다. 어릴 때부터 공자를 숭상하고, 공자의 사상을 발전시켜 유교를 후세에 전하는 데 큰 영향을 끼쳤다.

3. 소크라테스

(1) 개요

소크라테스(기원전 470년 경~기원전 399년 5월 7일)는 고대 그리스의 철학자이다. 기원전 469년 고대 그리스 아테네에서 태어나 일생을 철학의 제 문제에 관한 토론으로 일관한 서양 철학의 위대한 인물로 평가되고 있다. 그는 멜레토스, 아니토스, 리콘 등에 의해 '신성 모독죄와 청년들을 타락시킨 죄'로 기원전 399년에 71세의 나이로 사약을 마셔 사형을 당했다.

흔히 공자, 예수, 석가와 함께 세계 4대 성인으로 불린다. 실존철학의 거장인 카를 야스퍼스의 저서 《위대한 사상가들》에서도 그렇게 보고 있다.

영국의 철학자인 화이트헤드는 "서양의 2000년 철학은 모두 플라톤의 각주에 불과하다."라고 말했으며, 시인 에머슨은 "철학은 플라톤이고, 플라톤은 철학"

자료: brunch.co.kr

✿ 그림 4.25 소크라테스의 재판

이라 평하였는데, 플라톤은 소크라테스의 수제자이다. 플라톤이 20대인 시절, 스승 소크라테스가 민주주의에 의해 끝내 사형당하는 것을 보고 크게 분개했으며, 이는 그의 귀족주의(철인정치) 지지의 큰 계기가 되었다. 알렉산더 대왕은 소크라테스의 증손 제자로, 플라톤의 제자인 아리스토텔레스의 제자이다. 아리스토텔레스는 스승 플라톤과 달리 민주주의를 지지했다.

(2) 소크라테스 문제

역사상의 소크라테스와 그의 철학적 관점에 대한 정확한 설명은 상당한 논쟁거리이다. 이 문제를 소크라테스 문제라고 한다.

소크라테스는 철학적인 글을 쓴 적이 없다. 소크라테스 자신과 생애, 철학에 대한 지식은 그의 제자들과 당대 사람들의 기록을 통해 전해지고 있다. 이 가운데 가장 중요한 것이 플라톤의 기록이며, 그 밖에도 크세노폰, 아리스토텔레스, 아리스토파네스도 중요한 시사점을 주고 있다. 이런 저작들은 정확한 사실이 아닌 철학 또는 극적인 글인 경우가 많기 때문에, '실제' 소크라테스를 알기는 어렵

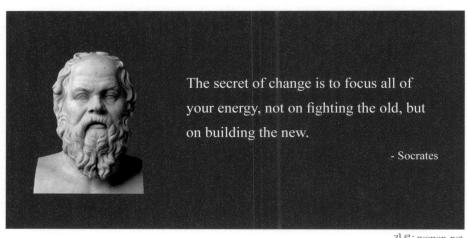

The secret of change is to focus all of your energy, not on fighting the old, but on building the new.

\- Socrates

자료: wopen.net

🔧 그림 4.26 소크라테스 문제

다. 당대 고대 그리스에서 투퀴디데스(일반적으로 소크라테스나 철학자들에 대해 언급한 바가 없다.)를 제외하고는, 소크라테스 시대를 사실에 입각해서 서술하는 사례가 없다. 이런 결과, 소크라테스에 대하여 언급한 사료들은 역사적으로 정확성을 내세울 까닭이 없었으며, 때론 당파적이기까지도 하였다. (소크라테스에게 유죄를 선고하고 처형한 사람들은 어떤 기록도 남기지 않았다.) 그리하여 역사가들은 소크라테스의 삶과 업적에 대하여 정확하고 일관성 있는 역사를 쓰기 위해 당대 인물들이 쓴 여러 사료들을 일치시켜야 하는 어려움을 겪게 된다. 이러한 노력의 결과는 반드시 사실적이지는 않으며, 다만 일관성을 갖추었을 따름이다. 일반적으로 플라톤은 소크라테스의 삶과 철학에 대해 가장 믿을 만하고 유용한 지식을 제공하는 인물로 평가받는다. 동시에 일부 저작에서 플라톤은 자신이 저작 속에서 구현한 '소크라테스'의 모습을 실제 소크라테스의 언행보다 더욱 미화시키기도 한다.

자료: songdoibd.tistory.com

⚙️ 그림 4.27 소크라테스와 플라톤

그러나 다른 저작이나 유물을 통해서 소크라테스가 단지 플라톤이 날조한 인물은 아님이 드러난다. 크세노폰과 아리스토텔레스의 증언과 아리스토파네스의 희극 '구름'은 플라톤의 저작에 나오는 일반적인 소크라테스의 모습을 확인하는 데 유용하다.

(3) 생애

　플라톤에 따르면 소크라테스는 조각가인 소프로니코스를 아버지로, 해산술을 업으로 하던 파이나레테를 어머니로 하여 아테네의 서민가정에서 태어났다. 처음에는 아버지를 따라 조각을 하면서 다른 청년들처럼 철학·기하학·천문학 등을 배웠고, 중장보병에 편입되어 세 번이나 전투에 참가하였다. 기원전 406년, 500명 공회의 일원이 되어 1년간 정치에 참여한 일이 있고, 40세 이후에는 교육자로 청년들의 교화에 힘썼다.

　그는 자연철학을 배웠으나, 그 기계론적 세계관에 불만을 품었다. 그때는 아

자료: sskin.tistory.com

🔧 그림 4.28 소크라테스의 독배

테네의 몰락기였으므로 보수적·귀족적인 정신과 진보적·개인주의적·비판적 정신이 소용돌이치는 시대였다. 그도 이러한 경향을 지니게 되었으나 당시의 소피스트들처럼 궤변으로 진리를 상대적·주관적인 것으로 해석하는 태도를 배격하고, 객관적이고 보편 타당한 진리를 찾아서 이상주의적, 목적론적인 철학을 수립하려고 하였다.

그는 지혜를 사랑하는 마음으로 정의·절제·용기·경건 등을 가르쳐 많은 청년들에게 큰 감화를 끼쳤으나, 공포정치 시대의 참주였던 크리티아스 등의 출현이 그의 영향 때문이라는 오해를 받게 되어 '청년을 부패시키고 국가의 여러 신을 믿지 않는 자'라는 죄명으로 고소되고, 배심원들의 투표 결과 40표로 사형이 언도되었다. 그는 도주할 수도 있었으나 태연히 독배를 들어 마시면서 자신이 아스클레피오스[11]에게 닭을 빚졌다며 자기 대신 갚아 달라고 친구에게 당부하였다.

(4) 사상

아무런 저서도 남긴 바 없는 소크라테스의 확실한 사상을 알기는 어려우나 아리스토텔레스, 디오게네스, 라이르티우스, 크세노폰, 특히 플라톤의 저서 등에 언급된 것을 보면, 그는 델피의 신탁인 "만인 중에 소크라테스가 제일 현명하다."는 말을 들었다. 스스로의 무지를 자처하던 소크라테스는 신의 신탁이 사실인가 확인하기 위해 의아심을 품고 여러 현명한 사람을 찾아다녔다고 한다. 그러나 그 어느 누구도 자신의 말을 확실히 알고 언표하는 사람이 없었다.

소크라테스는 그 자신의 이전에 활동하던 소피스트의 상대주의와 회의주의에 맞서, 장인이 아레테(훌륭함, 탁월함이라는 뜻)를 발휘하려면 자신의 기술에 대해서 잘 알아야 하듯, 인간으로서의 아레테, 즉 덕을 발휘하려면 덕이 무엇인지 알아야 한다고 생각하였다.

---

11) 아스클레피오스는 의학의 신으로 그의 신전에서 치료받은 사람은 닭을 대가로 바쳐야 했다고 한다.

자료: blog.naver.com

⚙ 그림 4.29 아테네 학당

　그 방법으로 제논의 변증법을 활용하여 논변을 진행시키는 사이에 잘못된 판단의 모순을 깨우치고 다시금 옳은 판단으로 유도시켰는데, 이것이 유명한 산파술이다. 그는 합리주의자였으나, 때로는 초경험적인 내심의 소리, 즉 다이몬[12]의 소리를 경청하고, 때로는 깊은 명상에 잠기기도 하였다.

　덕은 인간에 내재한다고 믿고 사람들에게 이를 깨닫게 하기 위해 온갖 계층의 사람들과 대화를 나눔으로써 사람들에게 자신의 무지함을 일깨워 주고 용기나 정의 등에 관한 윤리상의 개념을 설교하고 다녔다. 그는 대화를 통해 누군가를 가르치지 않고 질문을 함으로써 자신에게 무엇이 잘못인지 깨닫게 해주었다. 그러나 이 때문에 젊은이를 타락시키고 신을 인정하지 않는다는 부당한 고발을 당해 사약을 마시게 되었다. 그의 탁월한 지적·도덕적 성격에 의해 비단 철학자뿐만 아니라 수많은 사람들을 감화시켜 '인류 최대의 교사'로 불리고 있다.

---

12) 다이몬은 일종의 귀신에 포함됨.

① 도덕론

소크라테스가 살았던 시대는 전반적으로 아테네 민주주의가 부패하던 시기였고, 이로 인한 개인윤리 타락이 극심한 시대였다. 그는 여러 악덕을 '무지'에 기인한 것이라고 판단했다. 따라서 그에 의하면, 덕은 이성적 사고의 기초 하에 생겨난다. 또한, 덕의 확대는 사회를 더 이성적인 상태로 만들 수 있는 절대적인 기준점이다. 또한, 이성의 냉소로 인한 부덕함이란 개념 자체를 비판했다. 그는 악덕한 자는 필연적으로 앎이 부족한 무지한 상태에 있다고 봤으며, 이러한 의미에서 '냉소적 이성'은 성립할 수 없다고 봤다. 그의 이러한 지행합일론(知行合一論)은 그가 윤리·도덕적인 측면을 강조하게 만드는 데 일조했다. 실제로 그는 일상생활에서도 절제를 추구했으며, 자신의 가르침을 필요로 하는 청년들을 무료로 가르쳤다. 그리고 '선'을 중시하여 토론 과정에서도 관련된 질문을 많이 던졌다. 그의 이러한 관점은 사후 '스토아학파'에 의해 계승됐으며, 기독교의 윤리관에도 큰 영향을 줬다.

자료: m.blog.naver.com

🔩 그림 4.30 소크라테스 - "도덕은 종교 이상이며 종교와 다르다!"

② 영혼 중심적 사고

소크라테스는 육체/영혼 이원론자였다. 그는 육체는 객관적으로 존재하지만, 그저 껍데기일 뿐이고, 만 지식은 영혼 안에 내재된 개념이라고 봤으며, 영혼은 불멸한다고 봤다. 인간은 영혼을 소유한 존재이지만, 육체의 감각적 요소에 의해 영혼에 내재된 진리를 통찰하는 것을 계속 방해 당한다고 봤으며, 그는 이를 극복하면 만 지식을 얻게 된다고 주장했다. 그리고 이 극복 방법은 바로 이성적 사고에 기초한 산파술로 감각으로 인해 얻은 여러 '오류'를 하나씩 잡는 것에 있다고 봤다. 이러한 신념에 기초하여 그는 '죽음'이란 영혼이 육체에서 탈출하는 것으로 봤기 때문에 죽음을 긍정하기도 했다.

《파이돈》은 소크라테스가 사형선고를 받은 뒤 독배를 마시고 죽는 날에 친구, 제자들과 나눈 대화를 묘사한 작품이다. 지혜를 사랑하는 자(philosophos, 철학자)는 가벼운 마음으로 기꺼이 죽기를 바란다는 소크라테스의 주장이 우선 서두에서 논란거리가 된다. 소크라테스의 이 주장은 그의 제자들뿐만 아니라 오늘날

자료: blog.daum.net

🔩 그림 4.31 독배를 마신 소크라테스

의 우리들에게도 이상하게 들릴 수 있다. 도대체 이 세상에서 죽음을 거리낌 없이 받아들일 사람이 몇이나 되겠는가?

세속적인 즐거움이나 쾌락은 몸과 몸의 욕망으로부터 비롯된다. 우리는 세속적 행복을 위해서 영혼보다 몸과 몸의 욕망을 중시하고 돌본다. 이처럼 몸에 집착하는 한, 우리는 죽음을 꺼리게 되고 삶을 지속시키려 하게 된다. 그러나 소크라테스는 "지혜를 사랑하는 자는 죽음을 마다하지 않는다."는 말을 남기고 독배를 마셨다.

③ 변론과 크리톤

'악법도 법이다'(라틴어: Dura lex, sed lex)라는 말이 회자되지만, 소크라테스가 직접 이런 말을 했다는 증거가 없다. 이 경구가 처음 등장한 것은 로마 시대이며, 말한 사람은 도미티우스 울피아누스로 기록되어 있다. 소크라테스는 플라

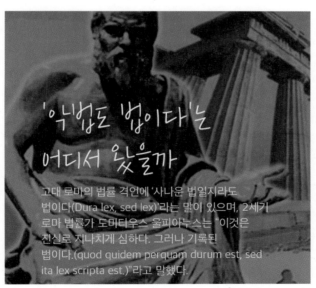

자료: hub.zum.com

⚙️ 그림 4.32 Dura lex, sed lex

톤의 《변론》에서 법정이 철학을 포기한다면 석방해 주겠다는 제안을 하더라도 자신이 철학을 하는 이유는 하늘의 명령이기 때문에 그러한 결정을 받아들일 수 없다고 했다. 그 외에도 소크라테스는 자신의 법 이상의 철학적 원칙과 신념에 기초하여 의사결정을 했던 몇 가지 사례들이 있다. 반면, 《크리톤》에서 소크라 테스는 자신에게 독배를 내린 법률에 대해 자신이 국외 추방을 제의하지 않음으로써 소극적으로 동의한 절차적 정당성을 뒤늦게 훼손할 수 없다고 친구인 크리톤에게 밝힌다.

　그러나 《크리톤》에서 소크라테스는 평소의 냉정한 변증법적·이성적 논법을 구사하지 않고, 정서적이고 감성적인 모습으로 크리톤을 설득하고 있기에 이는 진의를 모두 파악하기 어려운 책이라는 지적을 받아왔다.

　《변론》과 《크리톤》의 이런 모순적인 모습 중 《크리톤》에 실린 모습이 과장되어 《변론》에 담긴 법령 불복종자로서의 모습을 누르고 지금까지 이어져 왔는데,

자료: lifecuration.tistory.com

⚙ 그림 4.33 서로 다른 모습의 소크라테스 동상

소크라테스의 일관된 삶과 철학에 비추어 볼 때 이런 말은 결코 성립할 수 없는 것이다. 진정한 철학자는 진리조차도 회의하고 가짜로 드러나는 순간 바로 폐기시키는 엄중함이 있는데, 기껏해야 인위적인 실정법을 무조건 옹호할 수는 없는 것이다. 이는 철학과 법의 기본 성격조차 모르는 무지의 소치였다.

표면적으로 보면, 《변론》은 국가에 맞선 개인의 주장이 담긴 책이고, 《크리톤》은 국가 혹은 법에 대한 절대적 복종을 수사학적으로 제시한 책이다. 다시 말하면, 《변론》에 나타난 소크라테스는 일평생동안 '무지의 지혜'를 전하면서 아테네와 갈등을 빚게 되어 결국은 사형선고를 받았다. 반면에, 《크리톤》에 나타난 소크라테스는 법률을 의인화하여, "법률의 결정을 무시한다면 국가가 존속할 수 없다."고 말하면서 체제에 순응하는 듯하다. 결국 《변론》에서 나타나는 소크라테스와 《크리톤》에서 나타나는 소크라테스가 서로 충돌하는 모습을 보이고 있다.

바로 여기서 《크리톤》을 읽는 데 우리에게 문제가 생긴다. 우리는 어떤 소크라테스를 '진짜 소크라테스'로 바라봐야 할까? '악법도 법이다'라는 말처럼 자신의 목숨을 바치면서까지 법률 체계의 결정을 지킨 '훌륭한 시민'으로서의 소크라테스인가, 아니면 '훌륭한 사람'으로서 살기 위해 아테네의 법정에서 추방이 아닌 사형의 결과를 촉구한 소크라테스일까?

④ 산파술

소크라테스는 구두 언어 - 흔히 당대에 로고스(Logos)라 불리던 - 의 형식으로 질문을 던지는 것 자체에 큰 의미를 두었다. 그는 구두 언어는 지(知)의 매개인 정신을 다른 상대방에게 전하는 유일한 운송 수단으로 봤다. 즉, 그에게 있어서 구두 언어는 현대의 관점에서 말하는 단순한 규칙적인 음파의 개념이 아닌, 발화자의 사유 자체를 어떠한 오류도 없이 밖으로 내보내서, 듣는 이의 사유에 영향을 주는 절대적인 것으로 보았던 것이다. 그는 다양한 사람들과 토론했는데 제자들이 던진 질문에 즉각적인 답을 주는 것보다는 거꾸로 질문을 던지는 것을 선호했다. 소크라테스는 자신의 의견이 무지에 기인한 의견 또는 그에 준하는 단견일 수 있다는 것을 알았다. 그는 자신이 만 지식을 알지 않는 한 단견

자료: ezday.co.kr

⚙ 그림 4.34 소크라테스의 산파술

으로 토론을 중지시켜서 '앎의 변증'을 멈추는 것은 비이성적인 행위라고 생각했다. 그는 자신이 질문에서 확신할 수 없는 것에 대해 끝없이 질문했으며, 이러한 변증의 과정을 통해 진리에 가까워지려고 노력했다.

⑤ 미적 범주

소크라테스는 미학적인 범주를 적어도 세 가지로 나누었다. 그 세 범주는 부분의 조립을 통해 자연을 표현하는 '이상적인 미', 시선을 통해 영혼을 표현하는 '정신적인 미' 그리고 '유용한(혹은 기능적인) 미'이다.

(5) 평가

소크라테스는 생전에 책을 쓴 적도 없고, 자신만의 사상을 전개한 적도 없다.

소크라테스는 책이 기억력과 사고력을 감소시킨다고 믿었기 때문에 책을 쓴 적이 없다고 했다. 이런 사고방식은 고대 세계에서는 의외로 그리 드물지 않았다. 어떤 의미로는 노장(老莊) 사상과도 통하는 데가 있다.

그러한 이유로 소크라테스를 플라톤에 의해 날조된 인물로 의심하는 사람도 있으나, 그것만으로 실존하지 않았다고 보기는 어렵다. 실제로 소크라테스는 플라톤뿐만이 아니라 다른 제자들이나 당대의 다른 소피스트들의 글에서도 볼 수 있었다. 다만, 다른 문헌에 등장하는 소크라테스(특히 제자인 크세노폰의《소크라테스 회상》에 등장하는 소크라테스)의 언행은 플라톤의 것과 상당히 차이가 있다. 플라톤의 후기 작품에 나오는 소크라테스는 이름만 소크라테스일 뿐, 플라톤의 고유한 사상을 소크라테스라는 등장인물이 말하게 하는 것에 불과하다.

그 때문에 철학적 업적 자체는 적다고 생각하는 이가 더러 있는데, 이는 상당히 잘못된 생각이다. 소크라테스의 산파술과 귀납적 방법론을 통해 비로소 대

인문적 삶의 실천적 지혜

| 플라톤 | 소크라테스 | 아리스토텔레스 |
| (B.C. 427~347) | (B.C. 470~399) | (B.C. 384~322) |

자료: socialinnovationgroup.kr

🔩 그림 4.35 플라톤/소크라테스/아리스토텔레스

상에 대한 보편적 진리를 인식할 수 있는 길이 열렸고, 이것이 바로 플라톤의 이데아론으로 직접적으로 계승되어, 더 나아가서는 2,600년 서양 철학사를 꿰뚫는 가장 큰 특징이라 할 수 있는 형상철학으로 이어지기 때문이다. 따라서 그의 철학적 업적 또한 결코 적지 않다.

비록 플라톤만큼은 아니더라도, 그 철학적 업적과 영향력은 상당한 편이다. 그리고 더 나아가 인지도에서는 소크라테스가 최고를 달리는데, 여기에는 소크라테스가 살았던 삶의 모습과 진리를 대하는 참된 자세, 그리고 죽음의 상징성이 매우 크게 작용했기 때문인 듯하다. 그러므로 철학적 업적에 있어서는 플라톤, 칸트 등이 많이 거론되나, 자신의 사상을 몸소 실천한, 가장 모범이 되는 철학자로는 소크라테스가 많이 꼽히는 편이다.

또한 사상 최강의 토론 실력을 가졌다고 평가되는 사람이기도 하나, 그 기록이라는 것이 플라톤의 저작에서 비롯된다. 플라톤의 저작에서 소크라테스는 프로타고라스를 포함한 14:1의 토론에서도 비길 데가 없으나 플라톤의 저작에 대한 정의는 대화편이고, 이건 철학과 문학의 중간 형태라고 보면 된다. 초기《대화

자료: m.blog.naver.com

⚙ 그림 4.36 플라톤과 소크라테스

플라톤
"숙고하는 삶"
Vita Contemplativa

크세노폰
"활동하는 삶"
Vita Activa

자료: blog.naver.com

🔩 그림 4.37 소크라테스의 두 제자, 플라톤과 크세노폰

편》이 내용상으로는 소크라테스의 사상을 잘 표현해 주었을 수도 있으나, 이 안의 묘사는 어느 정도 문학으로 파악해야지 곧이곧대로 역사적인 기록으로 받아들여서는 안 된다. 물론 이건 당대 사람들이 읽으라고 쓴 글이며, 토론의 무간지옥인 고대 아테네 전성기에서 달변가로 유명했던 소크라테스가 토론에 대단히 뛰어났다는 것 정도는 사실일 것이나 그의 전적이 정확하게 어느 정도라고 표현하는 것은 과장에 속한다.

그리고 사실 멍청한 척하면서 산파술을 펼치는 모습은 주로 플라톤이 묘사하는 소크라테스의 모습이고, 크세노폰이 묘사하는 소크라테스는 그냥 나는 내 자신이 아무 것도 모른다는 사실을 알았다며 무지를 강조하기보다는, 박식하고 박력 있는 사나이의 모습이다.[13]

---

13)《소크라테스 회상》(고대 그리스어: Ἀπομνημονεύματα, 라틴어: Memorabilia, 기원전 385?)은 크세노폰이 쓴 소크라테스에 대한 회상록이다. '메모라빌리아'라는 라틴어 제목은 16세기에 붙여진 것이며, 그 이전에는 그리스어로 '아폼네모네우마타'라고 불리었다. 뜻은

(6) 영향

그의 사상은 그의 제자들에게 전해져 메가라 학파, 키니코스 학파, 키레네 학파 등을 이루고, 특히 수제자인 플라톤의 관념주의로서 피어나, 그 후의 서양 철학에 큰 영향을 미쳤다.

그는 일생을 통해 자신이 직접 책을 쓴 일이 없고 또한 문학적 흥미도 지닌 바 없으나, 그가 철학의 방법으로 취한 대화는 플라톤이나 아리스토텔레스의 걸작 대화집을 낳았다. 또한 그의 독창적 개성과 비극적인 죽음은 전기문학의 소재가 되었다.

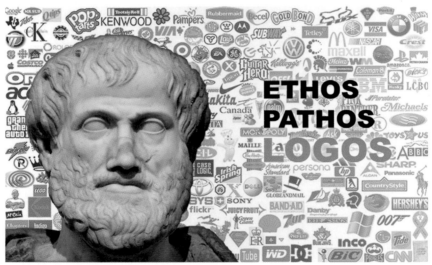

자료: brunch.co.kr

⚙ 그림 4.38 아리스토텔레스 설득의 3요소(로고스, 파토스, 에토스)

모두가 '회상록'이다. 역사적인 소크라테스를 아는 데에 귀중한 문헌이다. 소크라테스는 한 권의 저서도 남기지 않았기 때문에 그에 관한 사실적(史實的) 자료는 플라톤의 초기 대화편과 아리스토텔레스의 《형이상학》, 《소크라테스 회상》밖에는 없다고 하겠다. 그 중 크세노폰은 그가 본 그대로 소크라테스를 전하여 주고 있으나, 소크라테스의 사상을 심오한 경지에까지 파고들지 않은 점에서 플라톤보다 떨어진다.

이과적 사고

제4차 산업혁명을 위한 **문과·이과 융합형 인재**

05 이과적 사고

1. 융통성이 없는 샐러리맨

(1) 모든 것을 알 필요가 없는 엔지니어의 비극

"엔지니어는 융통성이 없다."고 말하기 시작한 것은 언제부터일까.

적어도 1970년대 중반에는 제조업에 관련된 엔지니어라고 하는 직업(career)은 일종의 동경의 대상이었다. 또 이공계 출신이라고 하는 것은 장래에는 학교의 교사로부터 엔지니어, 비즈니스맨에 이르기까지 많은 직업의 선택지가 펼쳐져 있는 것을 의미하고 있었다.

그러나 기술이 발달하여 전문분화가 더 세세하게 된 현재는 엔지니어 한 사람 한 사람의 수비범위는 확실히 좁아지고 있다. 예를 들면, 같은 소프트웨어라고 하는 세계이더라도 어플리케이션의 소프트웨어 개발에 종사하는 엔지니어와 내장형 소프트웨어[1] 개발에 종사하는 엔지니어는 왠지 이야기가 통하지 않는다고 하는 현상까지 일어나기 시작하고 있다.

그런데 지금 활약하고 있는 젊은 소프트웨어 엔지니어 중 몇 퍼센트의 사람이 8비트나 16비트의 마이크로컴퓨터[2]의 회로에 손을 댄 적이 있을까?

---

1) 하드웨어에 소프트웨어가 내장되어 있는 경우
2) 마이크로컴퓨터(microcomputer)는 마이크로프로세서를 중앙처리장치로 사용하는 컴퓨터를 가리킨다. 물리적으로 메인프레임과 미니컴퓨터에 견주어 작은 편이다. 수많은 마이크

자료: gigglehd.com

⚙️ 그림 5.1 처음으로 양산된 마이크로컴퓨터

　디지털 분야의 최첨단을 달리는 엔지니어에게 있어서 마이크로컴퓨터 세대의 지식은 반드시 필요하지는 않다. "모든 것을 아는 사람도 적고, 모든 것을 알 필요도 없다."고 하는 것이 현재의 엔지니어를 둘러싼 사고방식이다. 그러나 그것은 엔지니어끼리의 커뮤니케이션을 저해하는 요인이 될지도 모른다. 공통의 경험이나 지식이 없다고 하는 것은 어플리케이션 엔지니어와 내장형 엔지니어의 사이에조차도 큰 틈을 만들어버린다.[3]

　또 이 사고방식은 엔지니어 한 사람 한 사람이 걷는 길을 극단적으로 좁혀간다. 전문 분야에 몰두한 나머지 이웃 분야에서 무엇이 일어나고 있는지가 보이지 않게 되는 일도 있다.

　로컴퓨터들(키보드가 장착되고 입출력을 위해 화면을 사용할 때) 또한 개인용 컴퓨터라고 할 수 있다. 1970년대에서 1980년대까지 '마이크로'(micro)라는 낱말로 줄여 말하던 것이 흔하였으나 지금은 흔히 쓰이지 않는다.
3) 大瀧令嗣, 理系思考 エンジニアだからできること, ランダムハウス講談社, 2005.

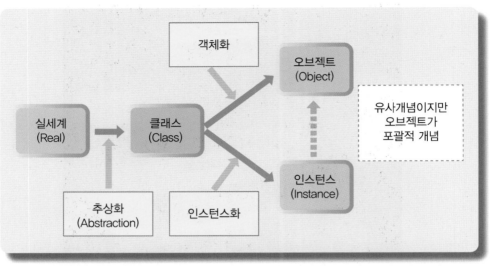

자료: deplowercoding.blogspot.com

⚙ 그림 5.2 객체지향 PHP

프로그래밍 언어를 예로 들어보자. 대형 계산기의 프로그램에 불가결하다고 일컬어지고 있던 포트란(Fortran)이나 코볼(COBOL)은 최근의 웹 베이스의 시스템에는 쓰이고 있지 않다. 한편, 현재의 주류 언어는 펄(Perl)이나 PHP[4] 등의 스크립트 언어나 오브젝트 지향적 요소를 겸비한 자바(Java)다. 무릇 '오브젝트 지향'이라고 하는 사고방식도 수년 전에는 유행어처럼 인기가 있어 그 분야의 프로가 쓴 관련 서적이 잇달아 출판되었는데, 지금에 와서는 지극히 당연한 사고방식이다. 독자 중에도 "오브젝트 지향을 모르면 난처하다!"고 하는 속박(束縛)에 쫓겨 안달했던 경험이 있는 사람도 많을 것이다. 그러나 이것도 3년 후에는 더 새로운 사고방식에 교체되고 있을지도 모른다.

---

4) PHP(Hypertext Preprocessor, 하이퍼텍스트 프리프로세서)는 프로그래밍 언어의 일종이다. 원래는 동적 웹 페이지를 만들기 위해 설계되었으며 이를 구현하기 위해 PHP로 작성된 코드를 HTML 소스 문서 안에 넣으면 PHP 처리 기능이 있는 웹 서버에서 해당 코드를 인식하여 작성자가 원하는 웹 페이지를 생성한다.

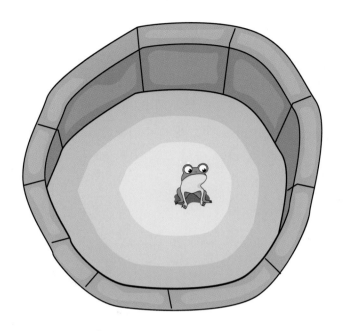

🗜️ 그림 5.3 우물 안의 개구리

　　다시 말하면, 전문 분야만을 깊이 파고 있으면 어느새 깊고 깊은 우물 안의 개구리로 전락해버린다. 또 한때 유행에 따르고 있어도 그것은 한 순간이고 비웃음거리가 되어버릴 가능성도 있다. 지금의 시대는 항상 자신을 둘러싼 환경을 파악하고 앞을 내다보는 공부를 계속해 가지 않으면, 어느 때 갑자기 시대에 뒤진 엔지니어가 되어버린다고 하는 비극이 기다리고 있다. "엔지니어는 융통성이 없다."고 하는 것은 기술 분야가 너무 전문분화하기 때문에 생긴 현실인 것이다.

(2) 조직에 매몰되어 가는 엔지니어

　　"엔지니어는 융통성이 없다."고 하는 이유는 또 하나 있다. 연구나 개발의 목적이 출세나 상술이 되어버려 좁은 조직의 논리에 매몰되는 경향이 많다고 하는 것이다.

필자는 대학을 졸업하고 1976년 국방과학연구소에 입소했다. 당시 연구소의 연구원으로서 주어진 테마는 미국에서 개발된 다연장로켓5)의 국산화 개발을 위한 시제품 생산이었다. 그 중에서도 로켓의 알루미늄 챔버(casing)의 국산화 개발이었다. 연구소의 연구원으로서는 매우 당연한 테마였다.

    그러나 그 방식은 아무리 생각해도 이상한 것이었다. 입사 초기에는 알루미늄 소재의 물성 조사, 인고트(ingot)6) 소재의 수입처 물색, 외주 가공업자의 선정 등 엔지니어로서의 업무라기보다는 당시 유행했던 오퍼상이나 무역회사 직원과 같

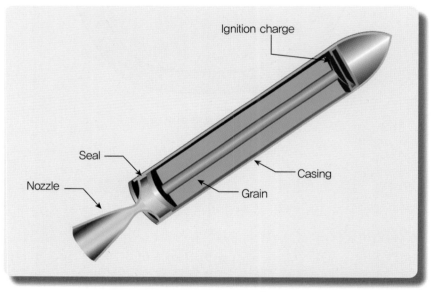

자료: aerospaceengineeringblog.com

🔩 그림 5.4 고체 로켓의 구조

---

5) 로켓탄, 미사일을 탑재하고 광범위한 지역을 포격하는 장비로서 로켓포의 일종이다. '다연장'에서 연장(連裝)이라는 말은 포탑에 2문 이상의 대포를 장비하는 것을 의미하는 일본식 한자어이다.

6) 일반적으로 금속을 재용해할 목적으로 적당한 형상 크기로 주조한 금속괴를 말한다.

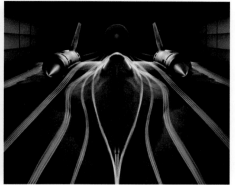

자료: m.blog.naver.com

그림 5.5 풍동 실험

은 일이었다. 연구소 내의 업무나 외주 가공업체에 출장 가서 하는 일이나 그 내용은 변함이 없었다. 일에 대한 자율성이나 재량권은 거의 주어지지 않은 채로 몇 년의 세월이 흘렀다. 대학에서 기계공학을 공부한 필자로서는 암담한 시간의 흐름에 때로는 실망하고 좌절하는 생활의 연속이었다. 가능한 한 전공을 살릴 수 있는 일을 찾아보려고 애를 써봤다. 틈나는 대로 전공서적을 읽고, 스터디 그룹을 만들어 공부 모임을 통하여 녹슬지 않도록 애를 써보기도 했다. 한편, 같이 입사하여 다른 부서에 배치 받은 동료들 중에는 멋진 풍동(wind tunnel)[7] 실험실에서 모형실험을 한다거나 연구의 연장으로 미국으로 프랑스로 장기간 출장을 가는 것이었다. 또 다른 동료는 로켓, 미사일의 탄도계산을 위해 쾌적한 전산실에서 매일 폼 나는 일을 하고 있었다. 나의 생활과는 너무나 차이가 났다. 어떻게 하면 이 구렁텅이에서 벗어날까. 어찌하면 이 긴 터널을 빠져나갈 수 있을까. 그러나 조직은 조금도 운신의 폭이 허용되지 않았다. 숨이 막힐 것 같은 하루하루가 계속되었다.

---

7) 고형의 물체 표면 또는 주변에 대한 공기 움직임의 효과 연구를 위한 도구이다.

드디어 생각해낸 것이 인근에 있는 야간 대학원에 진학하는 것이었다. 가까운 곳에 충남대학교 경영대학원이 있어서 거기에서 연구다운 연구의 기회를 얻고자 문을 두드렸다. 주경야독의 새로운 생활이 시작된 것이다. 대학원에서의 전공은 생산관리였다. 학부에서의 전공과 관련해서 소위 스펙(specification) 쌓기에 십상이라는 한 교수님의 조언이 있었다. 2년 6개월의 세월이 흘러 경영학 석사학위를 취득했다. 열악한 여건에서 일구어낸 값진 성과가 아닐 수 없다.

자 이제 이곳을 떠나자! 어디든 나를 필요로 하는 곳으로 가자!

때마침 연구소는 신군부 전두환 정권이 들어서자 이내 연구소다운 면모를 잃고 군속기관으로 전락하는 분위기였다. 인사태풍이 불어 닥칠 것이라는 흉흉한 소문이 돌고 있었다.

여러 곳에 이력서 및 자기소개서를 보냈다. 그 중에서 청주사범대학(현재 서원대학교)에서 연락이 온 것이다. 상업교육과 생산관리 담당 교수로 탈바꿈할 절호의 찬스가 찾아온 것이다. 1982년 3월 필자는 대학 교수발령을 받아 청주를 찾아갔다.

자료: ko.wikipedia.org

🔧 그림 5.6 청주사범대학

(3) 조직경영에 불가결한 이과계 사고방식

결국 필자는 이과계의 세계와는 다른 길을 향하여 돌진해버렸다. 그렇다면 그 때까지 길러왔던 이과계의 지식이나 사고방식은 쓸데없이 되어버린 것일까?

필자는 그런 일은 없다고 생각한다. 오히려 이과계 사고가 몸에 배어 있기 때 문에 전혀 다른 필드로 전신(轉身)해도 해낼 수 있었다고 볼 수 있다.

예를 들면, 학과 운영과 관련하여 교과과정 개편이라든지 학생들과의 문제해 결을 위해서 불가결한 인과관계의 조사에 즈음해서는, 공학적인 논리나 분석수 법이 필요하다. 여기에 "과거와 비교해서 학생들의 사기가 떨어지고 있다."라고 하는 현상이 있다고 하자. 그 원인은 학사제도인가, 평가제도인가, 교수들의 리 더십 때문인가, 라고 하는 사상(事象)을 특정하여 분석하기 위한 조사방법을 설 계한다고 하는 작업은 이과계다운 치밀함이 요구된다.

또 학생들이 최종적으로 요구하고 있는 것은 논리적이고 납득할 만한 강의와

자료: exammoa.tistory.com

🔩 그림 5.7 통계학 관련사진

학생지도이다. "여러 가지 요인을 정밀 조사해서 분석해본 결과, 이러한 선택지가 나왔다. 각각의 장점과 단점은 이러하다."고 하는 상태로 논리정연하게 문제해결의 실마리를 찾아가는 어프로치가 필요하다.

그것은 일반적으로 이과계의 사고와 비슷하다. 경영학 교수 중 이과계 백그라운드를 가진 사람이 많은 것도, 이과계 출신은 문과계 출신과 달리 이러한 작업을 비교적 잘 하기 때문이다.

또 수학이나 통계학 등 기초지식이 요구되는 계량경영학적 학문이라고 하는 것도 이과계의 사고회로로 끈을 풀면, 상당히 간단하고 단순한 논리로 성립되어 있다는 것을 알 수 있다. 이과계의 사람이 보면, 문과계의 사람은 그것을 굳이 좀 까다로운 말이나 이론을 통해서 만지작거려 이리저리 굴리고 있다고 밖에 생각할 수 없다.

예를 들면, 경영수학, 컴퓨터경영통계, 경영과학, 경영자료분석, 연구조사방법론, 다변량분석 등 일련의 과목들은 수학과 통계학의 기초지식이 절대적으로 필요하다. 이런 과목들은 문과계의 교수들은 대개 엄두도 못 낸다. 학부·대학원 시절 자신이 공부할 때도 거의 이해하지 못 한 채 기간을 마쳤을 것으로 짐작된다. 이러한 과목들의 지식이 결여된 상태로 각 분야의 전공분야 연구가 제대로 이루어질지 매우 의심스럽다. 형해화(形骸化), 글자 그대로 유명무실한 학문을 하고 있는 것은 아닌지 염려가 된다.

경영수학의 일부인 선형대수에는 고유치문제(eigenvalue problem)라고 하는 것이 나온다. 고유방정식을 풀어 고유치와 고유벡터를 구하는 문제인데, 다변량분석에서 주성분분석이나 요인분석의 근간을 이루고 있는 중요한 내용이다. 고유치문제를 이해하고 있는 학생이나 교수가 몇 명이나 될지 이 또한 매우 걱정이 된다.

통계학은 수학의 응용 내지는 일환(一環)이다. 통계학에 앞서 수학 공부가 선행되어야 한다는 말이다. 필자는 1985년 고려대학교에서 경영학 박사과정을 마치고 일본 유학을 떠났다. 쓰쿠바대학 대학원 사회공학연구과 경영공학전공 박사과정에 들어가려면 수학시험을 반드시 패스해야만 한다. 물론 용케 피해갈 수도 있다.

자료: tsukuba.egloos.com

그림 5.8 쓰쿠바대학 사회공학연구과 건물

수학시험이라는 것이 모두 증명문제가 출제된다. 한국에서는 거의 경험해보지 못한 부분이다. 해보지 않으면 어렵고 난감한 법이다.

[문제] **다음을 증명하라.**

$$\lim_{n \to \infty} \frac{1}{n} = 0$$

이것이 수학문제이다. 가장 쉬운 기초과정일 것이다. 공식을 외워 주어진 문제를 풀던 방식으로는 절대 해결이 안 된다. 배우고 나면 의외로 쉽다 그래서 배워야 하는 것이다.

[풀이]

임의의 $\varepsilon > 0$에 대해서, 하나의 자연수 N을 $N > \dfrac{1}{\varepsilon}$이 되도록 취한다.

이때

$$n > N \text{이면} \quad \left| \frac{1}{n} - 0 \right| = \frac{1}{n} < \frac{1}{N} < \varepsilon$$

$$\therefore \frac{1}{n} \to 0 \, (n \to \infty)$$

군말이 필요 없고, 만지작거려서 될 일이 아니다. 이어서 다음의 문제가 나온다.

[문제] 다음을 증명하라.

$$\lim_{n \to \infty} a_n = a \text{ 이면}$$

$$\lim_{n \to \infty} \frac{a_1 + a_2 + \cdots + a_n}{n} = a$$

이다.

필자가 받아본 입학시험 수학문제 중 하나는 다음과 같다.[8]

[문제] $x \to 0$ 일 때, $\sin \dfrac{1}{x}$ 은 수렴하지 않는다는 것을 증명하라.

───────────────

8) 정답은 다음 문헌을 참조할 것.
   노형진, 엑셀로 배우는 경영수학, 한올출판사, 2008, p.232.

고유치문제는 어떠한가.

[고유치문제]

다음의 연립방정식을 생각하자.

$$Ax = \lambda x$$

여기서 A는 $n \times n$ 행렬이고 x는 n차원의 벡터이다. 이때 λ를 고유치(eigenvalue)라 하고, x를 고유치 λ에 대응하는 고유벡터(eigenvector)라고 한다.

위의 고유치문제를 변형하면, 연립동차방정식

$$(A - \lambda I)x = 0$$

이 얻어진다. 이때 $(A - \lambda I)$는 A의 대각선 성분들에서 일정한 고유치 λ를 뺀 형태가 된다. 이것은 하나의 행렬이므로, 만일 이것을 선형방정식으로 생각한다면 복잡한 연산을 행할 것도 없이 근은 $x = 0$이 된다. 즉, 0 벡터가 근이 되는데, 이것은 원래 문제를 부정하는 셈이다. 따라서 이 문제는 선형방정식이 아니다.

이때 x가 0 벡터가 아닌 근을 갖는 유일한 경우는 행렬 $(A - \lambda I)$가 역행렬을 갖지 못하는 경우뿐이다. 즉,

$$|\lambda I - A| = 0$$

이 되는 경우뿐이다. 이 방정식을 행렬 A의 **고유방정식**이라고 한다.

이게 장난이 아니다. 행렬 A의 차수가 5차 이하라고 하더라도 필산으로 고유치와 고유벡터를 구하는 일은 여간 힘든 일이 아니다. 하물며 10차 이상이 되면 필산은 거의 불가능하다고 할 수 있다.

고차 행렬의 고유치와 고유벡터를 구하는 방법으로는 야코비법(Jacobi method), 멱승법(冪乘法), 하우스홀더법(Householder method) 등의 계산방법이 있다.

다변량분석의 이론은 고유치문제로 귀착되는 경우가 많기 때문에, 다변량분석을 실시하려면 고유치문제가 풀려야 한다. 즉, 행렬의 고유치와 고유벡터를 산출할 수 있는 프로그램이 필요하다.

다변량분석을 실시할 수 있는 SPSS나 SAS 등의 프로그램도 고유치와 고유벡터를 별도로 구해주지는 않는다. 따라서 고유치와 고유벡터를 구하려면 Excel의 매크로 프로그램을 이용하는 방법이 있다.

자료: 노형진, SPSS 및 EXCEL을 활용한, 다변량분석 이론과 실제, 지필미디어, 2016.

🔩 그림 5.9 고유치문제를 푸는 Excel의 매크로 프로그램

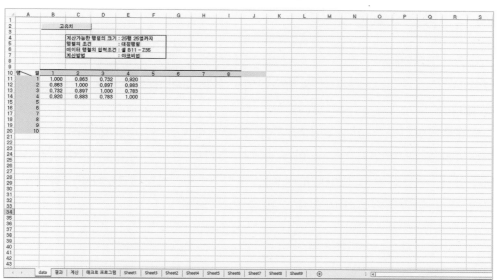

자료: 노형진, SPSS 및 EXCEL을 활용한, 다변량분석 이론과 실제, 지필미디어, 2016.

🔧 그림 5.10 고유치문제를 푸는 Excel의 데이터 입력 시트

자료: 노형진, SPSS 및 EXCEL을 활용한, 다변량분석 이론과 실제, 지필미디어, 2016.

🔧 그림 5.11 고유치문제를 푸는 Excel의 출력결과 시트

(4) 다변량분석 배움의 길

다변량분석 배움의 길은 더 험난하고 고달팠다. 쓰쿠바대학에서 다시 박사과정 연계 코스로 일본 문부성 통계수리연구소를 찾아가 1년간 객원연구원 생활을 했다.

통계수리연구소는 일본 내 기라성 같은 통계학자들이 수십 명 운집해 있는 싱크탱크라고 할 수 있다. 그 곳 연구소에서의 지도교수는 미즈노 긴지(水野欽司) 교수였다. 수량화이론을 비롯하여 대응분석, 다차원척도법 등 다변량분석의 이론과 실제에 대한 확실한 기초를 쌓을 수 있는 기회였다.

자료: 統計数理研究所

🔩 그림 5.12 통계수리연구소 홈페이지

또한 일본 문부성 대학입시센터라는 곳이 있어 그 곳에도 저명한 통계학자들이 근무하고 있다. 대학입시센터의 이와쯔보 슈이치(岩坪秀一) 교수로부터는 평생을 다 갚지 못할 큰 은혜를 입었다. 이와쯔보 교수의 수량화이론 3류의 확장이라는 테마의 동경대학 공학박사학위 논문은 필자에게 귀감(龜鑑)이 되었다. 때로는 금과옥조(金科玉條) 바로 그 자체였다. 800자 원고지에 직접 펜으로 쓴 논문 사본은 그 옛날 논어와 도덕경의 죽간이나 다름없었다.

인문학의 소양도 풍부한 이와쯔보 교수는 평생의 스승으로 지금도 종종 찾아뵙고 있다.

다변량분석(multivariate analysis)은 변수 갯수와 개체 갯수가 많은 복잡한 자료에 쓰이는 분석 방법으로, 변수들 간의 상관관계를 이용하여 변수를 축약하거나 개체들을 분류하는 데 관련된 분석방법과, 변수들(독립변수와 종속변수) 간의 인과관계를 규명하는 데 관련된 분석방법이 있다. 전자에 해당하는 다변량분석의 종류에는 대표적으로 주성분분석(principle component analysis), 군집분석(cluster analysis) 및 판별분석(discriminant analysis)이 있는데, 이 중에서 주성분

그림 5.13 이와쯔보 교수의 별장을 방문한 필자의 가족 일행(2016년 8월)

분석은 측정 변수들 사이의 복잡한 상호 의존관계를 쉽게 설명할 목적으로, 상호 의존적인 여러 측정 변수들을 서로 독립인 몇 개의 새로운 변수(주성분)로 간단하게 만드는 것이다. 이 방법은 독립변수와 종속변수의 구분이 없이 여러 변수를 한꺼번에 고려하여 변수들 사이의 상호 의존적인 구조를 파악하는 방법이다. 또한, 군집분석은 연구대상이 가지고 있는 다양한 특성을 고려하여 비슷한 특성을 가진 그룹으로 묶는 통계적 분석 방법이고, 판별분석은 두 그룹 이상으로 나누어진 상황에서 연구대상이 어떠한 그룹에 속할 것인지를 판별식을 이용하여 판단할 수 있게 만드는 통계적 기법이다. 그러나 이러한 통계적 방법들은 대체로 사회과학, 심리학 및 경영학 등에서 사용되는 방법들이다. 후자에 해당하는 방법은 변수들 간의 인과관계를 규명하여 결과를 예측하거나 설명하기 위한 다변량분석 방법이다. 이러한 분석 방법에는 다중회귀분석(multiple regression analysis)과 다변량분산분석(multivariate analysis of variance) 등이 있다.

✿ 그림 5.14 필자의 다변량분석 관련 저서

다변량분석은 경영학은 물론 그 밖의 사회과학을 비롯하여 공학, 이학, 교육학, 심리학, 농학, 체육학, 의학, 간호학, 보건학 등 거의 모든 전공분야에서 연구논문 및 석·박사 학위논문 작성에 필수적이다.

2. 엔지니어를 중요시하지 않는 한국

(1) 불안감이 불식되지 않는 한국의 미래

① 한국은 조건부 경제강국

한국은 지금 경제강국으로 불리고 있다. 과연 그럴까. 2017년 2월 19일 세계무역기구(WTO)에 따르면, 2016년 한국 수출액은 4955억 달러(약 570조원)로 전년보다 5.9% 줄었다. 2015년 8% 감소한 데 이어 2년째 뒷걸음질한 것이다.

한국 수출이 2년 연속 감소한 것은 1956년 통계 작성 이래 1957~1958년 (−9.7%·−25.9%) 이후 58년 만이다.

수출 순위도 세계 주요 71개국 중 8위로 떨어졌다. 한국의 세계 수출 순위는 글로벌 금융위기 때인 2008년 12위에서 2009년 9위, 2010년 7위에 이어 2015년 6위까지 상승했다.

우리나라 수출이 줄어든 것은 저성장과 보호무역주의 부상으로 세계무역이 후퇴한 것과 연관이 깊다.

세계경쟁력보고서(The Global Competitiveness Report)는 세계경제포럼에서 발간되는 권위 있는 연간 보고서이다. 최초의 보고서는 1979년에 발간되었다. 2014~2015 보고서의 평가대상국은 기존 148개국에서 144국으로 감소하였다. 2011~2012 보고서는 전 세계 142개국 주요 국가와 신흥 국가의 경제에 대한 내용을 다루고 있다. 2008~2009 보고서에는 134개국이 실렸다. 미국은 스위스와 같이 세계에서 가장 경쟁력 있는 나라로 분류되었지만, 2007~2010년 금융 위기와 거시경제의 안정성 때문에 5위로 밀려났다. 이 보고서는 시민들에게 높은 수준의 번영을 제공하는 국가의 능력을 평가한다. 그리하여 결과적으로 국가가 얼마나 효율적으로 유효한 자원을 사용하는지가 중요한 요소가 된다. 따라서 세계경쟁력지수는 현재와 중장기의 경제 번영 수준으로 지원할 수 있는 일련의 제도와 정책 그리고 요소를 평가한다.

세계경제포럼(WEF)이 매해 발표하고 있는 국가경쟁력 평가에서 2017년 한국이 138개국 가운데 26위로 평가됐다. 2014년 역대 최저치인 26위로 내려앉은 뒤 4년째 반등에 실패하고 있다.

세계경제포럼은 2017년 137개국(경제권)을 대상으로 거시경제의 건전성과 금융·노동시장의 효율성, 기업의 혁신도 등을 바탕으로 한 국가경쟁력을 평가

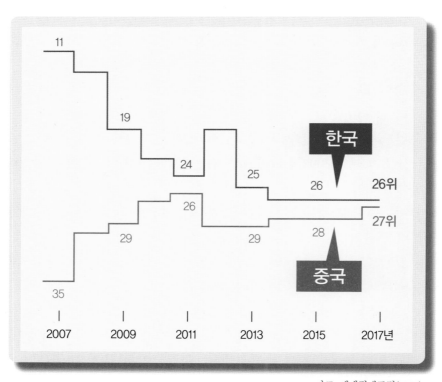

자료: 세계경제포럼(WEF)

그림 5.15 10년간 국가경쟁력 순위 추이

한 결과, 한국이 4년 연속 26위를 기록했다고 28일 밝혔다. 2007년 최고 순위인 11위까지 올랐던 국가경쟁력 순위는 2012년 19위, 2013년 25위로 내려앉은 뒤 2014년부터 4년째 26위에 머물고 있다.

세계경제포럼은 국제통화기금(IMF), 세계은행(WB) 등에서 확보한 통계와 각국의 최고경영자(CEO) 설문조사를 바탕으로 매해 각국의 국가경쟁력을 평가하고 있다. 세계경제포럼은 저명한 경제학자, 기업인, 정치인 등이 한자리에 모여 세계 경제의 전망에 대한 논의를 이어가는 민간회의체다. 개최 장소의 이름을 따 '다보스 포럼'으로 불리기도 한다.

세계경제포럼은 3대 분야로 나눠 지표를 평가하고 있는데, 거시경제·인프라 등을 다룬 '기본요인' 분야는 2016년 19위에서 2017년 16위로 소폭 상승했다. 공공부문 투명성과 정책결정의 투명성이 고루 상승한 덕이다. 도로(12위), 철도(7위), 항공(13위) 등 인프라 부문도 2016년 10위에서 8위로 두 계단 올라섰다.

그러나 노동시장 효율과 금융시장의 성숙도 등이 포함된 '효율성 증진' 분야는 26위로 2016년과 같은 성적표를 받았고, 기업활동을 주된 평가 대상으로 하는 '기업혁신 및 성숙도' 분야는 2016년 22위에서 23위로 한 계단 내려앉았다. 특히 노동시장 효율성(73위), 금융시장 성숙도(74위) 등은 하위권에 머물렀다. 세계경제포럼은 "한국은 선진국 중에 드물게 지난 10년간 순위 하락세를 지속하고 있으며, 12개 부문 간 불균형이 두드러진다."고 지적했다. 이어서 "특히 노동시장의 낮은 효율성이 국가경쟁력 상승의 발목을 잡고 있는 만성적 요인"이라며 "경쟁국에 대비해 혁신역량의 우위를 지키기 위한 노력이 필요하다."고 강조했다. 나라별로는 스위스, 미국, 싱가포르가 2016년에 이어 2017년에도 1~3위를 차지했다. 미국과 싱가포르는 순위가 맞바뀌었다. 이어 네덜란드, 독일, 홍콩, 스웨덴, 영국, 일본, 핀란드 순이었다. 일본은 2016년 8위에서 한 단계 내려갔고, 홍콩은 2016년 9위에서 6위로 올라섰다.

물론 국가경쟁력 평가에 대해서는 신뢰성을 담보하기 어렵다는 견해도 많다. 민간 단체인 세계경제포럼이 임의적으로 추출한 통계를 바탕으로 순위를 매기는 데다, 각국 최고경영자들의 설문조사가 평가항목 가운데 절반 이상 반영돼 '친기업적' 시각만 수치화된다는 것이다. 기획재정부는 "상위권 국가들은 노동

기본요인 (Basic requirements)	총 45개 지표	효율성 증진 (Efficiency enhancers)	총 51개 지표	혁신 및 성숙도 (Innovation and sophistication factors)	총 16개 지표
제도 (Institutions)	21	고등교육 및 훈련 (Higher education and training)	8	기업 성숙도 (Business sophistication)	9
인프라 (Infrastructure)	9	상품시장 효율성 (Goods market efficiency)	16	혁신 (Innovation)	7
거시경제 환경 (Macroeconomic environment)	5	노동시장 효율성 (Labor market efficiency)	10		
보건 및 초등교육 (Health and primary education)	10	금융시장 성숙도 (Financial market development)	8		
		기술 수용성 (Technological readiness)	7		
		시장 규모 (Market size)	2		

자료: 세계경제포럼(WEF)

그림 5.16 평가부문 및 지표 수

및 금융시장 효율성, 기업혁신 등에서 높은 순위를 기록했다."며 "우리 경제의 지속가능한 성장을 위해 인적자본에 대한 투자 확대와 혁신성장 등 패러다임 전환을 위한 노력을 지속하겠다."고 밝혔다.

　지난 10년간의 하강(下降) 추세는 앞으로도 계속 진행될 것 같은 불안감을 불식할 수 없다.

'사드 배치'에 대한 경제 보복으로 의심되는 중국의 조치들

9월	비자 발급	한국인 대상 상용(비즈니스) 비자 발급 절차 강화
9~11월	한국 상품	한국산 설탕·화학 제품에 대한 반덤핑 조사
11월	한류 콘텐츠	한국 드라마 방영 제한 및 연예인 출연 규제[한한령(限韓令)]
11월	한국 상품	중국 홈쇼핑에서 한국 제품 편성 줄이고 한국인 모델 출연 제한
11월	한국 기업	사드 부지 제공한 롯데의 중국 법인에 대한 전방위 세무·소방 안전 조사

자료: bamboosalt64.blogspot.com

⚙ 그림 5.17 중국의 사드 보복 가능성(2016년)

② 대외관계 악화

게다가 사드(THAAD, 고고도 미사일 방어체계) 배치를 이유로 한 중국의 경제 보복 강화로 한국 경제가 안팎의 시련에 직면하고 있다. 미국의 한-미 자유무역협정(FTA) 재검토 시사 등 통상 압박 속에 사드 파고까지 한꺼번에 덮치는 형국이다. 대규모 중국 여행단 방한이 취소되는 등 이번 조처의 효과도 가시화하고 있다. 중국 정부의 한국 관광상품 판매 중단 지시 소식이 알려진 2017년 3월 3일 호텔신라(-13.1%)와 아모레퍼시픽(-12.7%) 등 면세점·화장품·유통·항공 관련 주가가 일제히 폭락했다. 미국의 기준금리 인상 전망과 함께 중국의 경제 보복도 영향을 끼쳤다는 분석이 나오고 있다.

중국 당국이 베이징에 내린 '한국 여행상품 판매 금지' 지시는 전국으로 확산하는 것으로 알려졌다. 온라인 여행사에서는 한국 여행상품이 검색되지 않는 경우가 등장하고 있다. 중국 국가여유국은 이날 누리집 공지를 통해 제주도에 여행을 간 중국인들이 입국이 불허돼 공항에서 장시간 체류했다며 "목적지를 신중

자료: voakorea.com

그림 5.18 중국 항공사들, '사드 보복' 한국 취항 잇달아 중단

하게 선택하라."고 권고했다. 인천관광공사는 이날 화장품 업체인 중국 코우천 그룹이 애초 4월 17~21일 임직원 4천명을 인천으로 포상 관광을 보내주기로 하고 가계약까지 마쳤지만 돌연 취소를 통보해왔다고 밝혔다.

노골화하는 경제 보복이 다른 업종과 기업으로 확산되는 것 아니냐는 불안도 확산되고 있다. 중국은 2016년 한국 수출의 25.1%를 받아들인 최대 무역 상대국이다. 내수가 부진한 가운데 최근 회복세를 보이는 수출이 미국의 보호주의 강화에다 중국의 사드 보복에 다시 발목이 잡힐 수 있다는 우려가 커지는 것이다.

정부는 중국의 '여행상품 판매 금지 지시' 보도에 대해 사실 확인이 먼저라는 태도를 보이고 있다. 외교부는 "사실 여부를 확인 중"이라며 "만약 그러한 보도가 사실일 경우, 이는 특정 사안과 무관한 정상적인 인적 교류까지 인위적으로 제한하는 불합리한 조치로서 매우 유감스럽게 생각한다."고 밝혔다. 산업통상자원부 고위 관계자는 "양국 정부 사이의 맞대응 같은 정면 대결로 번지는 상황은 국익 차원에서 피해야 한다. 현재로서는 세계무역기구(WTO)에 제소하거나 한-중 자유무역협정 이행 위반으로 문제 삼기도 어려운 상황"이라고 말했다.

(2) 서울공대 대신 지방의대 가련다

　몇 년 전인가 옛 친구한테 전화가 왔다. 대학 졸업 후 처음인 것 같아 반갑기도 하고 약간은 서운하기도 했다. 공부 좀 한다는 둘째 아들의 수능고사 성적이 좀 괜찮아 어느 대학 무슨 학과에 진학할 것이지 진학상담 문의를 해온 것이다. 서울공대 중간 정도의 학과가 지원 가능한데, 본인은 서울 시내 사립 S대 약대나 지방 국립 K대 의대를 원한다는 것이다. 친구는 아들이 본인의 후배가 되기를 간절히 바라건만 아들은 생각이 다른 모양이다. 나 역시 얼른 "당연히 서울공대 가야지!"라고 소리치려다 아차 싶어 입을 다물고 잠시 고민했다. 요즘 세상인심이 어떤가. 우리 집 둘째 아들 역시 지방 의대를 택하지 않았던가. 결국 보따리 싸들고 상경하여 재수해서 결국 공대에 진학했지만. 대답이 쉽지 않았다. 한참을 생각하다 내 아들 이야기도 하면서 서울공대 진학을 권유했다. 그렇게 전화는 끊어지고 며칠이 지났다.

　그 친구한테 다시 전화가 걸려왔다. 결론은 지방 국립 K대 의대를 지원했다는 것이다. 신설학과로 아직 부속병원도 없어 어렵다고 하는 데도 막무가내로 우기

자료: m.blog.naver.com

⚙️ 그림 5.19 1976년 졸업생까지 배출한 서울공대 공릉 캠퍼스

자료: cse.snu.ac.kr

자료: doopedia.co.kr

🔩 그림 5.20 현재의 서울대학교 컴퓨터공학부와 제2공학관(오른쪽)

더라는 것이다. 어찌 하겠나 세상 이치가 그런 것을. 나 역시 좀 서운한 마음이 앞섰다.

예전 1970년대라면 당연히 서울공대를 지망했으리라. 그 시절은 뭐에 홀리기라도 한 것처럼 이과에서 공부 좀 한다하면 서울공대를 가야 했다. 좀 모자라면 서울농대 이과 분야에라도 가야 한다. 그렇게 두 번이나 서울농대에 지원했다가 실패하고, 서울 시내 사립 C대 의대를 진학한 고교 동창생이 있지 않았던가. 상전벽해와 같은 격세지감을 느낀다. 그렇게 그 친구와의 전화통화는 끊어졌다.

하기야 그 시대는 포항제철을 비롯하여 전국에 공단이 들어서고, 종합무역상사의 높은 빌딩이 세워져서 대학 졸업생들을 기다리고 있었다. 한 사람이 두세 장의 합격증을 들고 고민하던 시절이다. 그러나 요즘은 어떤가. 대기업 들어가기가 바늘구멍 들어가는 것보다 좁고, 어쩌다 들어갔다 해도 40대에 명퇴라 하지 않던가. 그래서 나이 들어서도 자유롭게 할 수 있는 의사를 원하는 것은 당연한 일인지도 모른다.

그런데 최근 사정은 좀 달라졌다. 전국의 수많은 의대에서 매년 졸업생을 배출해내니 이 병원 저 병원 의사가 남아도는 모양이다. 의사 월급 수준도 예전에 비해 많이 내려갔다고 한다. 개인병원 수도 엄청나서 도시 빌딩에 빈 방이 없을 지경이다. 그런데도 선진국에 비하면 아직도 부족하단다. 그러니 계속 의대는 문전성시를 이룬다.

그러면 도대체 소는 누가 키울 것인가? 기업에서는 우수한 인력을 못 구해 안달이다. 소위 4차 산업혁명에 필요한 인공지능, 사물인터넷, 로봇공학, 빅 데이터, 3D 프린팅은 누가 할 것인가. 이런 일들은 그저 아래 사람에게 시키면 되는 게 아니다. 문과 출신 고시 합격한 사람이 지시하면 저절로 되는 게 절대로 아니다. 이 문제를 해결해야 할 국가의 지도자가 바로 그런 사람들이니 어찌하면 좋을까?

옛날부터 우리나라는 그래왔다. 사농공상이라 하지 않았던가. 기술자와 상인은 사람 취급을 하지 않았다. 사실은 무능하기 짝이 없는 문관들이 모든 권력과 재화를 독점하다시피 하니 이 나라가 잘 될 턱이 있겠냐 말이다.

자료: etnews.com

🔩 그림 5.21 KAIST

과학기술 분야의 국가적 동량을 키우겠다고 세운 KAIST(한국과학기술원)의 사정도 마찬가지다. 지방 의대라도 먼저 헤아리고 나서 학비가 무료라고 하니 한번 생각해 보는 정도 아니겠는가. 졸업하고 나서 결국 의학전문대학원이나 치의학전문대학원에 진학하지 않던가. 심지어는 법학전문대학원에 진학하거나 공무원이나 공인회계사 시험을 준비하는 학생도 적지 않다고 한다. 정말 이래도 되는 겁니까?

　　제1차 산업혁명은 제임스 와트의 증기기관 덕분에 일어났는데, 영국인이 머리가 좋아서 증기기관을 만든 건 아니라고 한다. 그 전에도 증기기관은 이미 개발이 됐었다. 그렇다면 왜 영국인가? 그 배경을 살펴보면, 영국에 기술자들이 많았고 영국 정부 역시 그들에게 특혜를 주며 잘 이끌었기 때문이다. 영국은 전성기 시절 지구의 4분의 1을 지배할 정도로 잘 사는 나라였다. 하지만 지금은 우리나라보다 휴대폰을 비롯하여 자동차를 제작하는 기술이 뛰어나지 않다. 그럼에도 불구하고 우리가 영국에 계속 열광하는 이유는 '산업혁명'에서 찾을 수 있다. 영국의 산업화에는 '위그노(상공인)'의 영입과 특혜가 크게 작용했다. 그러나 위그노들은 프랑스에서 온 사람들이다. 그 당시 프랑스는, 부자는 계속 부자로 살 수 있지만 가난한 사람은 아무리 열심히 일해도 3대까지 가난이 이어지는 나라였다. 그들은 먹고 살기 위해 장사를 했고 기계가 고장 나면 스스로 고칠 줄도 알았다. 공인이 상인이었고 상인이 공인이었던 것이다. 위그노들은 열심히 일해도 부자가 될 수 없는 현실에 부자들이 믿는 가톨릭을 원망하고, 개신교도가 됐다. 그러나 프랑스는 종교 자유를 억압했고 위그노는 해외로 도피하기에 이른다. 그런 위그노들을 영입하기 위해 영국은 특혜와 우대정책을 제공했다. 그 결과 영국이 제일 잘 사는 나라가 된 것이다. 영국에 이어 잘 사는 나라인 독일 역시 위그노 덕분에 발전했다. 당시 독일 외교관들은 위그노를 많이 영입하기 위해 처우와 월급 등을 높게 책정했고, 외교관도 위그노를 많이 데리고 오면 승진할 수 있었다.

　　유럽권 뿐만 아니라 아시아권에서 유일하게 성공한 일본 역시 기술자를 우대하는 정책을 펼쳤다. 일본은 도자기를 만드는 도공을 우대했고 일본 도자기는 전략적으로 수출에 성공해 상품화됐다. 일본에서 도자기 기술을 가진 사람들은

자료: ko.wikipedia.org

⚙ 그림 5.22 위그노 전쟁[9]

대부분 조선인으로 그들이 살았던 생가는 일본에 아직도 고스란히 남아 있다. 만약 그들이 한국에 있었다면 생가는커녕 이름조차 남지 않았을 것이다. 그만큼 우리나라는 기술자를 우대하지 않았던 것이다.

조선 전기의 관료이며 과학자, 기술자, 발명가였던 장영실은 기술이 뛰어나 태종이 발탁하여 세종이 부왕의 뒤를 이어 중용하였다. 그러나 그의 신분이 낮은 이유로 조정에서는 그의 공을 인정하지 않았고, 역사에서 자취가 완전히 사라졌다.

---

9) 위그노 전쟁(1562~1598년)은 프랑스에서 발생한 종교 전쟁으로, 낭트 칙령이 앙리 4세에 의해 발표되면서 신구 기독교 간의 종교 분쟁은 일단락되었다. 위그노는 프랑스의 개신교 신자들을 가리키는 말로, 상공업 계층이 많았다. 이는 직업소명설을 주장하는 개신교의 교리가 프랑스 상공업자들에게는 '복음'이었기 때문이었다. 위그노 전쟁은 종교의 자유가 명분이지만, 보통 초기 신흥 부르주아 세력이 구체제(앙시앵 레짐)에 반발한 것이라고 해석한다.

자료: m.blog.naver.com

✿ 그림 5.23 일본 도공[10]

과학기술 우대를 하지 않아 실패한 정책도 있다. 그 대표적 인물이 바로 히틀러다. 히틀러는 정권을 탈취한 1933년 질소 고정 기술을 발명한 카를 보슈로부터 유태계 과학자를 추방하는 것은 독일로부터 물리와 화학을 추방하는 것과 같다는 경고를 받았다. 하지만 그는 "앞으로 100년간은 물리, 화학 없이도 괜찮다."고 답했고, 이에 많은 과학자들은 독일을 등지고 미국 등으로 떠났다. 미국으로 떠난 과학자 중에서는 오펜하이머와 같은 유명 과학자도 포함돼 있었다. 당시 떠난 과학자들이 미국으로 건너가 '맨해튼 프로젝트'를 시작했고, 거기서 원자탄을 만드는 주역이 됐다. 독일이 과학자들을 배척하지 않았다면 원자탄은 독일의 것이 됐을 것이고, 독일이 세계를 이끄는 주역이 됐을지도 모른다.

---

10) 조선에서는 사농공상 유교적 전통 질서에서, 거의 하층민과 같은 취급을 받았던 조선도공은 오히려 일본에서 사무라이에 준하는 비단옷을 입고 양질의 음식을 먹고 장인으로서 기술자 대우를 받았던 것이다.

자료: koreadaily.com

그림 5.24 미국 루스벨트 대통령에게 원자폭탄의 개발을 촉구하는 편지를 보냈던 아인슈타인(왼쪽)과 자리를 함께한 '원폭의 아버지' 오펜하이머

일본이 경제적으로 위기를 겪고 있지만 우리는 일본 GDP의 절반밖에 못 따라간다. 결코 우습게 볼 일이 아니다. 과학기술을 발전시키기 위하여 예산과 봉급을 올린다고 다 되는 것이 아니다. 인류 문명의 발전을 이룩한 산업혁명이 어떤 기술로 어떻게 발전했는지 논리를 알아야 하고 이를 실천해야 한다. 선진국을 만든 것이 과학기술이며, 과학기술은 국가발전의 기본원리이자 국민의 행복 원리이다.

문과를 위한
이과적 사고법

06 문과를 위한 이과적 사고법

1. 이과적 사고란 무엇인가

(1) 숫자를 사용하면 '이과적 사고'인가?

이과적 사고란 도대체 어떠한 것일까. 나름대로 정의하자면, 이과적 사고란 어떤 분야라 하더라도 '해보지 않으면 모른다.'고 생각해서 실험과 검증을 하고, 과학적 근거(evidence)에 기초하여 의사결정을 한다고 하는 발상법이다.[1]

한편, 문과적 사고라고 하는 것은 어느 쪽인가 하면 권위주의적, 교조주의적(敎條主義的)인 것이다. "위대한 학자 ○○○선생이 이렇게 말씀하고 계시니까, 이 경우는 이래야 한다."라고 하는 사고방식이다. "케인즈의 이

자료: m.blog.daum.net

🛠 그림 6.1 교조주의

---

1) 和田秀樹, 文系のための使える理系思考術, PHP, 2007.

론에 의하면, 경제란 ……", "프로이트는 인간의 원동력은 성욕이라고 말하고 있기 때문에, 이 범인의 동기는 ……" 등으로 이미 존재하고 있는 이론이나 학설을 올바른 것으로 해서, 그것을 응용하려고 한다. 권위 있는 선생이 말하고 있는 것일수록 옳다고 생각하여, 거의 의심하는 일 없이 그 모형을 일반화해서 적용하려고 하는 것이 문과적인 사고법이라고 생각할 수 있다.

"숫자를 사용하고 있는 것이 이과적 사고이고, 숫자를 사용하지 않는 것이 문과적 사고"라고 하는 사고방식도 있을지 모르지만, 숫자를 사용하고 있더라도 이과적 사고라고는 할 수 없는 경우도 있다.

실은 "1+1=2에 틀림없다."고 일방적으로 단정해버리는 발상은 문과적인 사고법이라고 할 수 있다. 계산식을 사용하고 있기 때문에 언뜻 보아 이과적으로 보이지만, 본래의 이과적 사고라고는 말하기 어렵다.

본래의 이과적 사고는 "1+1은 정말로 2가 될 것인가?"하고 의심해보고, 검증해보고자 하는 것이다. 만일 당신이 "무슨 바보 같은 이야기를 하고 있는 거야! 1+1은 2로 정해져 있잖아?"라고 생각하고 있다면, 틀림없이 문과적 사고에 세뇌되어버린 것이다.

자료: upublic.co.kr

🔩 그림 6.2 뉴턴과 아인슈타인

진정한 이과적인 사고의 사람은 그와 같이 생각하지 않는다. 예를 들면, 아인슈타인은 권위 있는 뉴턴을 의심하고 있다. "뉴턴이 실험해서 이끌어낸 과학적 이론이나 공식을 의심하다니, 있을 수 없다."고 생각할지도 모르지만, 그것을 의심한 아인슈타인에 의해서 물리학은 진화한 것이다.

우리들은 지금까지 "명왕성은 혹성이다."라고 믿어왔다. 그런데 최근에 과학자들에 의해서 "명왕성은 혹성이 아니다."라고 하는 결론이 도출되어, 학자들 간에 논쟁이 되고 있다. 이것도 "명왕성은 혹성이다."라고 하는 당연한 것을 의심해본 과학자가 있음으로써 시작된 것이다. 이것이 바로 이과적 사고인 것이다. 필시 문과적 사고의 사람은 "명왕성은 혹성으로 정해져 있다."고 생각해서 전혀

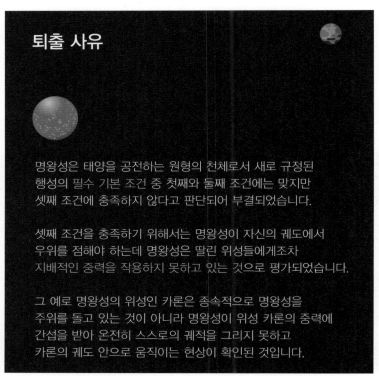

퇴출 사유

명왕성은 태양을 공전하는 원형의 천체로서 새로 규정된 행성의 필수 기본 조건 중 첫째와 둘째 조건에는 맞지만 셋째 조건에 충족하지 않다고 판단되어 부결되었습니다.

셋째 조건을 충족하기 위해서는 명왕성이 자신의 궤도에서 우위를 점해야 하는데 명왕성은 딸린 위성들에게조차 지배적인 중력을 작용하지 못하고 있는 것으로 평가되었습니다.

그 예로 명왕성의 위성인 카론은 종속적으로 명왕성을 주위를 돌고 있는 것이 아니라 명왕성이 위성 카론의 중력에 간섭을 받아 온전히 스스로의 궤적을 그리지 못하고 카론의 궤도 안으로 움직이는 현상이 확인된 것입니다.

자료: m.post.naver.com

⚙ 그림 6.3 명왕성 혹성(행성)에서 퇴출

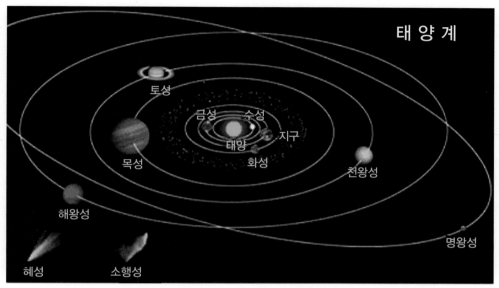

그림 6.4 명왕성은 더 이상 행성이 아니다

의심하려고 하지 않을 것이다.

여기에 이과적 사고와 문과적 사고의 큰 차이가 있다. 이과적 사고는 아무리 위대한 학자의 이론이나 공식이더라도 "정말로 그것이 옳을까?"라고 의심하고, 실험에 의해서 검증해보려고 하는 것이다. 물론 그것이 불가능한 이과 출신자도 있다. "뉴턴이 이렇게 말하고 있으므로, 이렇게 정해져 있다.", "아인슈타인은 이렇게 말하고 있기 때문에, 이렇게 된다."고 교조주의적이고 일방적으로 단정하고 있는 사람은 진정한 이과적 사고의 사람이라고는 할 수 없다.

(2) 문과적 사고, 이과적 사고는 출신 학부와는 무관하다

무릇 문과적 사고, 이과적 사고라고 하는 것은 출신 학부와는 아무런 관계도 없다. 이과계 학부 출신자이더라도 문과적 사고를 하고 있는 사람은 있고, 문과

자료: pressm.kr

🔧 그림 6.5 스즈끼 도시후미 전 회장

계 학부 출신이더라도 이과적 발상이 가능한 사람은 많이 있다.

일본 세븐&아이 홀딩스[2] 회장 겸 CEO인 스즈끼 도시후미(鈴木敏文) 씨는 문학부 출신이지만, 편의점 경영에 즈음해서 '가설·검정'이라고 하는 사고방식을 도입했다. 예를 들면, "겨울인데도 기온이 높은 날에는 아이스크림이 팔리는 것은 아닐까?"라고 하는 가설을 세운다면, 아이스크림의 발주를 늘려서 실제로 해 본다. 그 결과를 보고 가설대로라면 계속하고, 가설이 틀리면 취소한다. 그와 같은 것을 모든 상품에 대해서 매일 반복함으로써 고객의 요구를 파악하여 매출을 늘려왔다. 다시 말하면, 스즈끼 회장은 문과 출신이지만 이과적 사고로 경영을 하고 있었던 것이다.

---

2) 주식회사 세븐&아이 홀딩스는 미국의 세븐일레븐 편의점 체인점을 소유하고 있는 일본의 물류 및 유통 산업 관련 기업이다. 글로벌 500개의 기업 안에 소속되어 있다.

2005년 9월 고이즈미(小泉純一) 전 일본 수상은 우정민영화(郵政民營化)의 시비를 묻기 위해서 해산총선거를 실시했다. 고이즈미 전 수상은 답변에서 "해보지 않으면 알 수 없잖습니까?"라고 말했는데, 이것은 이과적인 발상이다. 그 역시 게이오 대학 경제학부 출신이다.

한편, 일본의 '저항세력'이라고 일컫는 국회의원이나 관료 중에는 문과적 사고의 사람이 많았다. 문과적 사고의 전형적인 것으로서 '전례주의'가 있다. 전례는 옳다는 것으로 하고 의심하는 일 없이 그것에 따라간다. 전례나 종래의 이론 또는 학설을 금과옥조처럼 생각하고, 그것에 따르고자 하는 것이다. 이래서는 상황이 변했을 때에 잘 대응할 수 없다. 실제로 잘 되는지 어떤지는 고이즈미 전 수상이 말한 것처럼 해보지 않으면 알 수 없으니까 고이즈미 개혁을 부정할 수 없는 것이다.

그러나 일단 민영화해버리고 나서 그것을 쭉 계속한다고 하는 것은 이과적 사고가 아니라 문과적 사고다. 민영화 후에 검증해서 잘 될 것 같지 않으면 국영으로 되돌리려고 한다. 그것이 진정한 이과적 사고다. 문과적 사고의 사람은 일단 민영화해버리면 국영으로는 돌이킬 수 없다고 생각해버린다. 그러므로 강경한 저항세력도 나왔던 것이다.

영국이나 프랑스를 보면 알 수 있듯이, 민영화와 국영화를 왔다 갔다 하는 나라들은 얼마든지 있다. 나라가 모든 주식을 가지고 있는 한은 언제라도 국영으로 되돌릴 수 있다. 민영화를 계속할지 국영으로 되돌릴지는 결과에 따라 결정하는 게 이과적 사고다.

우리나라의 개헌도 이런 방식으로 해나가야 하는 게 아닐까. 언제나 공약뿐이고 항상 본인의 임기 이후로 미루기만 하니까 공염불에 그치는 것이다.

이와 같이 이과적 사고, 문과적 사고는 출신 학부와는 별로 관계가 없다. 이과계 출신이니까 이과적 사고, 문과계 출신이니까 문과적 사고라고는 한정할 수 없는 것이다. 문과계 출신 사람이더라도 이과적 사고를 몸에 익히는 것은 충분히 가능하다.

평소에 "무슨 일이든 할 수 있다고 생각하는 사람이 해내는 법이다."라고 말하던 고 정주영 회장의 전공은 '사업계획서'다.

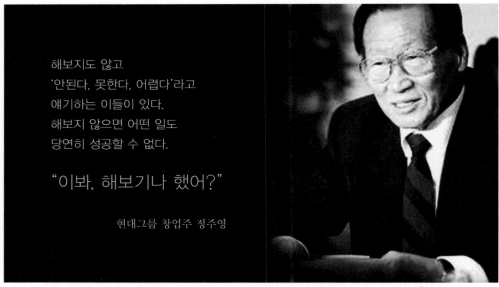

해보지도 않고
'안된다. 못한다. 어렵다'라고
얘기하는 이들이 있다.
해보지 않으면 어떤 일도
당연히 성공할 수 없다.

"이봐, 해보기나 했어?"

현대그룹 창업주 정주영

🔩 그림 6.6 고 정주영 회장

　　현대그룹 창업주 정주영 회장이 조선소를 짓기 위해 영국 은행의 버클레이 부총재와 면담할 때의 일이다. 내로라 하는 경제전문가와 금융전문가들이 자리한 가운데 질문과 답변이 오갔고 분위기는 우호적이었다. 그런데 마지막 순간에 버클레이 부총재가 물었다.

　　"당신의 전공은 무엇입니까"

　　정회장은 대답을 할 수 없었다. 대학의 문턱에도 가본 적이 없었기 때문이다. "당신의 전공이 무엇이냐고 물었습니다. 기계공학? 경영학? ……" 혹시 통역에 문제가 있었다고 생각한 버클레이가 다시 다그치듯 물었다. 자리를 함께 했던 직원들의 얼굴이 새파랗게 질리기 시작했다.

　　그때 정주영 회장은 웃음 띤 얼굴로 이렇게 대답했다고 한다.

　　"부총재, 당신은 내 사업계획서를 보았소?"

　　"물론 잘 보았습니다. 아주 완벽하고 훌륭했습니다."

자료: m.blog.daum.net

🔩 그림 6.7 고 정주영 회장과 500원짜리 지폐[3]

    "그 사업계획서가 내 전공이오. 사실은 어제 옥스포드 대학에 그 사업계획서를 가지고 가서 학위를 달라니깐 한번 척 들쳐보고는 두말없이 학위를 줘서 어제 경제학 박사 학위를 받았소. 그러니깐 그 사업계획서가 내 학위 논문이오."

    순간 좌중이 웃음바다가 되었다. 부총재는 껄껄 웃으며 말했다.[3]

    "옥스포드 출신 석학이라도 이런 사업계획서는 못 만들거요. 옥스포드 대학에는 석학들이 많군요. 당신의 전공은 유머 같소. 우리 은행은 당신의 유머와 함께 당신의 사업계획서를 수출보증기구로 강력히 추천하며 보내겠소. 행운을 빌겠소."

    한 순간의 재치 있는 답변으로 약점인 학벌을 오히려 강점으로 만든 순간이었다.

---

3) 1971년 영국의 바클레이즈(Barclays) 은행은 중요한 결정을 한다. 국민소득이 2,643달러밖에 안 되는 가난한 나라의 사업가에게 조선소 건립에 필요한 차관을 내주기로 한 결정이었다. 영국 은행의 이런 결정은 고 정주영 현대그룹 명예회장의 이야기 때문이었다. 차관 제공에 난색을 표한 은행관계자에게 정 회장은 500원짜리 지폐를 내보이며, "이 지폐에 그려진 거북선을 보시오."하면서 한국은 영국보다 300년이나 앞서 철갑선을 만든 나라라고 그들을 설득했다. 그렇게 시작된 현대조선소의 건립은 우리나라가 세계1위 조선국으로 올라설 수 있었던 시발점이기도 하다.

(3) 도요타 자동차가 강한 이유

제조업으로 성장해온 일본의 회사에는 전술한 바와 같이 "시도해 보자."고 하는 사고방식이 뿌리내려 있다고 생각한다. 그와 같은 이과적 사고가 구석구석에까지 고루 미쳐 있는 회사일수록 계속 성장해온 것은 아닐까. "시도해 보자."고 하는 의식이 강한 기업의 대표는 바로 도요타 자동차이다.

도요타의 '카이젠(改善)'[4]은 바로 이과적 사고 그 자체이다. "이 작업대를 3센티미터 올리면 좀 더 작업이 쉬워지는 것은 아닐까?"라고 생각하면, 개선해서 일주일 정도 시험해본다. 이전보다 작업효율이 좋아지면 채택하고, 좋아지지 않으면 원래대로 되돌아간다. 모든 영역에서 "이러한 방식으로 하면 일이 좀 더 효율적으로 되지 않을까?"라고 생각하여, 누구인가가 그 발상하에서 실험을 해간다. "해보지 않으면 알 수 없는 것은, 어찌 되었든 간에 해본다." 이와 같은 이과적 사고법이 뿌리내려 있는 것이다.

또 카이젠에 있어서는 중역의 의견이나 현장 평사원의 의견이나 동등하게 다루어진다. "중역이 말한 것은 듣지만, 아래 말단이 말한 것은 들을 필요가 없다."고 하는 태도를 취하고 있지 않다. 다시 말하면, 속인적(屬人的)이 아니라 속사적(屬事的)인 것이다. 누구의 의견이든 좋은 것은 받아들인다. 그 점이 도요타의 최대 강점이라고 해도 좋을 것이다.

세상에는 말단이 하는 말 따위는 듣지 않는 사람이 많고, 초심자의 의견에 대해서 "그런 것은 초심자의 생각이다."라고 해서 부정하고자 하는 전문가도 많다. 컨설턴트가 하는 말은 듣는데, 현장 사원이 하는 말은 듣지 않는 경영자도 있다. 그것들은 모두 전형적인 문과계 사고라고 할 수 있다.

그렇지만 도요타는 다르다. 말단의 의견이라 하더라도 실험해서 효과가 있다

---

4) 카이젠(Kaizen)은 작은 단계로, 장기적으로, 하나씩 개선함으로써 지속적인 개선에 대한 접근법을 설명하는 일본어 용어이다. 카이젠은 투자가 아닌 개선을 기반으로 한다. 신기술에 대한 투자로는 문제가 해결되지 않는다. 그것은 오래되고 잘 알려진 문제를 새롭지만 알려지지 않은 것으로 대체한다. 때로는 투자가 필요하지만 선택할 수 있는 첫 번째 해결책이 되어서는 안 된다.

자료: kanbanchi.com

🔧 그림 6.8 카이젠 우산[5]

는 것을 알면 받아들인다. 그러므로 도요타는 그 만큼의 성공을 거두었다고 생각한다.

일본기업이 제조업에서 강점을 발휘해온 것은, 노벨상을 받는 슈퍼스타 같은 물리학자, 화학자, 연구자가 있기 때문이 아니라, 평작업원의 의견이더라도 좋은 것은 받아들이고 이과적인 사고로 카이젠을 계속해 왔기 때문이다.

일본이 앞으로도 세계 속에서 강점을 발휘해 가려면, "시도해 본다."고 하는 이과적 사고를 중시해 가는 것이 열쇠가 된다고 생각한다.

---

5) 카이젠에서 사용된 방법과 접근법

자료: book.interpark.com

그림 6.9　도요타 강한 현장의 비밀

(4) 실패를 살리는 이과적 사고

이과적 사고는 무엇보다도 실험해본다고 하는 발상인데, 실험을 하면 거기에는 반드시 '실패'가 따른다. 성공하면 그것보다 나은 것은 없지만, 대부분이 '실패'로 끝난다.

그러나 '실패' 그 자체는 나쁜 것도 아무것도 아니다. 가장 나쁜 것은 '실패'로부터 배우려고 하지 않는 것이다. 아이를 키우는 경우를 생각해보자. 아이가 시험에서 40점을 받아왔을 때에 "왜 공부하지 않았지!", "무어야, 이 점수는!"이라고 꾸짖는 것은 문과적 사고의 어머니다. 이과적 사고의 어머니는 왜 점수가 나빴는가를 분석해서, "계산 미스가 많기 때문에, 점수가 낮았던 게 아니니?"라든가 "이 부분을 잘 이해할 수 없는 거지?"라고 대처법을 강구하는 데 눈을 돌린다.

모의시험의 결과를 봤을 때도 마찬가지다. 문과적 사고의 사람은 점수나 합격

자료: blog.naver.com

⚙️ 그림 6.10 실패는 성공의 어머니

판정밖에 보려고 하지 않는다. A판정인가, B판정인가, C판정인가, 거기에만 눈을 돌리고 희비가 엇갈린다. 그러나 이과적 사고의 사람은 합격판정은 그다지 신경 쓰지 않고, 어디에 원인이 있었는지를 생각해간다. 이 부분의 공부가 부족했다, 미스가 많았다, 예상이 어긋났다 등으로 분석해가면 다음번으로 이어진다.

비즈니스에서도 같은 것을 말할 수 있을 것이다. 업무에서 실패한 경우에 단지 실의에 빠져 있는 것만으로는 성장할 수 없다. 또 매출 실적이 나쁜 부하에 대해서 결과를 나무라는 것만으로는 전혀 다음을 기약할 수 없다. 그렇게 할 것이 아니라 원인을 분석하고 거기에서 고난을 극복하고 기어오를 수 있는 방법을 보일 수 있는 상사가 부하를 키우는 것이다. 실패 후의 분석도 이과적 사고의 중요한 하나이다.

실패를 두려워하는 사람은 많지만, 그래서는 전례를 답습하게 되고 말아 언제까지나 개선이 되지 않는다. 실패를 두려워하기보다 실패를 하더라도 거기에서 무언가를 배운다고 하는 태도가 훨씬 생산적이다.

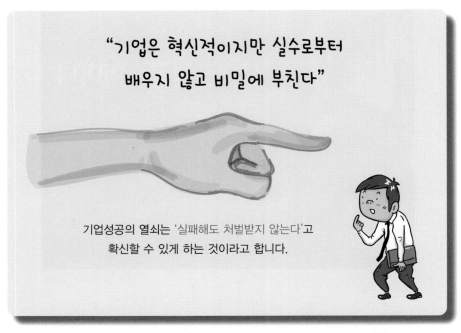

자료: twitter.com

⚙ 그림 6.11 실패로부터 배운다!

이과적 사고에는 실패가 따라다니게 마련이지만 실패로부터 배운다고 하는 태도가 있으면, 실패를 극도로 두려워할 필요는 없는 것이다.

2. 숫자의 사용법

(1) 안이한 수식의 적용은 금물

이과적 사고가 중요하다고 하는 것이 본 장의 취지이지만, 비즈니스의 세계에 안이하게 이과적 사고, 수학적 발상을 제의하면 잘 안 되는 경우도 있다.

자연과학에서는 '1+1=2'이지만, 사회과학에서는 '1+1=2'가 된다고는 한정할 수 없기 때문이다. 비즈니스의 세계에서는 매출액 10억 원의 회사와 매출액 10억 원의 회사가 합병하더라도, 매상이 20억 원이 될지 어떨지 알 수 없다. 두 회사의 시장이나 점포가 겹쳐 있기 때문에 매출액이 18억 원이 될지도 모르고, 반대로 시너지 효과로 매출액이 25억 원이 될지도 모른다.

"시장규모 2위의 회사와 시장규모 3위의 회사가 합병해서, 시장규모 1위의 회사가 된다."고 보도되는 경우가 있는데, 이것도 해보지 않으면 알 수 없다. 작년의 매출액을 단순히 더하더라도 내년의 매출액을 계산할 수 있는 것은 아니다. 비즈니스 분야에서는 '1+1=2'인지 어떤지 알 수 없는 것이다.

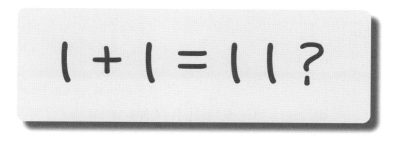

그림 6.12 1+1=2?

그럼에도 불구하고 '1+1=2'라고 일방적으로 단정해버리는 것은, 진정한 이과적 사고라고는 할 수 없다. 이과적 사고는 일방적으로 단정하는 것이 아니라 "해보지 않으면 알 수 없다."고 생각해서 실험하고 검증해보는 데 있다. 몸에 배게 해야 할 것은 교조주의적으로 '1+1=2'를 아무데고 적용시키는 발상이 아니라, "자신이 실제로 해보고 검증해보자."고 하는 발상이다. 그것이 바로 이과적 사고이다.

(2) 확률로 사물을 생각한다

비즈니스 분야에서는 1+1이 2가 될지 어떨지는 해보지 않으면 알 수 없는데, 확률론으로 말하는 것은 가능하다.

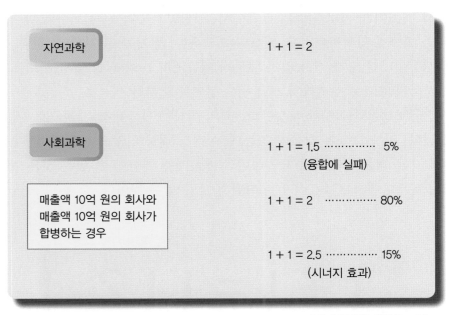

자료: 和田秀樹, 前揭書, p.96.

그림 6.13 사회과학에서는 확률로 생각해 본다

같이 10억 원의 매출액을 올리는 두 회사가 합병하는 경우, '1+1=2'의 확률이 80%, '1+1=1.5'의 확률이 5%, '1+1=2.5'의 확률이 15%라고 하는 것처럼 상정하는 것은 가능하다. 그 확률로부터 판단하는 것이 비즈니스이다.

'1+1=1.5'의 확률보다도 '1+1=2.5'의 확률이나 '1+1=3'의 확률이 높다고 판단하면 합병을 결단하면 좋고, 그 반대라면 합병하지 않는 것을 선택하면 좋다. 어느 쪽이 될 것 같은지를 의사결정해가는 것이 비즈니스이다. 비즈니스에서는 '1+1=2'의 확률이 100%가 아닌 이상 확률로 사물을 판단하지 않으면 안 되는 것이다.

아이를 키우는 경우에도 갈피를 못 잡을 때에는 하나의 지표로서 확률론으로 생각해볼 만하다.

백의의 천사로 불리는 나이팅게일(F. Nightingale, 1810~1910년)은 근대 간호학의 창시자이자, 사회 통계학 활용의 개척자이기도 하다. 나이팅게일은 크림전쟁에서 장미 그림이라는 통계 그래프를 그려 죽어가는 병사들을 치료했다. 어떻게 통계로 죽어가는 병사들을 살려내는 것이 가능할까?

1854년 나이팅게일은 크림전쟁의 부상병 간호를 위한 자원봉사 대원으로 영국군 야전 병원에서 근무를 시작하였다. 그녀는 사망자 수 통계를 조사하던 중 전투에서 죽은 병사의 수보다 비위생적이고 부족한 병원 시설 때문에 죽은 병사의 수가 훨씬 더 많음을 알게 되었고, 이를 통계 그래프로 나타내어 병원의 시설과 환경을 개선하기 위한 정부의 지원을 받을 수 있었다.

이와 같은 노력으로 크림전쟁의 사망률은 6개월 만에 42%에서 2%로 뚝 떨어졌다고 한다.

로또 1등에 당첨될 확률을 계산해 보자. 1~45개 공에서 무작위로 6개의 공을 뽑으며, 뽑은 공은 다시 넣지 않으므로 전체 경우의 수는

$$_{45}C_6 = \frac{45!}{(45-6)!6!} = (45 \cdot 44 \cdot 43 \cdot 42 \cdot 41 \cdot 40)/(6 \cdot 5 \cdot 4 \cdot 3 \cdot 2 \cdot 1) = 8145060$$

이 된다. 이 중 1등은 1개이므로 확률은 1/8145060 이 된다.

로또 1등 확률 : 0.000012277%   1/8145060

로또 2등 확률 : 0.000073664%   1/1357510

로또 3등 확률 : 0.0027992%   1/35724

로또 4등 확률 : 0.13646%   1/733

로또 5등 확률 : 2.24406%   1/45

로또에서 2개 숫자 맞출 확률 :   15.1474%

로또에서 1개 숫자를 맞출 확률 :   42.4127%

로또에서 모두 틀릴 확률 :   40.05649%

자료: post.naver.com

⚙️ 그림 6.14 로또

과학자들은 세계적으로 매년 1000명 이상이 벼락에 맞아 죽는다고 본다. 지구 인구를 60억 명이라고 하면 사람이 벼락에 맞을 확률은 600만분의 1이다.

그러나 두 확률을 비교한 기간이 다르다는 데 문제가 있다. 로또는 1년(52주) 동안 매주 한 번씩만 참여해도 1등 당첨 확률이 15만7000분의 1로 올라간다.

1년 동안 꾸준히 로또 복권을 산다면 벼락에 맞는 것보다 로또에 당첨될 가능성이 더 높아진다. 확률로는 매주 10만 원씩 로또 복권을 산다면 자손 대대로 3120년 동안 사야 한 번 1등에 당첨될 수 있다.

따라서 1등 된 사람은 엄청 운이 좋은 사람이라고 보면 된다.

> 당신이 사장으로 승진할 확률은 얼마나 될까?
>
> $$9100/455000 = 2\%$$

평균 100명이 근무하는 사업장을 기준으로 직급별 비율은 사원이 50%, 대리 25%, 과장 13%, 부장 7%, 이사 4%, 사장 1% 정도라고 한다.

🔩 그림 6.15 사장 자리

당신이 사원에서 대리로 승진할 확률은 50%나 되지만, 대리에서 과장으로 승진할 확률은 26%이며, 과장에서 부장승진은 14%, 부장에서 이사가 될 확률은 8%, 사장이 될 확률은 2%에 불과하다.

> 당신이 첫 직장에서 정년퇴직할 확률은 얼마일까?
> 476667/5800000 = 8.2%

2007년 12월 기준으로 4년제 대학교 졸업 후, 정규직에 근무하고 있는 인원은 약 580만 명이다. 이 중 정년퇴직의 나이인 60세 근무자는 143만 명이다. 단순 계산으로는 전체 근무자의 24.6%가 정년퇴직까지 근무할 수 있지만 직장인의 평균 이직 횟수가 약 3회 정도라는 점을 감안하면 첫 직장에서 정년퇴직을 할 확률은 8.2%에 불과하다.

> ### 당신이 4년제 대학교에 들어갈 확률은?
>
> 168541/773122 = 21.8%

30세 남성을 기준으로 1999년 입학을 위한 대입수학능력 시험의 평균 경쟁률은 2.4:1이었다. 통계청 자료에 의하면, 지원자는 77만3122명이고 4년제 대학의 정원은 32만4118명이다. 이 중에서 남자의 비율이 약 52%이기 때문에 4년제 대학에 들어갈 확률은 21.8%에 불과하다.

> ### 당신이 대학을 제때 졸업할 확률은 얼마나 될까?
>
> 140832/324118 = 43.5%

통계청 자료에 따르면, 1999년 입학한 신입생은 32만4118명이다. 이 중 군대를 다녀온 남자들을 포함해 2003~2005년 평균 졸업자의 숫자는 27만830명이다. 전체 졸업자는 83.5%지만 남자의 비율은 52%에 지나지 않아 당신이 정상적으로 졸업할 확률은 전체의 절반에 못 미치는 43.5% 정도다.

가위바위보 게임 확률을 계산해 보자. 가위바위보 게임을 한 번 해서 이길 확률은 3분의 1이다. 게임을 한 번 할 경우 이기거나, 비기거나, 지는 세 가지 경우가 생기게 되는데, 그 중에서 이기는 경우만을 생각하기에 이길 확률은 3분의 1, 약 33.33 %가 되는 것이다. 게임을 세 번 반복했을 경우, 모두 이길 확률은

$$\frac{1}{3} \times \frac{1}{3} \times \frac{1}{3} = \frac{1}{27}$$

27분의 1, 약 3.7%가 된다.

게임을 다섯 번 반복했을 경우, 모두 이길 확률은

$$\frac{1}{3} \times \frac{1}{3} \times \frac{1}{3} \times \frac{1}{3} \times \frac{1}{3} = \frac{1}{243}$$

243분의 1, 약 0.4%가 된다.

 게임을 열 번 반복했을 경우는 어떤가.

$$\frac{1}{3} \times \frac{1}{3} \times \frac{1}{3} \times \frac{1}{3} \times \frac{1}{3} \times \frac{1}{3} \times \frac{1}{3} \times \frac{1}{3} \times \frac{1}{3} \times \frac{1}{3} = \frac{1}{59049}$$

59049분의 1, 약 0.0017%가 된다.

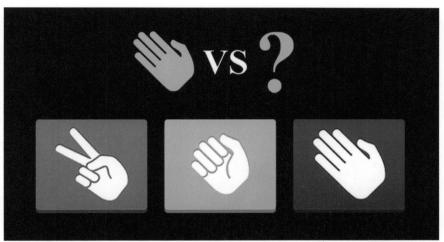

자료: kr.vonvon.me

⚙ 그림 6.16 가위바위보 게임

건강에 관련된 여러 가지 확률이 발표되고 있다.

 막 태어난 남자 아이가 80세까지 생존할 수 있는 확률은 45.2%, 여자 아이는 68.9%(2006년 기준)이다.

평균수명의 경우 남자는 75.74세, 여자는 82.36세(2006년 기준)이며, 1년 전에 비해 6개월 수명이 늘어났고 남녀차이도 점차 줄어드는 것으로 나타났다.

갓 태어난 남자 아이가 각종 암으로 사망할 확률은 27.64%(폐암, 위암, 간암 순), 순환기 질환으로 사망할 확률은 22.34%(뇌혈관 질환, 심장질환 순), 교통 사고나 자살 등 사고로 사망할 확률은 9.4%, 호흡기계 질환으로 사망할 확률이 8.97%로 나타났다. 이에 비해 여자의 경우는 조금 달라서 암보다는 순환기 질환으로 사망할 확률이 27.48%로 가장 높고, 그 다음이 암으로 사망할 확률이 15.32%, 호흡기계 질환으로 사망할 확률이 6.40%, 사고 등으로 사망할 확률이 6.07% 정도로 나타났다(2006년 기준).

비만이었던 사람들이 암에 걸릴 위험은 정상 체중인 집단에 비해 월등히 높게 나타났다. 특히 남성은 간암에 걸릴 위험이 4.5배, 여성은 자궁암이 6.3배나 높았다. 일반적으로 비만한 사람은 암에 걸릴 확률이 정상체중인 사람보다 1.5~3배 가량 높다고 한다.

담배를 피우는 남편을 가진 아내는 폐암, 심장병에 걸릴 확률이 30%나 증가한다. 담배를 피우는 아버지를 가진 아이는 감기가 걸릴 확률이 3배나 증가하고,

자료: dongpung.net

그림 6.17 비만 커플

합병증으로 입원할 확률도 2~3배 증가한다. 폐기능이 떨어지고, 천식도 악화된다. 또 흡연자의 자녀들은 비흡연자들의 자녀보다 두 배 이상 담배를 피울 확률이 높다.

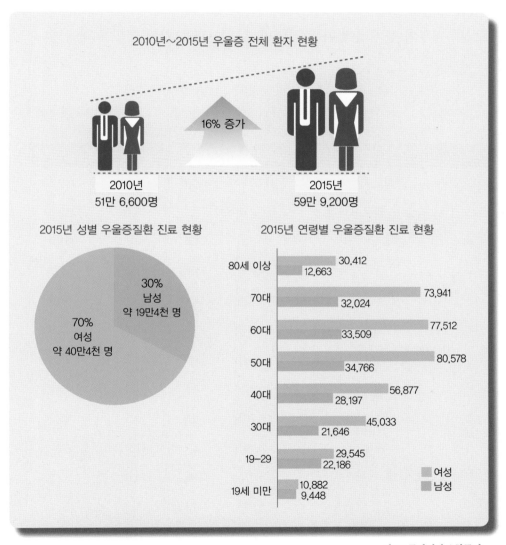

그림 6.18 우울증 환자의 남녀 비교

에이즈에 감염될 확률은 1/250000이다.

아침에 마시는 뜨거운 차 한 잔이 신장암에 걸릴 확률을 15%나 줄여준다.

과체중과 저체중은 모두 임신 확률을 낮출 수 있다.

뚱뚱한 사람은 노인성 치매에 걸릴 확률이 다른 사람들보다 70%나 높다는 연구 결과도 있다.

보건복지부와 통계청에 따른 질병별 유병률(병을 가지고 있을 확률)을 보면,

표 6.1 주요 암 발생 현황 : 남녀 전체(2014년)

(단위 : 명, %, 명/10만 명)

순위	암 종	발생자수	분율	조발생률	표준화발생률*
	모든 암	217,057	100.0	427.6	289.1
	갑상선 제외 모든 암	186,251	-	366.9	237.5
1	갑상선	30,806	14.2	60.7	51.6
2	위	29,854	13.8	58.8	37.2
3	대장	26,978	12.4	53.1	33.0
4	폐	24,027	11.1	47.3	27.7
5	유방	18,381	8.5	36.2	27.3
6	간	16,178	7.5	31.9	19.9
7	전립선	9,785	4.5	19.3	11.2
8	췌장	5,948	2.7	11.7	6.9
9	담낭 및 기타 담도	5,576	2.6	11.0	6.3
10	비호지킨 림프종	4,948	2.3	9.7	7.1

*우리나라 2000년 주민등록연앙인구를 표준인구로 사용

자료: 국가암정보센터

철 결핍성 빈혈은 여성이 남성의 3.8배, 관절염은 2.6배, 신경정신질환 2.3배, 암·고혈압성 질환 1.8배, 당뇨·갑상선 질환 1.5배, 치과질환 1.3배로 나타나 있다. 또 여성은 신체구조상 적어도 10가지 이상 남성과 다른 건강상 특징이 있다고 한다. 여성은 세로토닌 호르몬 분비가 적어 우울증 위험이 남성의 2배, 편두통 발생률도 1.5배라고 한다.

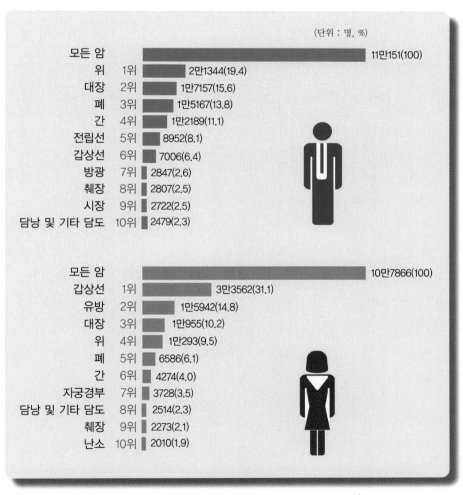

(단위 : 명, %)

모든 암		11만151(100)
위	1위	2만1344(19.4)
대장	2위	1만7157(15.6)
폐	3위	1만5167(13.8)
간	4위	1만2189(11.1)
전립선	5위	8952(8.1)
갑상선	6위	7006(6.4)
방광	7위	2847(2.6)
췌장	8위	2807(2.5)
시장	9위	2722(2.5)
담낭 및 기타 담도	10위	2479(2.3)

모든 암		10만7866(100)
갑상선	1위	3만3562(31.1)
유방	2위	1만5942(14.8)
대장	3위	1만955(10.2)
위	4위	1만293(9.5)
폐	5위	6586(6.1)
간	6위	4274(4.0)
자궁경부	7위	3728(3.5)
담낭 및 기타 담도	8위	2514(2.3)
췌장	9위	2273(2.1)
난소	10위	2010(1.9)

자료: cdpnews.co.kr

그림 6.19 한국인 10대 암 발생지수 및 발생분율

2014년 가장 많이 발생한 암은 갑상선암이었으며, 이어서 위암, 대장암, 폐암, 유방암, 간암, 전립선암의 순으로 많이 발생하는 것으로 나타났다.

남자의 경우 위암, 폐암, 대장암, 간암, 전립선암 순이었으며, 여자의 경우 갑상선암, 유방암, 대장암, 위암, 폐암 순이었다.

표 6.2 성별 주요 암 발생 현황(2014년)

(단위 : 명, %, 명/10만 명)

순위	남 자					여 자				
	암 종	발생자 수	분율	조발생률	표준화 발생률*	암 종	발생자 수	분율	조발생률	표준화 발생률*
	모든 암	112,882	100.0	444.9	312.4	모든 암	104,175	100.0	410.3	282.9
	갑상선 제외 모든 암	106,708	-	420.5	291.6	갑상선 제외 모든 암	79,543	-	313.3	199.8
1	위	20,087	17.8	79.2	54.1	갑상선	24,632	23.6	97.0	83.0
2	폐	16,750	14.8	66.0	44.4	유방	18,304	17.6	72.1	54.4
3	대장	16,182	14.3	63.8	43.8	대장	10,796	10.4	42.5	24.0
4	간	12,058	10.7	47.5	32.4	위	9,767	9.4	38.5	23.0
5	전립선	9,785	8.7	38.6	25.7	폐	7,277	7.0	28.7	15.3
6	갑상선	6,174	5.5	24.3	20.8	간	4,120	4.0	16.2	8.8
7	췌장	3,191	2.8	12.6	8.5	자궁경부	3,500	3.4	13.8	10.7
8	방광	3,182	2.8	12.5	8.6	췌장	2,757	2.6	10.9	5.5
9	신장	3,108	2.8	12.2	8.9	담낭 및 기타 담도	2,738	2.6	10.8	5.3
10	담낭 및 기타 담도	2,838	2.5	11.2	7.5	난소	2,413	2.3	9.5	7.0

*우리나라 2000년 주민등록연앙인구를 표준인구로 사용

자료: 국가암정보센터

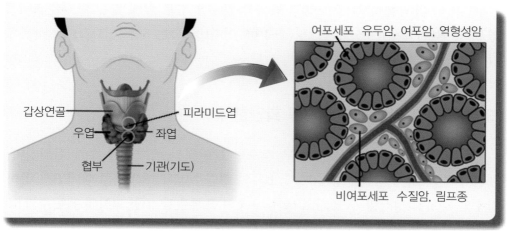

여포세포　유두암, 여포암, 역형성암

갑상연골

피라미드엽

우엽　　　좌엽

협부　　기관(기도)

비여포세포　수질암, 림프종

자료: hansarang7.com

그림 6.20　갑상선암의 종류

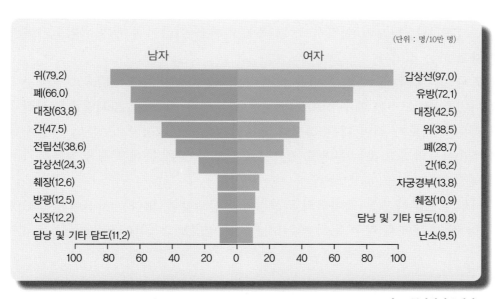

(단위 : 명/10만 명)

남자　　　　　여자

위(79.2)	갑상선(97.0)
폐(66.0)	유방(72.1)
대장(63.8)	대장(42.5)
간(47.5)	위(38.5)
전립선(38.6)	폐(28.7)
갑상선(24.3)	간(16.2)
췌장(12.6)	자궁경부(13.8)
방광(12.5)	췌장(10.9)
신장(12.2)	담낭 및 기타 담도(10.8)
담낭 및 기타 담도(11.2)	난소(9.5)

100　80　60　40　20　0　20　40　60　80　100

자료: 국가암정보센터

그림 6.21　성별 10대암 조발생률(2014년)

우리나라 국민들이 기대수명(82세)까지 생존할 경우 암에 걸릴 확률은 36.2%였으며, 남자(79세)는 5명 중 2명(38.7%), 여자(85세)는 3명 중 1명(33.1%)에서 암이 발생할 것으로 추정되었다.[6]

(3) 유의차가 있는지 어떤지를 확인한다

통계수치의 경우, 표본수가 너무 적으면 표면적인 데이터에 속기 쉬워진다. 예를 들면, A시의 평균수명이 75세, B시의 평균수명이 78세였을 때에 B시 쪽이 장수인 것처럼 생각할 수 있다. 그러나 A시의 표본수가 10명, B시의 표본수가 10명이었다면, 평균수명의 차이는 우연의 결과일지도 모른다. 표본수가 적을 때에는 통계적으로 유의한 차가 있다고는 말할 수 없는 경우가 많다.

한편, 인구 1만 명의 C시와 인구 1만 명의 D시에서 조사했더니, C시의 평균수명이 75.0세, D시의 평균수명이 75.3세인 경우에, 불과 0.3세의 차이더라도 통계적으로 유의한 차라고 말할 수 있는 경우가 있다. 근소한 차로밖에 보이지 않더라도 D시 시민 쪽이 통계적으로 장수라고 말할 수 있는 것이다. 표본수가 많아지면 유의차는 나오기 쉬워지고, 그 쪽이 결론을 이끌어낼 때의 위험도가 줄어든다고 하는 것이다.

조사하는 경우에 10명, 20명을 조사해서 "이렇게 차이가 있다."고 말하는 사람이 있는데, 그것은 매우 신뢰도가 낮은 결론이다. 1000명, 2000명을 조사한 경우와는 신뢰도가 전연 다른 것이다. 물론 이것들은 모집단으로부터 어떻게 표본추출하느냐라고 하는 문제도 있으므로 상세한 것은 통계학 책을 참조하기 바란다.[7]

아무튼 표본이 적은 데이터의 분석결과는 신뢰할 수 없다는 사실이 중요하다. TV나 잡지 등에서 자주 눈에 띄는 것은 "이 영양보조식품(supplement)을 사용

---

6) 미국은 남자: 5명 중 2명(42%), 여자: 3명 중 1명(38%)
　(자료원: Cancer Statistics, 2015, CA: A Cancer Journal For Clinicians, 2016)
7) 노형진 외 2인, Excel을 활용한 컴퓨터 경영통계, 학현사, 2012, pp. 27~31.

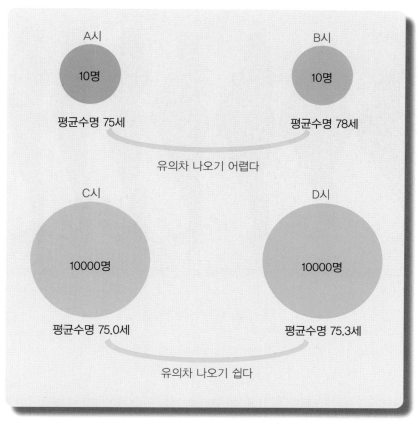

자료: 和田秀樹, 前揭書, p.107.

⚙️ 그림 6.22 표본 수가 적으면 유의차가 나오기 어렵다

했더니 이렇게 살이 빠졌습니다."라고 말하고 있는 광고방송이다. 세 사람이 살이 빠졌다고 하는 사례를 보이면서 "대단하다."고 생각해버리는 사람이 있는데, 1000명 중에 세 사람이 살이 빠지고 그 세 사람을 내세우고 있는지도 모른다. 99.7%의 사람은 살이 빠지지 않을 것을 숨기고 있을 가능성이 있는 것이다.

혹은 다섯 명 중 세 사람이 살이 빠졌다고 하더라도 그것은 마침 살이 빠지기 쉬운 사람을 골라온 우연의 결과일지도 모른다. 1000명 중 600명이 살이 빠져서

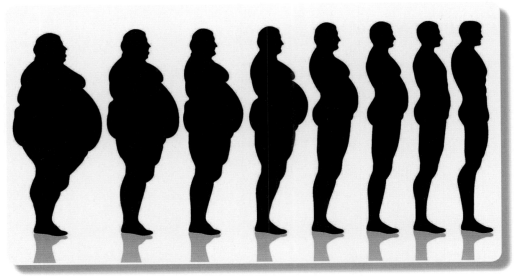

자료: completelifestylechange.com

⚙ 그림 6.23 유의차 검정

"60%의 사람이 살이 빠졌습니다."라고 말한다면 충분히 신뢰할 수 있지만, 5명 중 세 사람이 살이 빠져서 "60%의 사람이 살이 빠졌습니다."라고 말하더라도 통계적으로 보면 신빙성은 없는 것이다.

수치로 보이면 신뢰해버리는 경향이 많지만, 표본추출방식에 따라서 신뢰도는 전혀 달라진다는 것을 인식하지 않으면 안 된다.

이과적 사고
– 실험정신

제4차 산업혁명을 위한 **문과·이과 융합형 인재**

1. 아이작 뉴턴

(1) 개요

아이작 뉴턴 경(Sir Isaac Newton, 그레고리력 1643년 1월 4일~1727년 3월 31일, 율리우스력 1642년 12월 25일~1727년 3월 20일)은 잉글랜드의 물리학자, 수학자이다. 학계와 대중 양측에서 인류 역사상 가장 영향력 있는 사람들 가운데 1명으로 꼽힌다.

1687년 발간된 자연철학의 수학적 원리(프린키피아, 《Principia》)는 고전역학과 만유인력의 기본 바탕을 제시하며, 과학사에서 가장 영향력 있는 저서 중의 하나로 꼽힌다. 이 저서에서

자료: jonkers.co.uk

🔩 그림 7.1 뉴턴의 《Principia》

뉴턴은 다음 3세기 동안 우주의 과학적 관점에서 절대적이었던 만유인력과 세 가지의 뉴턴 운동법칙을 저술했다. 뉴턴은 케플러의 행성운동법칙과 그의 중력 이론 사이의 지속성을 증명하는 방법으로 그의 이론이 어떻게 지구와 천체 위의 물체들의 운동을 증명하는지 보여줌으로써, 태양중심설에 대한 마지막 의문점들을 제거하고 과학 혁명을 발달시켰다.

뉴턴은 또한 첫 번째 실용적 반사 망원경을 제작했고, 프리즘이 흰 빛을 가시 광선으로 분해시키는 스펙트럼을 관찰한 결과를 바탕으로 빛에 대한 이론도 발달시켰다. 또한, 그는 실험에 의거한 뉴턴의 냉각 법칙을 발명하고 음속에 대해서 연구했으며, 뉴턴 유체의 개념을 고안하였다.

수학적 업적으로 뉴턴은 고트프리트 빌헬름 라이프니츠와 함께 미적분학의 발달에 대한 성과를 가지고 있다. 또한, 그는 일반화된 이항정리를 증명하고, 소위 뉴턴의 방법이라 불리는 미분가능한 연속 함수 f인 $f(x) = 0$을 푸는 방법을 발명하고, 거듭제곱 급수의 연구에 기여했다.

자료: dl.dongascience.com

그림 7.2 뉴턴과 아인슈타인

뉴턴은 2005년 영국 왕립학회 회원들을 대상으로 한 "아이작 뉴턴과 알베르트 아인슈타인 중에서 과학사에 더 큰 영향을 끼치고, 인류에게 더 큰 공로를 한 사람이 누구인가?"를 묻는 설문 조사에서 두 가지 모두에서 우세를 보임으로써, 여전히 과학자들에게 영향력이 있음이 입증됐다.

뉴턴은 전통적인 기독교 성직자는 아니었지만, 신앙심 또한 깊었다. 그는 그를 오늘날까지 기억되도록 만든 자연과학보다도 성서 해석이나 오컬트 연구에 더 많은 시간을 쏟았다고 한다. 그럼에도 불구하고, 마이클 H. 하트(Michael H. Hart)가 저술한 《The 100》에서 역사상 두 번째로 많은 영향을 끼친 사람으로 기록되었다. 그는 삼위일체설을 부정하였고 유일신인 창조주를 믿었다.

(2) 생애

① 젊은 시절

아이작 뉴턴은 율리우스력 1642년 12월 25일 크리스마스에(그레고리력 1643년 1월 4일), 잉글랜드 동부 링컨셔 주 울즈소프에서 태어났다. 뉴턴은 아버지의 별세 3달 후에 태어났다. 조산아였던 그는 몸집이 매우 작았다. 뉴턴이 3살이었을 때, 그의 어머니가 재혼하면서 그는 외가에 맡겨지게 되었다. 뉴턴은 재혼한 양아버지에게 적대감을 보였고, 이는 뉴턴 자신이 지은 《19살까지의 죄 목록》에도 적혀 있다. 뉴턴의 어머니는 재혼 후 아이를 3명 더 낳았으나, 뉴턴 자신은 죽을 때까지 결혼을 하지 못했다.

② 대학 시절

1661년 6월 뉴턴은 삼촌의 권유로 영국 케임브리지 대학교 트리니티 칼리지에 입학하였다. 그 시절 대학의 가르침은 아리스토텔레스의 철학에 기반을 두고 있었는데, 뉴턴은 이를 르네 데카르트와 같은 현대 철학자의 철학으로 바꾸고, 천문학 역시 갈릴레오 갈릴레이와 같은 천문학자의 이론으로 대신하였다. 1665년 그는 이진법을 일반화하였고, 이는 훗날 미적분학의 기초가 되었다.

1665년 영국에서는 흑사병이 대대적으로 유행하게 되어, 이 기간 동안 케임브리지 대학교는 폐교하였다. 이 시기에 뉴턴은 2년 동안 고향에 내려가 있었다. 그의 위대한 업적의 대부분은 이 시기, 즉 1665~1666년에 싹튼 것으로, 유명한 사과의 일화도 이 무렵의 일이다. 2년간의 한적한 시골 생활은 과학과 철학에 대한 사색에 많은 시간을 할애할 수 있는 기회를 주었으며, 이 시기에 수학, 광학, 천문학, 물리학의 중요한 발견들을 해냈다. 그래서 뉴턴 스스로도 2년간의 휴학 기간에 대해 "발견에 있어서 전성기를 이루었다."고 평가하였다.

자료: blog.daum.net

🔩 그림 7.3 뉴턴의 사과나무

1667년 케임브리지 대학교가 다시 문을 열자, 뉴턴은 다시 케임브리지 대학교로 돌아와서 석사 학위를 받았고, 이듬해에는 반사 망원경을 만들었다. 이 공로

자료: m.blog.naver.com

🔩 그림 7.4 케임브리지 대학교

로 뉴턴은 1672년 왕립학회 회원으로 뽑혔다. 이보다 앞선 1669년에는 뉴턴의 지도 교수였던 아이작 배로 교수의 뒤를 이어서, 케임브리지 대학교 수학과 교수가 된 후, 미적분학에 대한 연구를 시작하였다. 이 새로운 수학의 발견에 대해서 고트프리트 빌헬름 라이프니츠와의 우선권 문제로 오랫동안 논쟁이 계속되기도 하였다. 1675년 박막의 간섭 현상인 뉴턴 환을 발견하였는데, 여기서도 그의 '빛의 입자설'과 네덜란드의 크리스티안 하위헌스가 발표한 '빛의 파동설'의 엇갈린 주장으로, 두 사람 사이에는 한동안 논쟁이 계속되었다. 단, 오히려 라이프니츠와 뉴턴이 서로의 수학적인 업적들을 인정하고 존경했다고 하는 사람들도 있어서 어느 쪽이 사실인지는 아직도 확실하지 않다.

만유인력의 구상은 오래 전부터 싹이 터 있었으나, 요하네스 케플러의 행성 운동에 관한 세 가지 법칙, 갈릴레오 갈릴레이의 지상 물체의 운동 연구, 크리스티안 하위헌스의 진동론 등을 종합·통일하기 위하여, 이론적 연구에 많은 시간을 들였다. 물체 운동 및 만유인력의 기초 법칙을 2대 지주로 하는 이론 역학을 세운 것은 그의 저서 《프린키피아》(자연철학의 수학적 원리)에서였으므로, 착상 이래 20년 후의 일이었다. 사람들은 흔히 사과나무에서 사과가 떨어진 것을 보고 만유인력의 법칙을 생각해낸 뉴턴의 모습을 떠올리기 쉽지만, 어떤 사람들은 뉴턴의 업적을 극적으로 묘사하려는 사람들이 지어낸 허상에 불과하다고 주장하기도 한다. 특히, 수학의 왕자라고 불리는 카를 프리드리히 가우스가 대표적인 예이다.

뉴턴은 1684년 핼리 혜성을 발견한 것으로 유명한 천문학자 에드먼드 핼리와 행성 운동에 대해서 토론할 정도로 천문학에도 식견이 있었다.

③ 정치 활동

뉴턴은 국회의원(1689년)과 왕립 조폐국의 이사(1696년) 등의 사회 활동, 연금술사로서의 활동 등 다양한 활동을 했다. 앙숙 관계였던 로버트 훅이 죽은 뒤, 뉴턴은 왕립학회의 회장에 취임하였다. 뉴턴은 1705년에 최하위 훈작사 작위를 받기도 했다.

④ 사망

뉴턴은 1727년 3월 20일 85세의 나이로 평안하게 세상을 떠났다. 그의 유해는 웨스트민스터 교회에 안장되었다.

(3) 뉴턴에 대한 일화들

- 독실한 성공회 신자인 뉴턴은 어느 제자가 하느님이 없다고 주장하자, "하느님에 대해서 불경하게 말하지 말게. 나는 하느님에 대해서 연구하고 있다네."라면서 무신론을 주장하지 못하게 했다는 일화가 있다.
- 그는 성경에 많은 관심을 기울었고, 성도(Saint)들이 부활하여 하늘에 살면

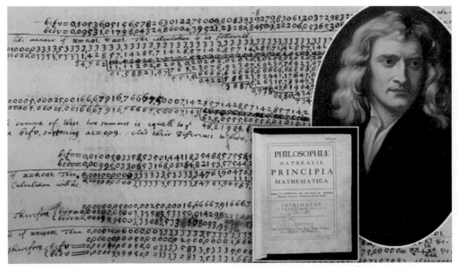

자료: m.cafe.daum.net

⚙ 그림 7.5 뉴턴의 연구 노트[1]

---

1) 보도에 따르면 이 원고에서는 뉴턴이 연구했던 성경 해석과 신학, 고대 문학의 역사, 교회, 솔로몬 성전의 기하학적 구조 등 다양한 주제가 담겨 있다.

서 눈에 보이지 않게 그리스도와 함께 다스릴 것이라는 종말론적인 믿음을 갖고 있었다. 그리고 심판 날 후에도 사람들은 계속 땅에서 살 것이며, 단지 1000년 동안이 아니라 영원히 그러할 것이라는 생각을 가지고 있었다. 역사가 스티븐 스노벨렌의 말에 따르면, 그는 그리스도의 임재가 여러 세기 후에 먼 미래에 있을 것으로 생각하였는데, 그 이유가 주위에 삼위일체를 부정하는 사상들이 뿌리 깊이 퍼져 있는 것을 몹시 비관했기 때문이었다. 그는 큰 환난이 오기 전에 복음 전파 활동이 전 세계적으로 있어야 한다고 생각하였다.

- 뉴턴은 취미로 연금술에 대해서 연구하였는데, 연구 기록물이 노트 3권 가량이나 되었다고 한다.
- 뉴턴은 케임브리지 대학교의 추천으로 국회의원을 역임했는데, 성격이 조용해서 국회의원 생활에 적응하지 못했다. 그가 1년간의 국회의원 생활을 하면서 유일하게 한 말이 수위에게 한 "문 좀 닫아주시오!"였다고 한다.
- 뉴턴은 《광학》 제4권에서 물리학 전체를 포괄하고 자신이 선택한 과제들을 해결할 수 있는 통일 이론을 소개하려고 했으나, 그가 책상에 촛불을 켜둔 채 외출했다가 그가 기르던 개인 다이아몬드가 초를 물어서 던져버리는 바람에 아직 공개하지 않은 그의 연구들이 모두 잿더미로 변해 버렸다는 이야기가 있다.

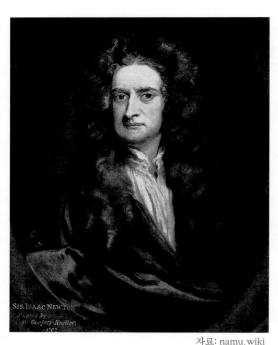

자료: namu.wiki

⚙️ 그림 7.6 국회의원 뉴턴

자료: imnews.imbc.com

⚙ 그림 7.7 위조화폐 조사관으로 활동하던 뉴턴

- 뉴턴은 조폐 공사의 사장에도 임명되었는데, 그는 화폐 위조범을 잡아 처형하는 것을 즐겼다고 한다.
- 뉴턴은 젊은 시절에 약혼한 여성이 있었으나, 그가 연구와 일에 매우 몰두하였기 때문에 결혼까지 이어가지는 못하였고, 평생 동안 독신으로 살았다고 한다.
- 그는 시(詩)를 '일종의 천재적인 쓸모가 없는 소리'(a kind of ingenious nonsense)로 여겼다.
- 뉴턴은 손으로 발명품을 만들어내는 공작에 재능이 있었는데(참고로, 어린 시절에도 뉴턴의 공작 솜씨가 아주 뛰어나서, 초등학생이었던 시절에 학교가 끝난 후, 자신이 직접 만든 물레방아를 돌리고 있었는데, 뉴턴의 솜씨를 샘낸 한 아이가 돌을 던져서, 물레방아를 부숴버렸다고 한다. 그래서 화가 난 뉴턴이 그 아이를 흠씬 팼다는 일화도 있다.), 케임브리지 대학교의 학생 시절에 휴대할 수 있는 초롱불을 만들어 냈다고 한다. 덕분에 새벽마다 의

자료: azquotes.com

그림 7.8 뉴턴의 시(詩)에 대한 생각

무적으로 감사성찬례(성공회 미사)에 참석하러 가던 학생들이 편하게 대학교 내 성공회 교회에 갈 수 있었다고 한다.

- 뉴턴은 남해 회사 주식 사건으로 인해서 2만 파운드를 잃은 적이 있었는데, 이때 "천체의 움직임은 계산할 수 있어도, 사람의 광기는 도저히 측정할 수가 없다.(I can calculate the movement of the stars, but not the madness of men.)"라고 말하였다는 일화도 있다.

- 뉴턴이 어떤 학자와 식사 약속을 잡았다. 그러나 풀리지 않던 문제에 대해서 곰곰이 생각해봐도 좋은 생각이 떠오르지 않자, 바람 좀 쐬기 위해서 밖으로 나갔다. 그 학자는 약속을 깜빡 잊은 뉴턴 때문에 혼자 식사를 하고, 결국 뉴턴을 만나지 못한 상태로 집으로 갔다. 문제를 푼 후 뉴턴은 집으로 돌아왔다. 그런데 빈 그릇을 보고, "아! 내가 식사를 이미 한 걸 깜빡했군."이라고 말했다는 황당무계한 일화가 있다.

- 연구하는 도중에 배가 고파진 뉴턴은 하인에게 계란을 가져오라고 했다. 하인이 계란을 가져왔지만, 풀고 있는 문제에 너무 집중을 하는 바람에 끓는 냄비에 계란이 아니라 시계를 넣었다는 일화도 있다.

자료: zooa.kr

🔧 그림 7.9 성서에 대해 남달리 깊은 이해를 가진 뉴턴

(4) 뉴턴에 대한 명언들

- "나는 내가 세상에 어떻게 비춰질지 모른다. 하지만 나 자신에게 나는 아무 것도 발견되지 않은 채 내 앞에 놓여 있는 진리의 바닷가에서 놀며, 때때로 보통보다 매끈한 조약돌이나 더 예쁜 조개를 찾고 있는 어린애에 지나지 않는 것 같다."

- "내가 다른 사람보다 더 멀리 앞을 내다볼 수 있다면, 그것은 거인들의 어깨를 딛고 서있기 때문입니다."

- "인류 역사상 뉴턴이 살았던 시대까지의 수학을 놓고 볼 때, 그가 이룩한 업적이 반 이상이다."(독일의 수학자 고트프리트 빌헬름 라이프니츠가 말한 뉴턴에 대한 명언이다. 사람들은 흔히 뉴턴과 라이프니츠가 미적분학을 누가 먼저 발견했는가를 놓고 의견이 달라 사이가 나빴다고 생각하는데, 그것

자료: musiki.tistory.com

⚙️ 그림 7.10 희대의 라이벌 라이프니츠와 뉴턴

은 사실이 아니다. 두 사람은 오히려 서로의 수학적인 업적들에 대해서 서로 존경심을 가지고 있었다고 한다.)

- "천체의 움직임은 한 치의 오차 없이 정확히 계산할 수 있어도 사람들의 광기는 계산할 수 없다."
- "진실은 복잡함이나 혼란 속에 있지 않고, 언제나 단순함 속에서 찾을 수 있다."
- "굳은 인내와 노력을 하지 않는 천재는 이 세상에서 있었던 적이 없다."
- "발명의 길은 부단한 노력이다."
- "분발하라. 분발하면 약한 것이 강해지고 적은 것이 풍부해질 수 있다. 나의 소년 시절은 신체적으로나 정신적으로 허약하고 빈약하였다. 나는 가장 건강하고 공부 잘하는 아이를 이겨보리라. 결심하고 분발한 결과 몸이 건강해졌을 뿐 아니라 학교 성적도 상당히 올라갔다."
- "오늘 할 수 있는 일에 전력을 다하라. 그러면 내일에는 한 걸음 더 진보한다."
- "교만의 시작은 하늘이요, 그 계속함은 이 땅이며, 그 마침은 지옥이다."

교만의 시작은 하늘이요, 그 계속함은 이 땅이며, 그 마침은 지옥이다.

– 뉴턴

자료: injaeedu.kr

⚙️ 그림 7.11 뉴턴의 명언

(5) 과학적 업적

① 고전물리학의 정립

페스트가 런던에 퍼지면서 고향으로 돌아가 피난하던 시기(1664~1666)의 산책 중에 사과가 떨어지는 것을 보고 중력의 법칙을 발견했다는 야사가 있는데, 여기에는 오해가 있다. 우선 모든 물체는 서로 끌어당긴다고 알려진 만유인력의 존재 자체를 뉴턴이 발견한 것은 아니다. 지구상에서 측정되는 중력과 천체운동에 필요한 구심력이 같은 것이라는 정도의 개념은 당시 학자들도 다들 알고 있었으며, 문제는 그 끌어당기는 힘의 크기가 얼마이며, 그것이 행성 운동에 어떤

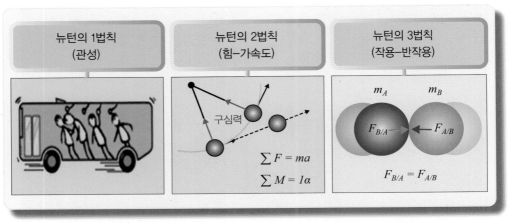

자료: nfx.co.kr

⚙️ 그림 7.12 뉴턴의 운동법칙

식으로 작용하느냐는 것이었다. 행성의 공전 주기니 궤도니 하는 것은 이미 전에 요하네스 케플러 등에 의해 관측되어 케플러의 3대 법칙으로 정립되었는데, 뉴턴이 한 것은 이를 갈릴레이 역학으로부터 발전시킨 뉴턴 역학(뉴턴의 운동법칙)과 미적분이라는 수학적 도구를 통해 우리가 알고 있는 만유인력을 수학적 표현으로 정립해낸 것이다. 뉴턴이 사과가 떨어지는 것을 보고 "지구가 사과를 끌어당겼구나! 모든 물체는 서로 끌어당기는구나!"라고 했다는 것은 수준 낮은 위인전에나 나오는 얘기다.

인생 말년에 떨어지는 사과에서 영감을 받았다고 뉴턴 본인이 직접 언급한 바가 있지만, 구체적으로 어떤 결과에 대한 영감을 받았는지는 분명하게 설명하지 않았다. 그러나 만유인력과 사과의 이야기는 너무나 유명해져서 이제는 진위여부를 논하는 것이 무의미해졌다. 심지어 그의 모친의 자택에 있던 사과나무를 여러 번 옮겨 심은 사과나무가 한국표준과학연구원에 기증받아 심어져 있다.

16세기 영국의 천문학자들은 지구가 태양을 중심으로 원 모양으로 돈다는 것을 이해는 하고 있었지만, 그것을 수학으로 계산하려 들면 이상하게도 공전

⚙️ 그림 7.13 한국표준과학연구원의 상징물인 '뉴턴의 사과나무'

주기 계산이 맞지 않아 당대 수학계의 난제로 유명했었다. 그러다 에드먼드 핼리(Edmond Halley, 1656~1742), 크리스토퍼 렌(Sir Cristopher James Wren, 1632~1723), 그리고 아이작 뉴턴의 최악의 라이벌 로버트 훅, 이렇게 셋이 누가 먼저 지구의 공전주기 계산을 정확히 해내나 내기를 했는데, 시간이 지나도 별 진전이 없었다. 로버트 훅이 자기가 풀 수 있다고 시간을 달라고 해서 시간을 지체한 적도 있다. 그러다 같은 왕립협회 회원이던 아이작 뉴턴을 캠브리지 대학에서 만난 자리에서 우연치 않게 이 문제를 털어놓게 되었는데, 뜻밖에도 뉴턴에게서 돌아온 대답은 다음과 같았다.

"20년 전에 계산해 봤더니 원이 아니고 타원이던데?"

말 그대로 에드먼드 핼리는 정신줄을 놓았고, 뉴턴에게 이걸 왜 발표하지 않았는지 물었다. 그랬더니 돌아온 대답은 20년 전에 왕립협회에서 로버트 훅과

자료: ko.wikipedia.org

⚙️ 그림 7.14 에드먼드 핼리

한 판 언쟁을 벌이다 토라져서 긴 은둔생활을 했다는 것이다. 결국 1684년에 핼리의 권유로 내기도 이길 겸 프린키피아를 발표한다.

요컨대 이론의 전개에 대해서 살펴보면, 뉴턴은 물체의 운동이란 무엇인가에 대한 갈릴레오 갈릴레이 등의 연구결과를 뉴턴의 운동법칙으로 정리하고, 이를 통해 구심력을 정의했다. 행성의 궤도가 원뿔곡선이고 태양이 초점 중 하나에 있으며, 궤도에서 케플러 제3법칙이 성립하면 중력은 거리의 역제곱 형태라는 것을 수학적으로 도출해냈다. 현재의 고등학교 물리Ⅰ 수준에서는 케플러 제1법칙에 의해 행성의 궤도는 타원 궤도이고, 케플러 제2법칙에 의해 행성의 공전 속도는 태양에 가까울수록 빨라진다. 물리Ⅱ에서는 그냥 등속 원운동 취급한 상태로 역제곱 형태라면 궤도에서 케플러 3법칙이 성립한다는, 진행방향이 다른 전개나마 경험해 볼 수 있다.

용수철과 관련된 법칙을 만든 것으로 유명한 로버트 훅과 또 다른 엄청난 논쟁을 한 것으로도 유명하다. 뉴턴은 지금 알려져 있는 대로 중력이 거리의 제곱에 반비례한다는 점을 밝혀냈지만, 훅은 중력이 거리에 비례한다고 주장했다. 즉, 용수철처럼 거리가 멀어질수록 강해진다고 주장한 것이다. 미적분 논쟁에서의 라이프니츠와는 달리 훅의 주장대로라면 행성의 궤도가 원이고 모든 행성의 공전주기가 공전 반지름에 관계없이 동일해야 하는데, 훅은 미적분을 몰라서 이런 결론을 도출해낼 수조차 없었고, 결국 철저하게 깨졌다.

그렇게 갈릴레오 갈릴레이와 요하네스 케플러를 거친 근대 과학은 뉴턴에서 집대성되었다. 앞에서도 말했지만, 이러한 공로 때문에 지금까지도 뉴턴은 알베르트 아인슈타인, 제임스 맥스웰과 함께 물리학의 3대 거장으로 추앙받고 있다.

자료: m.blog.naver.com

자료: blog.joins.com

🛠 그림 7.15 로버트 훅 현미경과 로버트 훅[2]

"물리학의 1/3(고전역학)은 뉴턴이, 1/3(전자기학, 통계물리)은 맥스웰이, 1/3(양자역학과 상대성이론)은 아인슈타인이 완성했다."라는 말이 있을 정도이다.

② 뉴턴식 망원경

기존의 볼록렌즈 두 개를 합쳐 증폭시키는 방식과 다른, 반사경을 이용한 반사 망원경을 만들었다. 지금도 반사경을 이용한 망원경을 뉴턴식 망원경이라 부른다. 이 반사경을 만들 때는 미적분 지식이 있어야 정확하게 빛이 한 점에서 모여 상이 제대로 맺히게 만들 수 있다고 한다. 그는 프리즘 연구를 통해 다양한 색의 빛의 굴절과 반사 등을 실험해 보았고, 다른 색의 빛은 다른 굴절률을 가진다는 사실을 알아내어 굴절 망원경이 색수차가 발생한다는 것을 예측했다. 하지만 반

---

2) 훅의 법칙은 로버트 훅이 자신의 용수철을 갖고 작업하는 도중 발견한다.

자료: pressian.com

⚙️ 그림 7.16 뉴턴의 반사망원경

사는 이에 영향을 받지 않으므로, 색을 그대로 보존할 수 있는 반사망원경을 발명하게 된다. 상이 안정적이지 않다는 점을 제외하고는 제작하기도 훨씬 쉽고 싸다는 장점이 있다.

망원경 중앙에 반사용 평면거울, 즉 반사경이 있어 상을 가릴 것 같은데, 반사경이 상을 가리지 않는 이유는 간단하다. 반사경이 '가리는' 빛의 구간이 확대되기 이전의 부분, 즉 빛을 모으는 부분이기 때문이다. 개구면의 일부를 가린다 해도 가려지지 않은 나머지 부분을 통해 들어온 빛만 모아 상 전체를 만들어낼 수 있다. 그러므로 반사용 평면경이 개구면의 일부를 가리더라도 상의 전체적인 밝기가 줄어들 뿐, 상의 일부가 가려진다거나 하는 일은 없다. 단, 반사망원경으로 사진을 찍으면 초점이 맞지 않는 부분의 상 흐려짐 현상이 도넛 모양이 되는 특성이 있다. 소위 '도넛 보케'라고 하며, '보케'가 개구면의 형상대로 형성되는 광학적 원리 때문에 생긴다.

③ 라이프니츠와의 미분 논쟁

미분법을 누가 먼저 발명했나 하는 문제로 라이프니츠와 크게 싸웠다. 라이프니츠는 이 문제를 영국 왕립과학협회에 제소하여 공정한 판결을 받고자 했으나, 왕립과학협회 회장이 뉴턴이었기 때문에 게임 끝이다. 뉴턴은 회장 권한으로 이 문제를 '공정한 위원회'를 구성해서 조사하게 했고, 그 과정에서 독일 출신 위원에게는 아예 의견 개진 기회조차 주지 않았다. 게다가 위원회 최종보고서는 남몰래 뉴턴이 직접 썼으며, 이 보고서를 긍정적으로 평가하는 글을 써서 익명으로 왕립과학협회 회보에 싣기까지 했다. 그리고 라이프니츠가 죽었을 때는 매우 좋아했다고 한다.

뉴턴이 여러 외압을 넣은 결과와 동일하게, 실제로도 뉴턴 쪽이 라이프니츠보다 명백하게 먼저 발명했다. 그가 미분을 발명한 것은 1665~1666년으로, 1676년에 발명한 라이프니츠보다 10년이나 빠르다. 다만, 다른 사람들에게 개인적으로 알려주거나 연구에 사용하기만 했으며, 1671년 작성한 미분에 대한 논문도 발표하지 않았다. 논문이 정식으로 발표된 것은 60년 후였는데, 이때는 이미 뉴턴이 사망하고도 10년이 지난 후였다.

사실 뉴턴과 라이프니츠의 분쟁에는 매우 곤란한 문제가 있었다. 그것은 공식적으로 미분 자체를 발표하기 전에 서로에게 자기 결과를 자랑했다는 점이다. 두 명 모두 미분을 발명했지만 서로 그것을 모르던 상태에서 먼저 뉴턴이 라이

자료: m.blog.naver.com

그림 7.17 뉴턴과 라이프니츠의 미분 논쟁

프니츠에게 보낸 편지에서 미분의 기본 개념을 언급했지만, 그것은 구체적인 내용을 포함하지 않는 막연한 개념에 불과한 것이었다. 이를 본 라이프니츠는 답장에서 뉴턴에게 자신의 미분을 구체적으로 설명한 편지를 보냈다.

따라서 누가 미분을 발명했는지에 대한 논쟁이 벌어졌을 때 뉴턴은 라이프니츠가 자기 지도를 받아서 미분을 재구성한 주제에 자기가 먼저 미분을 발명했다고 주장하는 배은망덕한 악당이라고 생각했다. 그리고 라이프니츠는 기껏 존경하는 과학자에게 자기 결과를 설명했더니 그걸 싹 빼앗아 가고는 오히려 자기를 악당으로 모는 파렴치한 인간이라고 생각하게 되었다. 덕분에 두 사람 사이에는 단순히 누가 진정한 발명자인가를 넘어선 깊은 감정의 골이 패이게 되었다.

그런데 일반적으로 라이프니츠도 뉴턴의 편지를 받기 전에 이미 미분을 생각해낸 것으로 보지만, 라이프니츠가 뉴턴의 편지에서 영감을 얻어서 불완전한 상태이던 미분을 완성했을 수도 있기는 하다. 뉴턴도 이때까지 미분을 정식으로 발표하지 않았으므로, 사실 라이프니츠의 연구결과를 보고 자신의 미분을 다소 손질했을 가능성도 있다.

혹자의 말에 따르면, 애초에 뉴턴이 먼저 발표를 했고 그 뒤로 라이프니츠가 자신이 발견한 미분을 발표하려고 했는데, 거기서 뉴턴이 먼저 했다는 말을 듣고 자신의 미분과 뉴턴의 미분은 다르다는 것을 증명하려고 했다. 그런데 후에 어느 영국 수학자가 "이것은 뉴턴의 표절이다."라는 의견을 내며 일이 커졌다는 것이다. 요약하자면, 그들 둘은 가만히 있었는데 제3자가 일을 크게 만들었다는 소리다. 그 의혹이 생기기 전까지는 둘의 사이도 나쁘지 않았다고 한다. 그런데 표절 의혹으로 영국 학계와 독일 학계는 대판 싸움이 났다.

추가로, 뉴턴이 단순히 무소불위의 권위를 가지고 있던 당대의 대학자라서 라이프니츠가 영국인들에게 일방적으로 욕을 먹은 것은 아니었다. 이 사건 이전에 흔히 라이프니츠는 라이프니츠 급수라고 불리는 식을 1674년에 발견했는데, 문제는 이미 제임스 그레고리라는 당대의 영국 수학자가 1671년에 발견했던 식이었기 때문에 라이프니츠가 이 식을 독자적으로 발견했음에도 이때 영국인들의 뇌리에는 '라이프니츠=표절범'이라는 의심이 자리 잡게 된 것이다. 이러한 뒷배경과 뉴턴의 언론 플레이가 시너지 효과를 일으켜 당시의 영국인들에게 라이프니츠는 표절이나 일삼는 파렴치한이 됐다.

이 논쟁으로 촉발된 영국 학회와 독일 학회의 싸움으로 인해 양국 간의 학문적 교류가 중단되었다. 그래서 영국의 수학계는 얼마간 대륙에 비해 뒤떨어지고 있었다고 한다. 그리고 이 사건을 통해 표절 문제를 명확히 한 현대의 논문체계가 등장하게 된다.

미분의 발명자가 누구인가에 대해서는 사실관계는 비교적 분명하지만 해석에서는 다소 의견이 갈린다. 뉴턴이 먼저 발견하기는 했지만, 많은 수학자들의 견해는 뉴턴과 라이프니츠가 각각 독립적

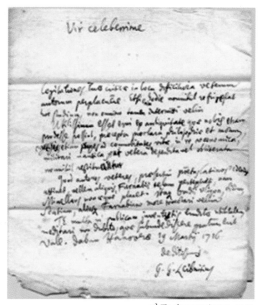

자료: dongascience.com

⚙️ 그림 7.18 라이프니츠의 편지[3]

으로 발명했으니 두 사람 모두 발명자로 봐야 한다는 것이다. 하지만 최종적 승자는 라이프니츠다. 물리학자인 뉴턴의 방식보다는 수학자인 라이프니츠의 방식이 더 수학적으로 잘 정리되어 있어서 현대의 미분은 거의 라이프니츠의 기호 방식을 따르고 있다. 뉴턴은 물리학자답게 속도와 가속도의 개념을 연구하다가, 라이프니츠는 기하학에서 접선을 연구하다가 각각 미분을 만들었다고 한다.

일반적으로 뉴턴 방식으로 쓴 공식을 볼 기회는 거의 없지만 외국에서 쓴 미적분 책에는 간혹 나오고, 물리학을 한다면 시간에 대해 미분한 양으로 다른 양을 미분해야 하는 경우처럼 역학문제에서 시간에 대한 미분이 잔뜩 들어 있는 미분방정식을 풀어야 할 때 쓰는 양을 줄이려고 쓴다.

---

3) 라이프니츠가 자신을 표절로 고발한 존 케일에게 1716년 3월에 보낸 편지. 뉴턴의 초기 작품과 자기 발명의 접근이 달랐다고 주장하는 내용이다. - wikimedia 제공

🛠 그림 7.19 세상을 바꾸는 힘, 수학[4]

④ 변분법과 최속강하곡선

 미분과 관련한 뉴턴의 중요한 업적 중 하나가 바로 변분법이다. 짧게 요약하자면, 방정식이 조건을 만족하는 변수를 구한다면, 변분법은 조건을 만족하는 함수를 구한다. 좋은 예시가 바로 최속강하곡선 문제[5]로, "어느 고정된 두 지점

---

4) 1969년 7월 16일 아폴로 11호의 발사 순간 지상 통제실의 맨 앞자리는 수학자들이 차지했다. 모니터에는 그들이 계산한 우주선의 궤도가 올라와 있었다. 아폴로 11호는 지구를 떠난 후 우주공간에서 지구와 달의 중력이 균형을 이루는 지점을 일정한 속도로 돌았다. 여기서 달로 가려면 엔진을 점화해 가속도를 얻어야 한다. 17세기 뉴턴은 속도가 시간에 따라 변화하는 비율이 가속도임을 밝혀내고 이를 미분방정식으로 표현했다.

5) 중력을 받으며 구르는 공이 어떤 곡선을 따라 내려 올 때 가장 빠를까? 이 문제를 'brachistochrone problem'이라고 한다. 여기서 'brachisto'는 그리스 말로 '가장 빠른', 'chrone'는 '시간'이라는 뜻의 영어 표기이다. 이 곡선이 바로 사이클로이드이고, 최단강하곡선 또는 최속강하곡선이라고 한다. 이 문제는 1696년 뉴턴이 시도했고 바로 다음날 해결하였다(Boyer and Merzbach 1991, p.405). 사실 라이프니츠(Leibniz), 로피탈(L'Hospital), 뉴턴(Newton), 베르누이(Bernoulli) 형제에 의하여 이 문제의 답이 사이클로이드 곡선의 일부분임이 밝혀졌다. 또한 이 문제는 변분법(calculus of variations)의 초기

을 연결된 궤도 위를 물체가 중력 가속도에 의해 이동할 때, 가장 빨리 도착점에 도달하는 궤도는 무엇인가?"를 구하는 문제다. 쉽게 설명하자면, 출발점과 도착점이 정해져 있을 때, 가장 빨리 도착점에 도착하는 미끄럼틀 모양을 구하는 문제로도 볼 수 있다.

뉴턴은 이 문제를 듣고서 다음 날 출근 전까지 변분법을 창안했으며, 답을 구했다. 이때 뉴턴은 익명으로 답을 제출했지만, 풀이가 워낙 뛰어나고 독창적이라 이름이 저절로 밝혀졌다. 베르누이는 해답을 보자 "발톱 자국을 보아하니 사자가 한 일이다."라고 평했을 정도다.

변분법[6]은 라그랑주 역학으로 이어지게 되며, 라그랑주 역학은 해밀턴 역학을 거쳐 슈뢰딩거 방정식, 양자역학까지 이어지게 된다.

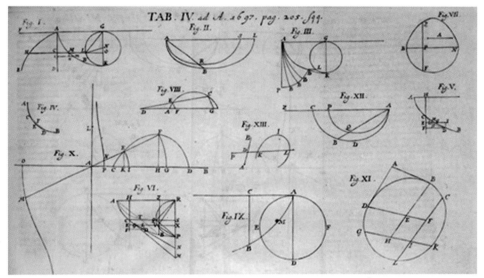

자료: zetablog.tistory.com

⚙️ 그림 7.20 뉴턴 변분법 최속강하곡선

문제 중의 하나이다.

6) 변분법(calculus of variations)이란 미적분학의 한 분야로, 일반 미적분학과는 달리 범함수를 다룬다. 이런 미적분학은 알려지지 않은 함수와 이 함수의 도함수를 다루는데, 주로 어떠한 값을 최대화하거나, 최소화하는 함수 모양이 어떻게 되는가를 다룬다.

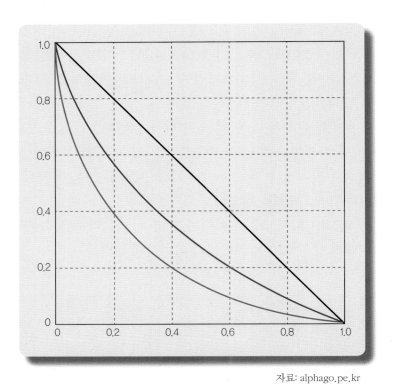

자료: alphago.pe.kr

그림 7.21 최속강하곡선 문제

위 그림이 최속강하곡선 문제를 시각적으로 나타낸 것이다. 좌표 (0, 1)에서 (1, 0)까지 이은 여러 곡선(선분 포함) 중에서 간단히 호, 선분 그리고 사이클로이드를 그려봤다. 얼핏 봤을 때는 직선으로 내려가는 게 가장 빠르다고 생각할 수도 있다. 하지만 직관이라고 하는 것은 생각보다 신뢰도가 떨어지고, 무엇보다 수학은 직관으로 시작할 수는 있어도 직관으로만 결과를 도출해내는 것은 대단히 위험하기 때문에 많은 사람들이 고민했던 것이다.

이 문제에 변분법을 적용한 결과, 사이클로이드 곡선이 유도된 것이다. 실제로 실험해봐도 사이클로이드 곡선(파란 색 곡선)에서 물체를 굴릴 때가 가장 빠르게 도착점에 이른다는 것이다.

2. 알베르트 아인슈타인

(1) 개요

알베르트 아인슈타인(Albert Einstein, 1879년 3월 14일~1955년 4월 18일)은 독일 태생의 미국 이론물리학자이다. 그의 일반 상대성이론은 현대 물리학에 혁명적인 지대한 영향을 끼쳤다. 또한 1921년 광전효과에 관한 기여로 노벨 물리학상을 수상하였다.

독일어권의 성씨. '아인'과 '슈타인'으로 풀어서 해석하면 '돌 하나'라는 뜻이라는 말이 퍼져 있지만, 독일어 ein은 영어로 하나(one) 또는 부정관사(a/an) 둘 다의 의미가 있다. stein은 stone이라는 뜻. 따라서 einstein은 one stone(돌 하나)보다는, 그냥 부정관사를 사용한 a stone 즉 '돌'이라는 뜻이다. 그래서 한국식 이름을 지으면 석(石)씨가 된다. 그런데 독어는 애매하지만 영어로 따져보면 부정관

자료: namu.wiki

⚙ 그림 7.22 알베르트 아인슈타인

사 a는 단수에 붙기 때문에 '돌 하나'란 뜻도 맞다. 성씨 항목에서도 보이듯 유럽 성씨 중에는 조상의 직업이 많다. 즉, 적절히 의역하면 그냥 석공 내지 최고의 석공이 된다.

(2) 초기 생애

알베르트 아인슈타인은 독일 울름에서 전기회사 사장이었던 유대인 아버지와 독일인 어머니 사이에서 1남 1녀 중 장남으로 태어났으며, 두 살 아래인 여동생 마야(Maya)가 있었다. 그의 아버지 헤르만 아인슈타인과 어머니 파브리네는 매주 교회에 나가는 로마 가톨릭 신자였으며, 집안에도 청동으로 만든 십자가상이 있었다. 한 살 때 아버지와 숙부의 전기회사 설립으로 대대로 살던 울름을 떠나, 뮌헨으로 이사했다. 초등학교 시절 아인슈타인은 유럽인들의 뿌리 깊은 반유대주의로 인해 상처를 받기도 했다. 그가 다닌 초등학교는 로마 가톨릭 학교였는데, 교사가 수업 시간에 대못을 보여주며, '유대인은 예수를 죽인 민족'이라고 말했던 것이다. 반유대주의는 유대인 아인슈타인이 존경 받는 과학자가 된 후에도 그를 괴롭혔다.

그는 어려서부터 백부와 숙부의 영향으로 일찍이 수학과 과학에 대해 관심을 갖게 되었다. 계몽사에서 만든 학생대백과사전에 따르면, 어릴 적에 대수를 보고 궁금해 하자 작은아버지가 대수

자료: lg-sl.net

🔩 그림 7.23 유년시절의 아인슈타인

에 대해 "모르는 숫자를 x라 하고, 답을 찾으려고 셈하는 것이야."라고 알기 쉽게 가르쳐주었다고 한다. 아인슈타인의 과학과 수학 성적은 매우 좋았으나 학교에서는 대체로 군대식 전체주의 교육에 대한 저항의식으로 반항적인 학생이라 여겨졌다. 계몽사에서 만든 그림 위인전기 아인슈타인에 따르면, 어릴 적에 아빠, 여동생 마야와 같이 군인들의 행렬을 보고는 "자유롭게 행동하고 생각하지 못하는 군인들은 불쌍한 사람이기 때문에, 군인이 되지 않겠어요."라고 말했다. 그런 이유로 학교에서의 전체주의 교육에 적응하지 못하는 것은 당연했다. 아인슈타인은 동물도 좋아했는데, 어릴 때에 다친 백로를 불쌍히 여겨서 집에 데려와서 돌보기도 했다. 백로를 돌보는 일을 의대생이 백과사전을 같이 읽으며 도와주었다.

1894년, 부친의 사업부진으로 가족 전체가 이탈리아 밀라노로 건너가게 된다. 그는 이후 홀로 독일의 김나지움에 진학했으나, 학생의 개성을 무시하는 군대식

자료: blog.naver.com

🔧 그림 7.24 취리히 연방 공과대학교

학교생활에 잘 적응하지 못하였다. 결국 신경쇠약으로 공부를 쉬어야 할 정도로 건강이 나빠지자, 17세의 아인슈타인은 "다시는 독일 땅을 밟지 않겠다."라며 학교를 떠났다. 이후 독학으로 공부하여 취리히 연방 공과대학교(ETH Zürich)에 응시하였으나 낙방하게 된다. 그러나 그의 뛰어난 수학 성적을 눈여겨본 학장의 배려로 1년간 아라우에 있는 자유로운 분위기의 고등학교에서 공부하고 나서 결국 연방 공과대학교에 입학하게 된다.

대학 시절 아인슈타인은 그다지 눈에 띄는 학생도 아니었고, 성적도 중상위권을 맴도는 수준이었다. 게다가 학부 시절 교수였던 저명한 수학자인 민코프스키와의 마찰 때문에 수학에 대한 흥미를 상당히 상실한 상태에서 물리학에 더 심취하게 된다. 비교적 자유로운 풍토의 대학교에 입학은 했지만, 학과 공부에 대한 열의가 별로 없어서 자신이 좋아하는 과목 외에는 출석도 거의 하지 않았다고 한다. 학과 물리학 시험에서는 1등을 하기도 했으나 졸업 시험 때는 만점 6점에 평점 4.91점을 받아 전체 6명 중 4등을 했다. 그러나 대학 동기였던, 후일 아

자료: m.blog.naver.com

⚙ 그림 7.25 아인슈타인과 말레바

인슈타인의 아내가 되는 말레바는 졸업 시험을 통과하지 못해서 결국 졸업을 하지 못한다. 특히 수학 성적이 부족했는데, 추후 재수를 했지만 결국 실패한다. 이는 후술하게 되는, 말레바가 초기 아인슈타인 논문의 조력자인가에 대한 논란을 해소하는 한 근거가 된다.

(3) 물리학 연구

① 특수 상대성이론과 광양자설

1900년 봄, 아인슈타인은 취리히 연방 공과대학교를 겨우 졸업하였지만, 전술한 민코프스키 등 지도교수와의 마찰에 의해 교수 추천서를 받지 못한 것과, 기타 시민권 문제와 유대인에 대한 배척 등의 이유로 전공 관련 직장에 취업을 하지 못하였다. 그 와중에 여자 친구였던 밀레바의 임신으로 인해 돈이 필요하던 중에 겨우 보험사에 취직을 하게 되었으나, 이 월급만으로는 생활이 어려워 일간지에 가정교사 광고를 내는 등의 과외 활동을 하게 된다. 그러나 이마저도 힘들던 중에 다행히 스위스 시민권을 취득한 후, 대학 친구였던 수학자 마르첼 그로스만의 아버지의 도움으로 베른에 있는 특허 사무소의 심사관으로 채용될 수 있었다. 특허 심사관으로 근무하던 1905년, 아인슈타인은 독일의 물리학 연보(Annalen der Physik)에 일련의 중요한 논문들을 다섯 편 연달아 발표한다. 우선 5월 한 달 동안 차례대로 브라운 운동에 관한 '정지 액체 속에 떠 있는 작은 입자들의 운동에 대하여', 빛의 광전 효과를 설명하여 고전 양자론을 태동시킨 '빛의 발생과 변화에 관련된 발견에 도움이 되는 견해에 대하여', 그리고 특수 상대성이론을 소개한 '운동하는 물체의 전기역학에 대하여'를 발표하였다. 1905년 8월에는 질량과 에너지의 등가설을 제창한 '물체의 관성은 에너지 함량에 의존하는가'를 발표하였다. 1905년에 발표한 이 네 편의 논문들은 최초로 원자의 존재와 통계적 요동을 바탕으로 브라운 운동을 설명하는 한편, 현대물리학에서 양자역학과 상대성이론이라는 두 축을 등장시키게 되는 혁명적인 논문들이었다.

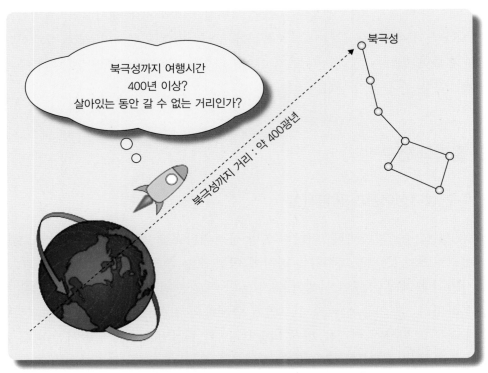

자료: scienceon.hani.co.kr

그림 7.26 특수 상대성이론

또한 도중에 같은 해 7월에는 '분자의 크기에 관한 새로운 규정'을 발표한다. 아인슈타인은 이것으로 취리히 대학교에서 박사학위를 받게 된다. 이 논문은 고체를 이루는 분자의 운동과 에너지에 관련된 것이었다.

② 일반 상대성이론의 전개

이후 특수 상대성이론이 알려짐에 따라 아인슈타인은 유럽에서 점점 이름이 알려지게 되었다. 그는 상대성이론을 비유클리드 기하학을 도입하여 중력을 포

자료: nobel.or.kr

🔩 그림 7.27 일반 상대성이론

함한 이론으로 확장하는 노력을 계속하였다. 특히 사무소를 떠나서 학계로 입성한 그는 스위스에서 그리고 프라하와 독일의 대학교에서 정교수로 있었으며, 1912년 겨울에 모교인 ETH 취리히의 교수로 돌아왔다. 1914년에는 독일의 프로이센 과학 아카데미에 자리를 얻어 베를린에 머무르게 된다. 1914년에 드디어 일반 상대성이론의 측지선 공식에 대한 최초의 형식화인 '일반 상대성이론의 형식적 기초'를 발표하게 되었다. 그는 일련의 시행 착오 끝에 1915년에 발표한 4편의 논문 중 마지막인 '중력의 장방정식'에서 마침내 일반 상대성이론의 완결된 장방정식을 최초로 구현해 내었다.

③ 국제적 명성과 노벨상 수상

　1919년 런던 왕립학회는 기니 만에 있는 프린시페 섬에서 있었던 관측에서 그 해 5월 29일의 일식을 촬영하였는데, 일반 상대성이론에서의 예측이 검증되었다고 발표하게 된다. 이로써 아인슈타인은 뉴턴의 고전역학적 세계관을 마감한 인물로서 범세계적인 명성을 얻게 된다. 그리고 1921년에는 광전 효과에 대한 공로로 노벨 물리학상을 수상하였다.

자료: m.blog.naver.com

✿ 그림 7.28　아인슈타인 노벨상 수상[7]

---

7) 아인슈타인과 노벨상을 함께 수상한 동료들. 왼쪽부터 싱클레어 루이스, 프랭크 켈로그, 아인슈타인, 그리고 어빙 랑뮈르

④ 양자역학의 거부와 통일장이론의 추구

아인슈타인은 광양자설을 통해 양자역학의 초기 기반을 닦는 주요한 기여를 했음에도 불구하고 스스로는 양자역학을 완전한 것으로 인정하지 않았다. 보어와 하이젠베르크 등에 의해 제창된 코펜하겐 해석 역시 받아들이지 않았다. 그는 수년에 걸친 보어와의 논쟁을 통해 EPR(electron paramagnetic resonance, 전자 스핀 공명) 역설 등의 사고 실험을 제기하며, 양자역학의 비결정론을 폐기하려 노력하였다. 그러나 이것은 역설적으로 두 석학의 논쟁을 통해 다른 과학자들이 양자역학의 개념적 기반을 공고히 이해하도록 도움을 주는 결과를 낳았다. 말년에는 양자역학과 거리를 두고 홀로 통일장이론[8]을 연구하였다.

(4) 밀레바 마리치의 기여 논란

아인슈타인의 첫 번째 부인이자 연방 공과대학교 동급생인 밀레바 마리치가 그의 초기 연구, 특히 1905년에 쓴 광양자설과 특수 상대성이론 논문들에 관여하였다는 주장이 한 동안 논쟁거리가 된 적이 있었다.

하지만 밀레바 마리치가 아인슈타인에게 학문적으로 도움을 주었다고 볼 만한 특별한 증거는 없기에 학계 주류에서는 이런 주장을 과장된 해석이라고 본다.

아인슈타인이 초기 논문들에서는 저자 표기를 아인슈타인-마리치(Einstein-Marity)라고 했는데, 결혼 후에는 아내의 이름을 삭제했다는 이야기는 사실이 아니다. 아인슈타인이 저널에 발표한 논문의 서명이 아인슈타인-마리치였을 뿐, 저자를 아인슈타인-마리치로 표기하여 발표한 적은 없다. 두 이름을 이어 붙인 저자 서명은 결혼 전 밀레바가 아인슈타인과의 첫 아이 리제를(나중에 사생아 혹은 결혼 직전에 입양해 버림)을 임신한 전후 시기에 힘들었을 때, 당시 스위스

---

8) 통일장이론은 자연계의 네 가지 힘인 중력, 전자기력, 약한 상호작용 그리고 강한 상호작용을 통합하려는 시도의 대표적인 접근 방식이다. 중력장과 전기장, 자기장 그리고 핵력장이 같은 근원을 지닌다는 자연철학이다. 지금까지 알려진 힘의 종류는 네 가지로 중력, 전자기력, 강한 핵력, 약한 핵력이 있다. 과학자들은 이 힘들을 통일장이론을 통해 입자들 사이에 작용하는 힘의 형태와 상호관계를 하나의 통일된 개념으로 기술하고자 했다.

자료: instiz.net

🔩 그림 7.29 밀레바 마리치 논문 관여 의혹

에서 관습적으로 서명하던 방식(뒤에 아내의 성을 붙여 적음)을 결혼 전에 미리 사용했던 것이다. 1955년 아인슈타인의 사망 직후, 러시아 과학자 요페는 학술지인 〈Uspekhi Fizicheskikh Nauk〉의 부고 기사에서 특수 상대성이론 논문이 발표되었을 당시 저자는 무명이던 '아인슈타인-마리치'였다고 밝혔다. 러시아의 SF 작가 다닌이 요페의 이 발언을 "특수 상대성이론은 아인슈타인과 마리치의 공동 연구였다."라는 이야기로 와전시켰으며, 이 이야기는 이후 마리치가 원래는 특수 상대성이론 논문의 공저자였는데 출판된 학술지에서는 이름이 삭제되었다는 음모론으로까지 발전했다. 하지만 요페는 아인슈타인-마리치가 베른 특허청의 관료(당시 아인슈타인의 직업)라고 밝혔으며, 논문이 공저였다는 표현도 사용한 적이 없다. 아인슈타인-마리치는 스위스의 서명 관습에 따라 남편의 성 뒤에 아내의 성이 덧붙여진 것이라고 부연설명을 하였을 뿐이다. 또한 아인슈타인이 논문을 발표한 독일의 학술지 〈Annalen der Physik〉 역시 여성 저자를 차별한다거나 하는 정책이 있지 않았다.

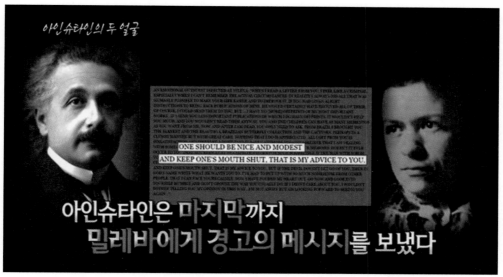

✿ 그림 7.30 아인슈타인의 두 얼굴

또한 마리치가 아인슈타인의 아이디어를 수학적으로 체계화해 주는 작업으로 연구에 협력했다는 주장이 있으나, 역사가들과 물리학자들의 조사 결과 그녀가 아인슈타인의 과학적 연구에 기여하였다고 볼 만한 증거는 없다. 이 주장은 1901년 3월 27일 아인슈타인이 아내 마리치에게 쓴 편지의 특정 문장 "Wie glücklich und stolz werde ich sein, wenn wir beide zusammen unsere Arbeit über die Relativbewegung siegreich zu Ende geführt haben!"을 근거로 주장한다.

하지만 이 문장은 아내에게 하는 감정 표현의 맥락에서 해석하는 것이 옳다. 아인슈타인은 다른 어떤 편지에서도 아내와 과학적 연구를 같이 했다는 식으로 언급한 적이 없다.

아인슈타인은 마리치와 1914년 이혼한 이후에도 국제적인 명성을 얻으며 지속적으로 왕성한 과학적 활동을 하였으나 그녀는 취리히 연방 공과대학교의 졸업에 실패하였을 뿐만 아니라 독자적인 과학적 결과물을 출판했던 적이 없다. 그리고 마리치는 두 번의 도전 끝에, 특히 수학 성적의 부족으로 연방공과대학

⚙ 그림 7.31 아인슈타인과 사촌 엘자[9]

교 졸업에는 실패하였다. 또한 마리치 본인은 그녀의 친구와 (아인슈타인 본인이 수없이 많은 연구 아이디어를 공유했던) 그의 동료에게 그녀 본인이 그의 연구에 관여되었다는 언급을 단 한 번도 한 적이 없다. 그녀의 가장 가까운 친구인 헬레네 사비치(Helene Savić)에게 보낸 어떤 편지에서도 아인슈타인의 과학적 연구에 관여하였다는 힌트는 보이지 않는다. 부부의 첫 번째 아들 한스 알베르트 아인슈타인은 그녀가 결혼과 동시에 과학에 대한 열의를 상실하였다고 증언하였다.

---

9) 아인슈타인은 육촌 누이인 엘자와 사랑에 빠져 밀레바 마리치와 이혼을 하였는데, 이혼한 밀레바 마리치에게 노벨상 상금 전액을 주었다고 한다.

(5) 철학과 사상

① 정치적 견해

아인슈타인은 어려서부터 반유대주의를 느꼈으며, 그의 상대성이론이 점차 전 유럽으로 확산될 때 학계에서 반유대주의의 방해를 받기도 했다. 또한 나치에 반대한 평화주의자였으며 사회주의자이자 유대인 국가 건립을 지지한 시온주의자였다. 말년에 그는 미국 내 일부 반공주의자들로부터 공격을 받기도 했다. 미국 하원 내 반공 정치인들은 "아인슈타인은 수년 전부터 공산주의자로 활약해 왔다.", "지금 그가 퍼뜨리고 있는 허튼 소리는 공산당 노선의 이행일 뿐이다."라며 비난했으며, 에드거 후버 FBI 국장(1924년부터 1972년까지 FBI 국장직 역임)은 아인슈타인의 사상 보고서를 작성하기도 했다. 그가 작성한 보고서에서 아인슈타인은 1947년부터 1954년까지 34개 공산주의 단체와 연관된 골수 공산주의자로 묘사되어 있다. 심지어는 독일에서 정치적 활동을 하지 않았던 1923년부터 1929년까지도 아인슈타인의 집은 공산주의자들의 본거지이자 회합 장소로 알려져 있었다고 했다.

자료: minmun.org

🔧 그림 7.32 사회주의자 아인슈타인

② 종교적 견해

아인슈타인은 불가지론자[10]였다. 특히 확률적으로 존재하기 어려운 인격신,

---

10) 불가지론(不可知論, agnosticism)은 몇몇 명제(대부분 신의 존재에 대한 신학적 명제)의

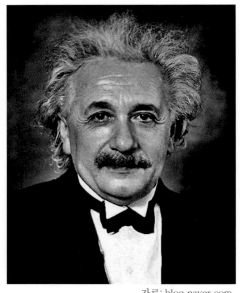

자료: blog.naver.com

🔧 그림 7.33 아인슈타인은 불가지론자

유대교와 기독교 세계관의 야훼를 부정하였으며, 자유의지의 존재도 확인되지 않았다는 이유로 믿지 않았고, 생명체의 사고는 주로 환경에 의해 결정된다고 보았다. 생전에 아인슈타인은 이런 말을 했다.

"나는 자신의 창조물을 심판한다는 신을 상상할 수가 없다. 또한 나는 물리적인 죽음을 경험하고도 살아남는 사람이란 것을 상상할 수도 없으며, 믿고 싶지도 않다. 유약한 영혼들이 두려움이나 터무니없는 자기중심적 사고에 빠진 나머지 그런 사고를 전도한다. 나는 삶의 영원성이 미스터리로 남은 지금 그대로에, 그리고 내가 현 세계의 놀라운 구조를 엿볼 수 있음에 만족하며, 또한 비록 작은 부분이기는 하지만, 자연에 스스로를 체화한 이성의 일부를 이해하는 데 내가 전력투구해온 삶에 만족한다."

또한 1954년에 아인슈타인이 철학자 에릭 구트킨트(Eric Gutkind)에게 보내는 편지에는 이런 내용들이 적혀 있다.

진위 여부를 알 수 없다고 보는 철학적 관점, 또는 사물의 본질은 인간에게 있어서 인식 불가능하다는 철학적 관점이다. 이 관점은 철학적 의심이 바탕이 되어 성립되었다. 절대적 진실은 부정확하다는 관점을 취한다. 불가지론의 원래의 의미는 절대적이며 완벽한 진실이 존재한다는 관점을 갖고 있는 교조주의(敎條主義)의 반대 개념이다. 불가지론자들 중 사물의 본질은 인간에게 있어서 인식 불가능하다는 철학적 입장에 있는 이들은 인간이 감각을 통해서 인식하는 것은 사물의 본질이 아니라 본질의 거짓 모습인 현상에 불과하다고 본다. 이 경우 본질적 실재는 완전히 불가지(不可知)라는 흄의 설과, 그것은 신앙의 영역에 관한 문제라 하여 남겨 놓는 칸트의 설도 있다. 감각이나 표상은 본질적 실재가 자기를 인간에게 제시하기 위한 상형문자, 혹은 기호에 불과하다고 주장하는 프레하노프 등의 상형문자설도 불가지론의 일종이다.

"내게 신이라고 하는 단어는 인간의 약점을 드러내는 표현이나 산물에 불과하다. 성서는 명예롭지만 꽤나 유치하고 원시적인 전설들의 집대성이며 아무리 치밀한 해석을 덧붙이더라도 이 점은 변하지 않는다."

(6) 업적

우선 핵폭탄을 만든 사람으로 잘못 알려져 있기도 하나, 핵폭탄은 그가 제작한 것이 아니다. 그가 이뤄낸 물리학적 쾌거가 핵폭탄을 개발하는 데 도움이 된 것일 뿐, 실제로 맨해튼 프로젝트에서 가장 큰 기여를 한 사람은 오펜하이머이다. 오히려 아인슈타인은 후술하듯이 이후 반핵 운동에 앞장선다.

자료: koreamonitorusa.com

⚙️ 그림 7.34 원자폭탄의 아버지 존 로버트 오펜하이머

아인슈타인이 1905년에 서너 달 간격으로 발표한 논문이 세 개 있고, 같은 해에 ETH Zürich에서 박사 학위를 받는다. 참고로, 그 세 가지 각 논문의 주제는 광양자 가설, 특수 상대성이론, 브라운 운동인데, 이 세 편의 논문은 아이작 뉴턴으로 대표되던 근대의 물리학을 뒤엎으면서 천지개벽을 일으켰고, 그 각 논문은 현대 물리학의 주요 테마인 양자역학, 상대성이론, 통계역학의 시초가 된다. 더 무서운 것은 그는 학교에서 연구에 전념할 수 있는 상태도 아닌, 특허청에서 일하면서 남는 시간에 물리학 연구를 한 것이었다. 즉, 공무원 생활하면서 인류의 물리학사(史)에 이름을 남길 대업적을 남긴 것이다. 역대급 공무원 성공신화 아인슈타인은 특허청에서 근무하면서 시간이 남으면 도서관 가는 게 그렇게 즐거웠다고 한다.

자료: blog.naver.com

⚙️ 그림 7.35 특허청 근무 시절의 아인슈타인

그러나 보통 사람들의 생각과는 달리 아인슈타인이 특허청에서 고리타분한 일을 하고 개인 자투리 시간에 위대한 연구를 한 것은 전혀 아니다. 오히려 정반대이다. 위에 서술에 전자기 현상을 이용한 기기에 대해 일했다고 돼 있는데, 이 기기가 바로 시계들의 동기화(synchronization)를 하는 기계들이었다. 19세기 말은 현대화가 가속되는 시점이었기 때문에 여러 시계들(이를테면 전국의 기차역들에 있는 시계들)을 동기화하는 것은 사업가들에게 중요한 문제였다. 또한 19세기 말은 제국주의의 시대였고 본국과 점령지들 사이의 시계를 동기화 시키는 것(시간을 지배한다는 것)은 정치적으로도 의미가 있었다. 이런 시대적 배경이 있었기에 시계들을 동기화하는 것에 당시 사람들의 관심은 컸다. 당연히 그중에는 전자기현상(빛)을 이용해 시계를 동기화하겠다는 아이디어도 있었고, 아인슈타인은 특허청에서 일하면서 이런 아이디어들에 자연히 노출되었다. 때문에 아인슈타인에게 있어 절대 시간, 여러 관찰자들 사이의 변환 등의 개념은 단순히 추상적 사고 대상이 아니라 여러 특허들을 보며 현실적으로 풀어야 할 과제였던 것이다.

① 광양자 가설

1902년 광전효과라는 독특한 현상이 보고된다. 이 효과는 기존의 빛에 대한 개념으로는 설명할 수 없는 것이었다. 오래 전부터 빛의 본성에 대한 논의와 연구가 꾸준히 있어 왔으며, 파동설과 입자설이 서로 경쟁해왔다. 근대에는 빛이 슬릿을 통과하여 보이는 회절-간섭 무늬 패턴이 빛이 파동이라는 확실한 증거로 나타남으로써, 빛은 파동이라는 것이 정설로 자리 잡게 된다. 그러나 아인슈타인은 광전효과의 실험데이터를 기존의 빛에 대한 이론으로는 설명할 수 없다는 것을 깨달았다. 그는 이 개념을 설명하기 위해 광양자라는 개념을 도입한다.

광양자 가설은 빛의 에너지가 양자로 이루어져 있다고 주장한 것으로, 현재는 광자(photon)라고 명명되었다. 이것은 이후 양자역학을 이뤄내는 데 큰 역할을 하였다. 정확히 말하자면, 플랑크의 양자가설을 바탕으로 해서 빛에는 일정한 에너지 단위, 양자화된 무언가가 있는데, 그것이 빛에게 입자적 성질을 가지

자료: murutukus.kr

⚙ 그림 7.36 보어와 아인슈타인[11]

게 한다고 했다. 양자화된 그 무언가를 그는 '광양자'라고 불렀으며 빛은 광양자들의 모임이라고 보았던 것이다. 아인슈타인은 광전효과로 노벨 물리학상을 수상한다.

이는 빛이 파동이라고 생각했던 기존의 학설을 반박함과 동시에, 이 가설에 사용되었던 플랑크 양자가설을 더 굳건하게 하였다. 빛이 가지고 있는 이중성을 거의 못박은 셈이다. 이 이론은 많은 물리학자들에게 아이디어를 제공했다. 대표적으로 드브로이가 있는데, 그는 빛이 가진 파동과 입자의 '이중성'에 자극받아 "혹시 우리가 입자라고 생각했던 전자가 파동이 아닐까?"라는 것을 느끼고 나온 것이 물질파다. 또 슈뢰딩거 역시 그의 물질파 개념에 영향을 받아 전자를 파동함수로 기술하는 슈뢰딩거 방정식을 제안하게 된다. 플랑크의 흑체복사

---

11) 보어가 자신의 원자모형에서 아인슈타인이 광전효과에 관한 논문에서 제시했던 생각을 사용했지만, 그는 광양자 가설 자체에 대해서는 상당히 회의적이었던 것 같다. 보어와 아인슈타인의 광양자 가설 논쟁의 출발이다.

이론과 함께 양자역학 태동의 도화선으로 작용한 셈이다. 흔히 상대성이론만을 알고 있는 일반 대중에게는 익숙하지 않지만, 물리학이나 전자공학 등에 조금만 손대기 시작하면 정말로 중요한 개념임을 알 수 있다. 양자역학뿐 아니라 LCD, LED 등 디스플레이 소재 등의 발광소자 등의 기본원리이며, 이미 20세기 초반에 현대 물리의 가장 중요한 개념인 기본 입자 중 하나인 광자라는 입자를 규명했다는 것에서 그 중요성은 절대로 상대성이론에 뒤지지 않는다.

② 브라운 운동

브라운 운동이란 1827년 영국의 생물학자 브라운이 발견한 현상으로, 물에 작은 입자를 집어넣었을 때 외부의 특별한 간섭이 없어도 여기저기로 움직이는 현상이다.

브라운은 꽃가루로 실험했었기 때문에 자신이 당시에 유행하던 학설이던 생기(생명체가 가지고 있는 특별한 기운)를 발견했다고 생각했으나, 나중에 아무 입자든지 작기만 하면 같은 행태를 보인다는 것이 관찰돼서 물리학자들의 관심을 끌었다.

아인슈타인의 업적은 이것이 물분자의 열운동에 의해 그 입자의 통계 역학적 임의 보행(random walk) 운동하는 현상이라고 설명한 것이다. 예를 들어, 물통에 아주아주 작은 입자를 하나 넣었다고 해보자(물통은 정지해 있다). 그런데 그 입자는 물속에서 물분자들과 충돌하게 되고, 결국 스스로 이리저리 움직인다는 것이다. 이 입자가 앞으로 어떻게 움직일지는 거의 랜덤이라서 랜덤워크 운동한다고 하는 것이다. 물통에 들어간 입자가 충분히 크다면 역학적 평형관계를 이루게 되지만, 입자가 너무너무 작으면 이리저리 움직인다

자료: feel.nfec.go.kr

⚙️ 그림 7.37 바티스트 페랭

는 것이다. 아인슈타인은 이런 가설로부터 미소입자의 움직임을 나타내는 식을 만들었는데, 이는 추후에 프랑스 물리학자 바티스트 페랭[12]이 실험으로 검증해 냈다.

이 업적의 중요한 부분은 당시에는 생소했던 확산(diffusion)이나 임의보행과 같은 개념을 도입하고 이론화한 것이다. 즉, 무작위과정(stochastic process)이 물리학에서 중요개념으로 데뷔한 사건으로 그 중요성이 같은 해에 발표된 광양자 가설이나 특수 상대론에 비해 결코 처진다고 할 수 없다.

뿐만 아니라 그 이전까지 원자는 자연현상을 편리하게 설명하기 위한 가상의 개념이라는 견해가 많았는데, 이는 원자의 존재가 실험적으로 받아들여지지 않았기 때문이다, 루트비히 볼츠만 등의 물리학자는 원자론의 개념으로 기체를 연구하는 과정에서 원자론을 받아들이지 않는 진영의 맹비난을 받고 조롱거리가 되기도 한다. 아인슈타인은 원자개념이 없이는 브라운 운동을 절대로 설명할 수 없다는 것을 입증해냈고, 이후 원자가 실재하는 개념으로 받아들여지게 된다. 그러나 볼츠만은 이미 자살한 뒤였다.

아인슈타인이 만든 확산-임의보행 모델은 통계역학에서 중점적으로 연구되었고, 수학에서도 확률미적분학 등으로 발전했다. 그 영향력은 오늘날에는 경제학의 경제예측 및 시계열분야, 주식/채권을 분석하는 금융경제학에서도 연구대상이 되고 있는 정도다. 이래서 경제학계에서 순수 수학/이론 물리학자들을 대거 채용한 적이 있었는데, 이들을 통칭 '로켓과학자'라고 불렀다.

③ 상대성이론

아인슈타인의 가장 유명한 상대성이론은 1905년에 발표한 특수 상대성이론

---

12) 장 바티스트 페랭(Jean Baptiste Perrin, 1870년 9월 30일~1942년 4월 17일)은 프랑스의 물리학자·화학자이다. 릴에서 출생하여, 고등사범학교를 졸업하였다. 파리 대학 교수와 동교 생물이학연구소장을 지냈다. 그는 콜로이드 용액의 연구로, 분자가 실제로 있다는 것을 증명하고 물 분자의 측정에 성공하였다. 또한 화학 반응 속도의 복사 이론을 제안하였고, 광화학 방면에도 많은 업적을 남겼다. 1926년 노벨 물리학상을 받았으며, 제2차 세계대전 때에 미국으로 망명하였다. 저서에《원자》,《물리 화학 개론》등이 있다.

(Special Theory of Relativity)과 이후 1916(혹은 1915)년에 발표한 일반 상대성이론(General Theory of Relativity)으로 나뉜다. 다만, 여담으로 본인은 '상대성'이라는 표현을 극도로 싫어했다고 한다. 그의 중심생각은 모든 좌표계에 같은 법칙이 적용된다는 것이고 '상대성'이라는 이름이 그것을 잘 표현해주지 못한다고 생각했기 때문이라고 한다. 그리고 그의 생각은 적중하여 철학자들은 "과학조차 모든 것이 상대적임을 인

자료: emh.co.kr

🔩 그림 7.38 리처드 파인만

정했다."라며 떠들어댔고, 이를 파인만(Richard Phillips Feynman)이 엄청나게 비난했다.

아인슈타인은 상대성이론 발표 이후 1922년에 1921년분 노벨 물리학상을 받는다. 참고로, 노벨 물리학상은 '광전효과'(광양자 가설)로 받은 것으로, 상대성이론으로 받은 것이 아니다. 상대성이론은 여러모로 말이 많았고 노벨상감은 확실하니 상을 주긴 줘야겠다고 생각해서 나온 궁여지책으로, 이 광전효과는 이전까지의 빛의 입자설을 종합한 것 정도이며 분량도 A4 한 페이지 정도였다고 한다.

아인슈타인이 이룬 위대한 업적 세 가지가 있다. 보통 '3 Landmark papers'라고 하는데 다음과 같다.

- 특수 상대성이론(Theory of relativity)
- 브라운 운동(Brownian motion)
- 광전효과(Photoelectric effect)

이 중에서 바로 세 번째, 광전효과가 플랑크의 양자가설을 뒷받침해 주었다.

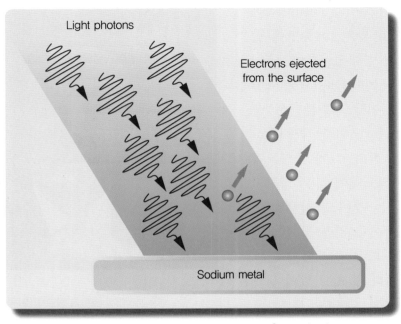

자료: molecule.tistory.com

⚙️ 그림 7.39 광전효과[13]

    유명해진 뒤로는 그가 일했던 스위스 특허국에 수많은 물리학자들이 그를 찾아오고는 했다. 어느 물리학자를 만난 후 아인슈타인이 "실제로 물리학자를 보는 것은 처음입니다."라고 하자 "당신은 매일 거울도 안 보십니까?"라고 받아쳤다는 일화도 있다.

    세 논문으로 아인슈타인은 유명해져 1908년에는 베른 대학에서 강의를 맡게

---

13) 그림은 광전효과 실험을 나타낸다. Light photons(빛을 나타내는 입자)를 Sodium metal(나트륨 금속 판)에 쏘니 전자가 튀어나온다. 쉽게 말해서, 금속에 빛을 쐈더니 전자가 튀어나온다는 뜻이다. 아인슈타인은 두 가지 실험 결과를 도출했다. 첫째, 붉은 빛이나 그보다 파장이 더 긴(에너지가 낮은) 빛은 전자를 방출시키지 못한다. 아무리 빛의 세기가 세더라도 파장이 긴 빛은 전자가 방출되지 않고, 아무리 빛의 세기가 약하더라도 파장이 짧은 빛은 전자가 방출된다. 둘째, 광전자(Photoelectrons)의 운동에너지는 빛의 세기가 아닌, 오직 빛의 파장에만 관련된다.

되고, 이듬해에는 취리히 대학 교수, 1911년에는 프라하 Karl-Ferdinand 대학 교수, 1914년에는 카이저 빌헬름 연구소 소장과 베를린 대학 교수직을 맡는 등 소위 출세길에 오른다.

상대성이론이 대체 무엇이기에 이렇게 난리인지 이해가 안 가는 사람들을 위해 간단히 설명하자면, 우리가 쓰고 있는 GPS 장치는 상대성이론이 없으면 작동이 불가능한 기술이다. GPS가 없다면 자동항법장치도 나올 수 없고 스마트폰에 있는 지도 앱이나 운동 앱들은 탄생조차 하지도 못 했을 것이다. 드론도 탄생하지 못했을 듯하며 이미 실생활에 너무 많이 적용되어 설명하기가 어려울 정도다. 쉽게 말해서 중력과 위치에 관련된 제품은 전부 상대성이론이 쓰인다.

1916년에 그는 일반 상대성이론에서 시공간이 뒤틀리면서 발생하는 파동, 즉 중력파의 존재를 제시하였다. 당시 과학기술로는 이 존재를 확인하지 못했으나,

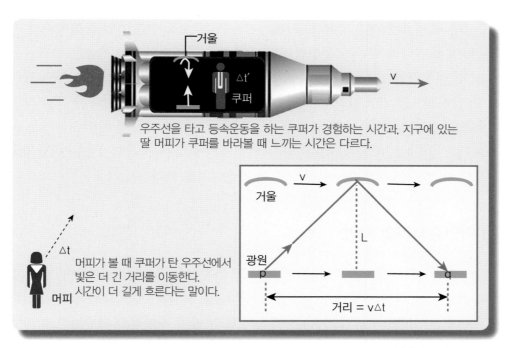

자료: blog.daum.net

⚙️ 그림 7.40 일반 상대성이론 이해하기

딱 100년 뒤에 중력파의 존재가 확인되면서 이는 21세기 물리학 분야 최고 성과로 인정받고 있다. 자세한 것은 연구가 진행되면서 밝혀지겠지만, 우주에 대한 신비를 밝혀줄 것으로 기대되고 있다.

④ 통일장이론

아인슈타인에게는 꿈으로 남은 이론이다. 말년에 이 이론으로 씨름했는데, 동료들에게도 무시당하고 결국 완성을 시키지 못한 채 작고하게 된다. 하지만 그럼에도 그의 유산은 남아 자연계의 기본 힘을 모두 통일하여 설명하는 통일장이론의 꿈은 후대 물리학자들인 와인버그와 살람의 표준모형과 같은 명맥을 만들기에 이른다. 혹자는 아인슈타인이 조금만 더 살았다면 통일장이론을 완성했을지도 모른다는 아쉬움 섞인 이야기를 종종 하기도 한다.

다만, 많은 물리학자들은 아인슈타인이 말년에 남긴 통일장이론에 대한 수식들만큼은 혹평에 가까운 수준으로 평가절하했다. 오죽하면 어떤 물리학자가 아인슈타인을 만나러 왔다가 통일장이론에 관련해 아인슈타인이 써놓은 수식들을 보고 "아인슈타인 면전에다 이게 쓰레기라고 할 수도 없고, 그렇다고 이걸 봤는데 또 양심적으로 쓰레기라고 하지 않을 수도 없네."라며 고민하다가 그냥 도망 나오기도 했다고 한다. 다른 물리학자들은 통일장이론 때문에 아인슈타인을 보려고 하지 않았고, 아인슈타인은 양자역학 때문에 다른 물리학자들을 만나려고 하지 않아, 말년에 아인슈타인이 고립된 원인이기도 했다.

(7) 아인슈타인의 사망

1955년 4월 18일, 알버트 아인슈타인은 대동맥류(aortic aneurysm)가 파열되어 미국의 프린스턴 대학 병원에서 세상을 떠났다. 몇 시간 안에 호출되어 온 병리학자 토마스 하비(Thomas Harvey)는 가족의 동의 없이 개인적인 판단만으로 아인슈타인의 뇌를 제거했다. 그리고 나서 그는 화장을 원했던 아인슈타인의 바람과는 반대로 그 신체기관을 보관했다. 하비는 아인슈타인의 아들 한스 알버트

(Hans Albert)로부터 뇌를 과학적인 목적에 한해서만 사용할 수 있다는 규정하에 허락받았다. 그러나 하비 자신은 뇌를 분석하는 데 필요한 역량이 부족했다. 그래서 자신을 도와줄 전문가를 찾기 시작했지만, 이를 위해 30년을 보내야 했다. 연구는 하비의 삶을 변화시켰고, 귀중한 표본을 손에 쥔 그는 윤리적 문제로 비극적인 운명을 피할 수 없었다.

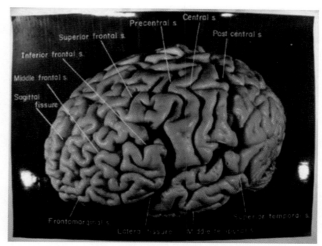

자료: nocutnews.co.kr

그림 7.41　하비가 촬영한 아인슈타인의 뇌

아인슈타인의 뇌 일부 영역에는 일반인의 뇌보다 많은 주름이 잡혀 있어 그의 천재성을 설명해주는 단서가 되고 있다고 라이브사이언스 닷컴이 보도했다.

미국 플로리다 스테이트 대학(FSU) 연구진은 비밀로 간직돼 온 아인슈타인의 뇌 사진을 입수해 분석한 결과, 아인슈타인의 뇌 대뇌피질, 즉 의식적 사고를 담당하는 뇌 표면의 회백질에 전반적으로 다른 사람보다 훨씬 복잡한 주름이 잡혀 있는 것을 발견했다. 일반적으로 회백질 층이 두꺼운 사람은 지능지수(IQ)가 높은 것으로 알려져 있다. 과학자들은 뇌 표면의 회백질에 주름이 많으면 생각을 위한 표면적이 넓어져 세포 간에 더 많은 연결이 이루어지는 것으로 보고 있다. 뇌의 먼 영역과 영역 사이에 연결이 많이 이루어질수록 창의적인 사고가 가능해진다는 것이다.[14]

---

14) 노컷 뉴스, 2012.11.20.

자료: news.joins.com

⚙ 그림 7.42 美박물관에 전시된 아인슈타인 뇌조각

(8) 과학은 실험정신의 산물

과학은 실험으로 입증되어야 비로소 진실이다. 요즘은 도처에 널린 컴퓨터를 이용하여 뭔가를 조작해서 수많은 데이터들이 쏟아지고 있지만, 자세히 살펴보면 어떠한 조건을 달아서 응용을 제한하거나, 충분히 잘 이해하지도 못하고 남의 연구결과를 인용해서 그 위에 분칠하는 경우도 흔하다. 연구 현장이나 대학에서 실험이 줄어드는 것은 정말 아쉬운 일이다. 과학정신은 곧 실험정신인 것이다. 과학은 바로 실험정신의 산물이다.

실험은 기존의 이론이나 학설을 의심하는 데서부터 시작된다. 실험이 없이는 새로운 것을 발견할 수 없다. 아인슈타인 역시 수많은 생각과 실험을 반복했다. 어린 시절 전기공업 회사 집안에서 성장했으며, 물리학자로서 특허국에서 일하고 있었던 아인슈타인은 움직이는 도체의 전자기 현상에 대해 지속적인 관심을 가지고 있었다. 그는 피조의 실험과 별의 광행차 관측에서 나타나듯이 움직이는

자료: ko.wikipedia.org

⚙ 그림 7.43 아인슈타인의 사고실험(1)[15]

물체를 다루는 전자기학에서는 뉴턴의 역학과 전자기 법칙이 서로 모순되는 측면이 나타날 수 있다는 것을 느꼈다. 무엇보다도 아인슈타인은 자석과 움직이는 도전체 사이의 상대 운동으로 발생하는 전기 유도에서 나타나는 비대칭성에 대해서 많은 불만을 느꼈다. 아인슈타인 자신은 이 비대칭성을 다음과 같이 말하고

---

15) 사고실험(Gedankenexperiment, thought experiment)은 사물의 실체나 개념을 이해하기 위해 가상의 시나리오를 이용하는 것이다. 가상의 시나리오가 어떻게 동작할지 생각하는 선험적(a priori) 방법이므로 관찰이나 실험을 통한 경험적(empirical) 방법과 대비된다. 사고실험이라는 용어는 독일어에서 유래하였고, 이 용어는 에른스트 마흐가 만들었다. 사고실험은 철학과 물리학 이외에 많은 분야에서 사용한다. 기록으로 남은 가장 오래된 사고실험은 고대 그리스 시대 소크라테스 이전의 철학자들이 철학과 관련된 문제에 최초로 사용한 것으로 알려졌다. 물리학 등의 분야에서는 19세기와 20세기에 유명한 사고실험이 있었다. 물론 갈릴레오 갈릴레이의 사고실험과 같이 이보다 훨씬 앞선 물리학 분야의 사고실험도 있었다.
등속으로 움직이는 기차가 있다. 승객이 공을 떨어뜨리면 승객 눈에 공의 궤도는 직선이다. 그런데 기차 밖 사람이 본 공의 궤도는 포물선을 그리며 떨어진다.

그림 7.44 아인슈타인의 사고실험(2)

있다. 즉, 자석이 움직이고 도체가 정지해 있으면 자석 주위에 특정한 에너지와 함께 전기장이 발생한다. 그러나 자석이 정지하고 도체가 움직이면 자석 주위에는 상응하는 에너지가 발생하지 않는 채로 기전력만이 발생한다. 아인슈타인은 이런 비대칭성 문제는 지구와 에테르와의 상호작용을 발견할 수 없었던 실험과 마찬가지로 역학과 전자기학 내에 문제를 야기하고 있다고 생각했다.[16]

에디슨은 비록 학자적인 이론을 갖고 있지는 못했지만 실험과 호기심을 통한

---

16) 한국물리학회, 아인슈타인과 특수 상대성이론, 인터넷 자료 참조.

발명으로 미국을 응용기술면에서 유럽을 압도할 수 있는 국가로 만들었다. 에디슨을 유명하게 만든 물건으로 에디슨 전구가 있다. 하지만 보통 알려진 것과는 달리 에디슨이 전구를 발명한 게 아니다. 백열전구를 처음 발명한 사람은 바로 스코틀랜드 발명가이자 천문학자이며 철학자인 제임스 보우먼 린제이(James Bowman Lindsay, 1799~1862)가 1835년 발명하고 여러 차례에 걸쳐 개량했지만 수명이 너무 짧고 열이 엄청 난다든지 여러 단점으로 끝내 상품화하지 못했다. 결국 린제이 본인이 그다지 상품화에 열의를 보이지 않았다. 에디슨이 전구를 개량할 때는 적합한 필라멘트를 찾기 위해서 자신의 주변에서 구할 수 있는 모든 것을 다 실험해 보았고, 심지어는 발명팀 크루에슬리의 구레나룻과 매켄지의 붉은 수염까지 뽑아서 실험해 보았다고 한다. 매켄지의 수염은 상당히 오래 갔다고 한다. 다만, 불빛이 너무 흐려서 상용화하진 못했다. 최초의 필라멘트는 태워서 탄화된 무명실이란 말도 있다. 사실 양산형 최초는 무명실이고, 그 후 널리 대나무를 이용하여 실험에 도전했다. 이와 같은 에디슨의 불굴의 실험정신이 없었더라면 오늘날 각종 전기기구는 탄생하지 못했을 것이다.

　"천재는 99%의 노력과 1%의 영감으로 이루어진다."로 알려진 에디슨의 수차

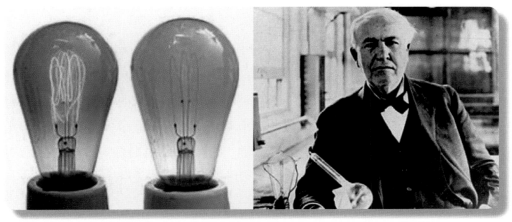

자료: blog.naver.com

🔧 그림 7.45 에디슨의 실험정신

자료: kid.chosun.com

⚙️ 그림 7.46 불굴의 실험정신

례에 걸친 실험들이 성공을 가져왔다. 그가 얘기한 99%의 노력에 해당하는 실험들은 사실은 모두 다 새로운 발견이 있는, 실패가 아닌 작은 성공들을 일컫는 것이었다.

　에디슨의 가장 위대한 업적은 전구를 발명한 것이지만 그 외에도 전화기, 축음기, 토스트 기계, 와플 기계 등이 있다. 그는 천 개가 넘는 발명 특허를 가진 사람이다. 어떤 친구들은 이런 많은 발명을 해낸 에디슨이 매우 딱딱하고 재미없는 사람이라고 생각할지도 모르겠다. 하지만 에디슨의 발명품 중에는 말하는 인형, 유령 탐지기 같은 재미난 것도 있다. 이런 발명품들은 에디슨이 엉뚱한 사람이고 그의 호기심과 궁금증이 참으로 다양하다는 것을 보여준다.[17]

---

17) chosun.com 매거진, 2015.3.9.

문과적 사고
– 철학의 세계

08 문과적 사고 – 철학의 세계

1. 플라톤

(1) 개요

　플라톤(Plato, 기원전 428/427년 또는 424/423년~기원전 348/347년)은 서양의 다양한 학문에 영향력을 가진 그리스의 철학자이며 사상가였다. 그는 소크라테스의 제자이었으며, 아리스토텔레스의 스승이었고, 현대 대학의 원형이라고 할 수 있는 세계 최초의 고등 교육 기관인 '아카데메이아'를 아테네에 세운 장본인이기도 하다. 따라서 일각에서는 그의 실제 이름은 '아리스토클레스'였을 것으로 여겨진다.

　플라톤은 아카데메이아[1]에서 폭넓은 주제를 강의하였으며, 특히 정치학, 윤리학, 형이상학, 인식론 등 많은 철학적 논점들에 대해 저술하였다. 플라톤의 저술 중 가장 중요한 것은 그의《대화편》이다. 비록 일부 편지들은 단지 그의 이름을 붙여서 내려오고 있기는 하지만, 플라톤에 의한 진짜《대화편》은 모두 온전하

---

1) 아카데메이아 또는 아카데미아는, 고대 그리스의 아테네 서북쪽 교외에 위치한 고대의 영웅 아카데메스의 성스러운 숲에서 기원한 신역(神域)으로, 리케이온, 키노사르게스 등과 함께 대표적인 김나지움(체육장) 소재지이기도 했다. 청년 교육에 열심이었던 소크라테스가 자주 이곳 아카데메이아나 리케이온의 김나지움(경기장)의 청년들을 둘러보았다고, 플라톤의 대화편『뤼시스』등에 그려져 있다.

게 전해진 것으로 여겨진다. 그러
나 현재 학자들의 합의에 따라, 그
리스인들이 플라톤의 것으로 생각
하는 '알키비아데스 I'과 '클레이토
폰' 등과 같은 《대화편》들은 의심
스럽거나 또는 '데모도코스'와 '알
키비아데스 II' 등과 같은 대화편들
은 대개는 위조된 것으로 여겨진
다. 편지들은 대개 거의 모두 위조
된 것으로 여겨지며, 일곱 번째 편
지만이 예외로서 위조되지 않았을
가능성이 있다.

🛠 그림 8.1 플라톤

소크라테스는 플라톤의 《대화
편》에 자주 등장하는 주요 등장인
물이었다. 이는 플라톤의 《대화편》에 있는 내용과 주장 중 어디까지가 소크라테
스의 견해이고, 어디까지가 플라톤의 견해인지에 대한 많은 논쟁을 불러왔다.
왜냐하면 소크라테스는 어떠한 것도 글로서 남기지 않았기 때문이다. 이 문제를
종종 '소크라테스의 문제'라고 부른다. 그러나 플라톤이 소크라테스의 가르침으
로부터 많은 영향을 받았다는 것은 확실하다. 따라서 플라톤의 많은 아이디어
들, 적어도 그의 초기 연구들은 아마도 소크라테스의 것을 빌려오거나 발전시켰
을 것이다.

그가 이성 우위의 전통을 가진 서양 철학에 미친 영향은 더할 수 없이 크다. 영
국의 철학자인 화이트헤드[2]는 "서양의 2000년 철학은 모두 플라톤의 각주에 불
과하다."라고 말했으며, 시인 에머슨은 "철학은 플라톤이고, 플라톤은 철학이
다."라고 평했다.

---

2) 알프레드 노스 화이트헤드(Alfred North Whitehead, 1861년 2월 15일~1947년 12월 30일)는
영국의 철학자·수학자이다. 20세기를 대표하는 철학자의 한 사람으로서 기호논리학(수학
적 논리학)의 대성자 중 한 사람이다.

자료: namu.wiki

🔧 그림 8.2 화이트헤드

(2) 생애

플라톤의 부모님은 모두 아테네 명문 귀족 집안이다. 그의 가족들은 그의 저서에서 여러 차례 언급된다. 《국가》에서는 아버지의 가계와 형제 아데이만토스, 글라우콘을 언급한다. 어머니 가계는 《카르미데스》, 어머니가 재혼해서 낳은 안티폰은 《파르메니데스》에 대화의 전달자로 나온다. 그러나 플라톤 자기 자신은 전체 대화편에서 단 세 차례만 언급한다. 플라톤의 개인사는 대화편보다는 주로 플라톤의 서한집에서 취한다. 플라톤의 서한집은 위작 논란이 많지만, 플라톤의 개인사에 있어서 가장 큰 비중을 차지하는 제7서한은 거의 진품에 가깝다고 인정된다. 말하자면 아마 플라톤이 직접 쓰지는 않았더라도 최측근이 쓰지 않았겠냐는 정도다.

플라톤은 '넓다'라는 뜻인데, 이마 또는 어깨가 넓어서 붙여진 별명이고 본명은 '아리스토클레스'라는 이야기가 있다. 하지만 소크라테스의 법정 연설문인 '소크라테스의 변론'에서 '아리스토클레스'가 아닌 '플라톤'이라고 언급되는 것으로 보아 본명이 '아리스토클레스'라는 이야기는 낭설에 불과한 것으로 보인다. 실제로 동시대에 '플라톤'이라는 이름이 그리 드문 것은 아니었다고 한다.

어쨌든 장대한 키에 대단한 거한이었다고 전해지며 레슬링 대회에 출전하기도 했다. 고대 그리스는 지(知), 덕(德), 체(體)를 현대만큼 뚜렷하게 구분하지 않았기에, 학자들 역시 운동 경기에서 좋은 성적을 얻는 것을 학자로서의 큰 영예로 여겨 출전하는 경우가 많았으며, 소크라테스 역시 레슬링에 도전한 적이 있

자료: injurytime.kr

⚙ 그림 8.3 그리스 아테네 아카데미아의 플라톤상

자료: vidas-santas.blogspot.com

⚙ 그림 8.4 디오니시우스

다고 한다. 또한 그가 살았던 시기를 추정해 볼 때 한두 번 정도는 아테네인으로서 참전했을 것으로 여겨지며, 집이 잘 살았으므로 아마 기병이었을 것이다.

플라톤은 어려서부터 호메로스를 좋아했다고 《국가》에서 밝힌다. 디오게네스 라에르티오스에 의하면, 그는 디오니시우스[3]에게 문법 수업을 받았고, 그림을

---

3) 디오니시우스 엑시구스(470~544)는 기독교 신학자로 그레고리역과 율리우스역에서 쓰이는 기원후식 표기(A.D., Anno Domini)를 처음 사용한 것으로 알려져 있다. 헬라어 성경을 라틴어로 번역하였으며, 니케아 공의회의 신조와 콘스탄티노플 공의회의 신조, 그리고 칼케돈 공의회의 신조도 라틴어로 번역을 하였다. 그가 번역한 문헌들은 서방 교회에 많은 영향을 주었으며, 지금도 교회의 행정에 대한 지침으로 사용되고 있다.

그리고 시를 짓기도 했는데, 나중에는 노랫말과 비극을 지었다고 한다. 아테네 비극 경연대회에 참여하려고 했었다. 플라톤은 소크라테스가 만류하자 디오니소스 극장 앞에서 자신의 시를 불살랐다고 한다.

소크라테스와 플라톤의 사제관계는 몇 년에 지나지 않는 것이다. 소크라테스를 만나기 전까지 플라톤은 원래 친가, 외가 모두 엄청난 명문가로, 그의 외삼촌인 카르미데스와 외가족 5촌 당숙인 크리티아스는 30인 정권의 핵심 인물이기도 했다. 그래서 플라톤도 젊은 시절에는 정치에 뛰어들고자 하는 야망을 가지고 있었고, 친척들 덕분에 정치권을 가까이서 지켜볼 수 있었다. 하지만 곧 정치판에 환멸을 느끼게 되며, 정권 싸움 과정에 카르미데스와 크리티아스가 살해당하자 이런 생각은 굳어진다. 아테네에 민주정이 들어서자 다시 한 번 정치에 욕심을 내지만 그의 스승인 소크라테스가 어이없는 이유로 고발당했고, 재판에서 배심원들 투표에 의해 사형 당하자 정치에서 완전히 손을 뗐다. 스승이 억울하게 죽어나가는 걸 보고 민주정에 환멸을 느꼈기 때문에 혹자는 플라톤이 철인정치를 주장하게 된 계기가 스승의 죽음으로 인한 충격이 아닐까 하고 추정하기도 한다.

자료: eekly.chosun.com

⚙️ 그림 8.5 소크라테스, 플라톤, '소크라테스의 변론'(필사본)

소크라테스가 처형된 뒤, 플라톤은 소크라테스의 다른 제자들과 함께 메가라, 키레네의 다른 철학자와 수학자를 찾아갔다. 그리고 피타고라스 학파를 찾아갔고, 거기서 다시 이집트의 성직자를 찾아갔다는 기록이 있다. 이러한 기록에 이어서 플라톤은 당시 시칠리아 섬의 중심 도시국가였던 시라쿠사이를 세 차례나 방문했다고 한다. 첫 번째 방문은 플라톤이 마흔 두 살이었을 때였다. 시라쿠사이에서 최고 권력자인 디오니시우스 1세가 플라톤을 환영했다. 그러나 플라톤은 디오니시우스가 맘에 들지 않다. 젊은 디온과의 만남을 통해 그를 제자로 생각했고, 그와 친밀하게 지냈다.

플라톤은 학당 '아카데미아'를 세웠다. 아카데미아는 유스티니아누스 황제에 의해서 서기 529년에 폐쇄될 때까지 천 년 동안 지속되었다고 한다. 아카데미아는 오늘날의 고등교육 기관인 대학과 비슷하다. 아카데미아의 입구에는 "기하학

자료: home.catholic.or.kr

⚙️ 그림 8.6 그리스 아테네의 아카데미아

을 모르는 자, 이 문을 들어서지 말라!" 쓰여 있었다고 한다. 플라톤은 여러 제자를 두었는데, 그 중 대표적인 제자는 유명한 아리스토텔레스이다. 아리스토텔레스는 플라톤이 세운 학당 아카데미아에서 공부했다. 플라톤은 아리스토텔레스를 '아카데미아의 정신'이라고 불렀다. 그러나 그는 플라톤이 죽고 나서 이리저리 떠돌아다니다가 자신의 학당, '리케이온'을 세운다.

당시의 아테네는 스파르타와의 펠로폰네소스 전쟁 등으로 인해 매우 혼란스러운 상황이었다. 플라톤은 이러한 사회상을 극복하기 위한 방안으로 철학을 택했던 것이다. 실제로 그의 철학은 현실 극복과 바람직한 사회 구현에 목적을 뒀다. 그의 가르침을 받은 제자들은 정치권에 진출해서 몰락해 가는 아테네를 다시 일으키고자 힘썼다.

말년의 상황은 좋지 않았다. 그리스, 아테네, 시칠리아의 정치적 상황은 불투명했다. 디온은 살해당했으며, 플라톤의 친구들도 대부분 죽었다. 그러나 그는 많은 저술을 남겼다. 이때 데미우르고스 등 또 하나의 세계관을 만든다. 플라톤은 81세의 나이에 사망했고, 아카데미아에 묻혔다.

소크라테스와 함께 장애인 차별 발언을 했다고 한다.

(3) 사상

플라톤의 대표적인 저작은 《향연》, 《국가론》, 《법률》 등이 유명하다. 플라톤의 사상은 흔히 파르메니데스, 헤라클레이토스, 소크라테스를 이어받았다고 평가받는다. 플라톤이 쓴 저서의 대부분은 주로 소크라테스가 다른 사람과 주고받는 대화 형식의 문집이었다. 소크라테스의 사상과 일화에 대해서 알려진 것들의 절대다수는 모두 이 플라톤의 문집으로 알려졌기에, 살아있던 당시 많은 시민의 분노를 샀고 사형되었던 소크라테스가 얼마나 미화되어 있는지는 아무도 알 수가 없다. 소크라테스의 또 다른 제자인 크세노폰이나 그의 사상에 비판적이었던 희극 작가 아리스토파네스가 그린 소크라테스는 플라톤의 대화편에 묘사되어 있는 이상적이고 비극적인 소크라테스와는 매우 다르다. 플라톤의 후기 저작에서는 소크라테스의 사상 등이 플라톤에 의해서 왜곡되었다고 보는 견해도 있다.

자료: blog.daum.net

🔩 그림 8.7 소피스트

① 이데아론

이데아론은 플라톤 사상의 핵심을 이루는 것이다. 이데아[4]는 한국어로는 흔히 '형상'으로 번역되곤 하는데, 이는 소크라테스에게 물려받은 것이며, 파르메니데스에게 물려받은 것이기도 하다.

소크라테스는 많은 소피스트들과 논쟁했다. 소피스트들이 이것도 옳고 저것도 옳다고 하는 행위는 소크라테스가 볼 때 그리스를 혼란에 빠뜨리는 것이었

---

4) 이데아론은 플라톤이 처음 주장한 형이상학 이론이다. 플라톤에 따르면, 이데아론에서 이데아는 현상 세계 밖의 세상이며, 모든 사물의 원인이자 본질이다. 예를 들면, 인간의 이데아는 현실 세계의 인간에 대한 원인으로, 인간의 이데아가 있기 때문에 현상 세계에 인간이 실재하는 것을 들 수 있다.

다. 법정에 서서도 말빨만 세우면 똑같은 행위가 불법도 되고 합법도 되기 때문이다. 따라서 소크라테스는 개념정의가 확실히 되어야 한다고 생각했다. 현대의 많은 사람들은 소크라테스는 개념정의가 확실하게 되었다면 행동으로 옮기라는 지점에서 멈추고 더 나아가지 않았다고 생각한다.

플라톤의 이데아는 이런 개념정의를 좀 더 고급화하고 체계화하려는 시도라고 할 수 있다. 소크라테스가 주로 건드리고 싶었던 개념정의는 용기나 절제, 정의와 같은 것들이며, 이런 것들을 위해 구두를 만드는 사람, 의자를 만드는 사람 등의 기술에 대한 비유를 많이 사용했다. 하지만 플라톤이 본격적인 철학의 길로 뛰어들어서 이런 개념들을 논의하려고 하고, 똑똑한 애들 모아서 가르치고 토론하려고 하니 막상 어려움도 많고 말이 안 되는 부분도 많았다. 그의 이데아론은 이런 부분을 다듬은 것으로, 개념에 대한 개념정리라고 대강 생각할 수 있다.

파르메니데스와 관련된 부분에서 얘기하자면, 의견, 감각, 언어 등과 관련해서 얘기해 볼 수 있다. 파르메니데스에 따르면 being은 오직 하나뿐이며, 유일한 진

자료: m.blog.naver.com

⚙ 그림 8.8 플라톤의 이데아

리이고 불변하며 운동하지 않는다. 이런 being은 머리로 파악할 수 있는 것이지, 감각적인 것이 아니다. 감각은 항상 우리를 속인다. 소피스트들도 이 교설을 어느 정도는 받아들였다. 소피스트들은 이런 파르메니데스의 주장에 대해서, 아예 감각은 그냥 그 사람 개개인의 고유한 것이므로 사람이 느끼는, 생각하는 모든 것이 참에 속하며, 거짓은 없다고 주장했다. 반면, 플라톤은 감각의 불완전함을 인정하면서도, 형상이란 것을 도입했다.

플라톤이 그의 대화편에서 예시로 드는 것 중에 하나는 크다는 것에 대한 개념이다. 크다는 형용사를 명사로 바꿔서 큼이라고 하고, 순수한 큼 그 자체라는 개념이 있다고 해 보자. 이 순수한 큼 그 자체가 플라톤이 말하는 이데아이다. 플라톤은 대화편에서 이 순수한 큼 그 자체는 정확히 어떤 것인가 등등, 이 순수한 무언가 그 자체가 세상에 있다고 하면 생기는 여러 가지 의문점들을 자기 나름대로 풀어낸다.

이 형상에 대해 플라톤이 새로이 지적하는 것, 플라톤을 서구 철학의 거인으로 만들어준 바로 그것은 우리 인간의 인식 혹은 앎과 개념의 근저를 이루는 그 무엇이다. 소피스트들이 이랬다저랬다 하는 것이 마음에 들지 않았던 것은 소크라테스도 플라톤도 마찬가지다. 바로 위에는 큼이라는 개념에 대한 이데아를 예시로 들었는데 이데아에 대한 다른 측면을 조망하기에는 약간 적합하지 않아서 새로운 예시가 필요하다. 플라톤뿐만 아니라 하이데거 같은 현대 철학자마저도 이데아에 대해 흔히 예시로 드는 것 중 하나가 바로 나무이다. 우리 인간은 나무를

자료: kungfus.net

⚙ 그림 8.9 나무의 이데아, 현실의 나무(이데아의 모방), 나무그림(모방의 모방)

보면 나무라는 것을 안다. 그게 소나무이건 전나무이건 참나무이건, 소나무나 전나무나 참나무의 개체가 멋있게 자랐든지, 병이 들어 있든지, 죽어서 썩어 있는 상태라도 말이다. 그렇다면 이 여러 나무들을 나무로 만들어 주는, 생각하게 만들어 주는 그런 무언가가 있을 것이다. 그것이 바로 나무의 이데아이다.

이런 형상의 체득에 관해 플라톤은 일종의 생득적인 개념을 제시한다. 말이 생득적이지, 좀 더 세밀하게 말하고자 하면 새로운 단어가 필요하다. 플라톤에 따르면 나무라든가 바위라든가 하는 이런 수많은 이데아는 우리 인간들이 이미 혼의 수준에서 알고 있다는 것이다. 이 혼의 개념은 윤회설과 이어진다. 우리 인간의 혼은 불멸하며 육체와 육체를 떠도는데 새로운 육체에 깃들 때 기억을 잃게 된다. 그런데 살아가면서 우리는 형상과 마주할 경우, 혹은 형상과 마주하지 않았다 할지라도, 이미 알고 있던 형상을 상기해서 알게 된다. 마치 우리가 잊고 있었던 기억을 상기할 때 관련된 것과 마주했을 때 쉽게 상기하게 되는 것처럼, 또 때로는 전혀 상관없는 대목에서 상관없는 기억이 떠오르는 것처럼 말이다. 이를 우리말로 흔히 상기설이라 부른다. 플라톤은 이를 바탕으로 착한 이성과 철학의 삶을 살아야 한다고 역설한다. 왜냐하면 못된 욕심과 감정과 욕구의 삶을 살게 된다면 죽어서 사람이 되기 힘들고 동물이나 될 것이기 때문이다. 혼이 새 육체로 들어갈 때 깨끗한 이성과 철학의 삶이 아니라 찌들은 삶을 살면 혼이 오염되어 버리는데, 이성을 사용하지 않고 감정과 욕구에 휘둘리는 동물의 육체에 들어가기 적합하게 되어 버린 바람에 동물에 들어가 버리는 것이다. 이성과 철학이 없는 절제는 곧 무절제한 감정과 욕구가 초래할 결과에 대한 두려움이라는 감정과 욕구에 치우친 삶이기 때문이라는 것이 플라톤의 설명이다. 반면, 이성과 철학으로서 절제를 하더라도 선선하고 즐거운 삶을 살며 영혼을 정화한 사람은 인간으로 다시 태어나거나, 신이 사는 세계에 신은 아니지만 합류하게 된다.

이데아는 하나의 개념이 될 수도 있고 개념의 본질, 인간의 인식 구조를 이루는 원자적 요소가 될 수도 있다. 해석에 따라 물자체, 실용적 정의 등으로 계승된다고 보는 사람들도 있다. 윤리학에선 "정의란 무엇인가?"라는 질문을 좀 고급화해서 "정의의 이데아라는 것은 무엇인가?"라고 달리 질문한다고 생각해도 나름 그럴듯하다.

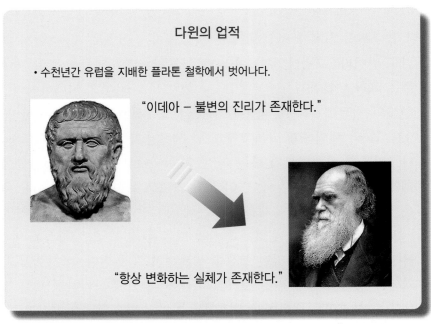

⚙️ 그림 8.10 21세기 지식혁명을 인도하는 다윈의 진화론

플라톤은 이런 개념들이 실제로 존재하는 것이라고 주장한다. 이와 같은 이 데아에 대한 정의로부터 좋은 이데아 등이 나오고, 세상을 만드는 데미우르고스 등이 나오며, 우주나 세계 같은 이야기도 나온다.

② 국가(정체)

원문에 의하면 '정치체제(polity)'에 가까운 제목이다. 라틴어로 Respublica라 번역되어서 여기에서 영문 번역명 Republic과 국문 번역명 '국가'가 등장했다. 그리스어 원전을 번역한 박종현 역은 이를 반영해《국가·정체(政體)》로 제목을 붙였다.

'국가론'을 보면 플라톤은 이 세상의 정치체제를 다섯 개로 구분하고 있는데, 최선자정체(aristokratia), 명예지상정체(timokratia), 과두정체(oligarchia), 민주정체(dēmokratia), 참주정체(tyrannis)가 그것이다. 그가 생각한 바람직한 순서이다. 이걸 보면 알 수 있듯이, 플라톤은 민주주의를 두 번째로 안 좋은 정치체제로 분류했다. 반대로 두 번째로 좋은 정치체제인 명예지상정체는 본문에서도 언급되듯이 스파르타적인 정치체제를 가리킨다. 또한 플라톤에 따르면, 처음에 왕정(monarchy) 혹은 최선자정(aristocracy)이었던 국가는 곧 명예지상정(timocracy)이 되었다가, 과두정(oligarchy)을 거쳐 민주정(democracy)을 겪은 후 참주정(tyranny)에 다다르게 되며, 이후에는 참주정이 무너지고 다시 왕정으로 복귀하게 된다고 보았다. 즉, 가장 좋은 상태에서 점점 나빠지다 다시 원상 복귀되는 셈이다.

이 다섯 가지의 정치체제를 말하자면, 최선자정체는 지성에 의하여 이루어지고, 명예지상정체는 명예, 과두정체는 돈, 민주정체는 모든 충동, 그리고 마지막 참주정체는 사악한 탐욕만으로 이루어진다고 말한다.

플라톤은 국가론에서 나라를 구성하는 계층을 세 개로 나누었다. 하나는 통치자 계층(guardians), 또 보조적 수호자 계층(auxiliaries), 장인 계층(workers)이 그것이다. 쉽게 말해 정치 지배자, 행정 관료, 노동 계층으로 보면 된다. 플라톤은 정치 지배자 계층에 한하여 부인과 자녀 공유제와 사적 소유의 금지를 제시한다. 이것을 말한 의미는 다음과 같다. 높은 위치에 있게 되면 타락하기 쉬운 정치 지배자를 견제하기 위해 사적 소유를 금지하며, 자신의 사적 이익과 가족이나 친척에 얽매여 그릇된 정치 판단을 막기 위하여 이를 제시한 것이다. 흔히 플라톤이 제시한 정치 체제를 귀족중심적이라고 비판하는데, 이렇듯 보통 생각하는 귀족중심체제와는 거리가 있다. 그리고 통치자 계층과 수호자 계층에게 체육과 음악을 가르쳐 정신과 육체를 수양해야 한다고 주장하지만 시에 대해서는 비판적이었다. 시 자체에 대한 거부는 아니었다. 플라톤은 시가 가지고 있는 중요성을 알았다. 그는 호메로스 등 당시의 시인들을 거부하였는데, 이는 그들이 말하는 시가 이데아와 맞지 않고, 시인들은 이야기를 하고 가르침을 주기보다는 재미만을 추구하는 따라쟁이라고 비판했다. 플라톤은 이와 같은 시는 단지 반사

자료: kungfus.net

⚙ 그림 8.11 오바마, 따라쟁이 그만 하세요!

된 이미지로써 본질이 아니므로 시인들은 흉내를 내지 말고 단지 해설의 역할만 해야 한다고 믿었다.

플라톤은 국가론에서 이를 제시한 다음에 이렇게 말하고 있다. "나 자신 또한 이것이 현실에서 실현 불가능함을 알고 있다." 플라톤은 이상적인 하나의 본으로서 이를 제시한 것이다. 타락하고 부패한 정치인들에게 마음속에 이성 속에 이런 본을 지니고 정치를 할 것을 말하고 있는 것이라 할 수 있다. 대화편 국가에서 논하는 것은 이와 같은 이상사회이며, 대화편 법률에서는 현실적으로 어떻게 해야 하는가에 대해 다루고 있다. 특이하게도 법률에서는 소크라테스가 주역이 아니다.

여기서 언급되는 민주정체는 오늘날의 대의민주주의와는 거리가 있는 아테네의 직접민주정체이다. 플라톤의 전성기 시절 아테네는 펠로폰네소스 전쟁으로 인해 겪은 고통, 그리고 패배가 끼친 후유증 등으로 인해 혼란스러웠다. 이 와중에 소크라테스도 시민의 투표로 죽는 등, 플라톤 입장에서 민주정은 지배자들

(참정권을 지닌 시민)의 이해관계만을 따지는 주제에 중우정치(衆愚政治)로 흘러가는 정치 체제였다.

플라톤이 이처럼 민주주의를 혐오하게 된 것은 자연스럽다고 할 수 있다. 아테네뿐 아니라 그 당시 그리스의 민주정 폴리스들은 많은 수가 엉망이었다. 중우정치, 선동, 야합, 분열과 반목으로 인해 정치 주도권을 잡기 위한 외세 결탁, 전쟁 사주, 이적 행위, 부정부패, 쓴소리하는 엘리트가 미워서 잘난 체한다고 도편추방하기, 그러다가 망하면 책임전가, 능력이 아니라 연설과 선동으로 표를 얻어내서 요직 차지하기 등의 일이 폴리스들에게 일어났다.

소크라테스의 죽음도 알키비아데스와 크리티아스의 사상적 스승인 것에 대한 죄값을 물은 것이다. 하지만 소크라테스가 직접적으로 알키비아데스나 크리티

민주정보다는 철인정치를 주장했던 플라톤

자료: blog.ohmynews.com

그림 8.12 민주정보다는 철인정치를 주장한 플라톤

아스를 사주했거나 반아테네적 사상을 주입하지 않은 이상 그걸 이유로 사람에게 사형을 때리는 것은 말도 안 되는 것이다. 소크라테스의 사형은 많은 부분 그가 어그로[5]를 끌었던 탓이 있지만, 원래도 밉상인 놈이 어그로까지 끌어서 더 미워져서 사형을 때린 것, 즉 너 미우니까 죽여 버린다는 것이 바로 당시 민주정의 실태 중 하나였다.

민주주의와 귀족정을 구분짓는 것은 권력이 소수에게 집중되는가 아니면 일반대중에게 있는가 하는 차이이다. 민주주의자란 대중이 어리석고 비열하며 천박하다 할지라도 권력을 나누어 주어야 한다고 말하는 사람이다. 현대의 '민주주의' 개념과 고대 플라톤의 직접 민주정체와 과두, 참주정체는 의미가 다르다. 플라톤은 '혈통에 의해서 계승되는 귀족정'은 부정했으며, 모든 인민은 평등하게 교육받아야 한다고 주장했다. 따라서 플라톤 이론에서의 '철인'은 귀족이라기보다는 능력에 의해서 그 자리를 쟁취한 인간에 가깝다. 플라톤의 주장은 "통치에 적합한 소수가 존재한다."는 것이다. 이는 능력주의(meritocracy)적이고 수호자주의(guardianship)적이다. 플라톤의 정치적 이상은 현대 민주주의 정치체제가 아니라 당 내부 경쟁으로 권력의 향방이 결정되는 중국의 권위주의적 정치체제에 가까운 것이다.

로버트 달[6]에 따르면, 현대 민주주의의 근본 전제는 "모든 인간은 스스로를 통치하는 능력에서 큰 차이가 없다."는 것이며, 여기에서 "모든 이들이 통치에 있어 평등한 권리를 갖는다."는 민주주의의 기본 원리가 뻗어 나온다.

로버트 달은 현대 민주주의가 전문가의 필요성 등에서 능력제적 요소를 받아들인 것은 사실이지만 이러한 전문가의 영역은 어디까지나 민주주의의 핵심 조건 가운데 하나인 "최종적 주권자인 평등한 시민들이 중요한 사안에 관해 적절

---

5) 도발, 골칫거리 등의 뜻을 지닌 영단어 'aggravation'의 속어. 다른 명칭으로는 'hate'라고 부르는 편. 월드 오브 워크래프트에서는 'threat'로 지칭하며, 한국어판에서는 '위협 수준'으로 번역됐다.

6) 로버트 앨런 달(Robert Alan Dahl, 1915년 12월 17일~2014년 2월 5일)은 미국의 정치학자이자 예일 대학교 명예교수이며, 스털링 교수이다. 1940년 예일 대학교에서 정치학 박사학위를 받았다. 그는 미국정치학회 전 회장이며, Manuscript Society 명예회원이다. 1998년에는 하버드 대학교에서 명예법학박사 학위를 받았다.

한 정보를 제공받는 것"을 돕는 데 한정되며, 최종적 결정권은 평등한 시민들이 갖는 것이라고 논한다. 즉, 대의제와 선거를 플라톤적 개량으로 해석하려는 것은 어렵다. 현대 민주주의가 대리인 선출이라는 대의제적 요소를 갖게 된 것은 근대국가의 큰 규모를 아테네식의 직접민주주의가 감당할 수 없었기 때문이다. 예를 들어, 미국의 모든 시민들이 단 30초만 직접 발언한다고 해도 1억 5천만 분의 시간이 걸리기 때문에 시공간적인 제약을 결코 극복할 수가 없으므로 분업의 차원에서 유일한 대안인 대의제가 등장한 것이다. 현대 민주주의는 플라톤적인 '통치에 적합한 소수'를 결코 상정하지 않는다. 누

자료: ko.wikipedia.org

⚙ 그림 8.13 로버트 앨런 달

구도 평등한 성인 시민 가운데 일부는 통치에 적합하지 않다는 이유로 선거권과 피선거권을 박탈당하지 않는다는 점만 보아도 그러하다. 이는 의원내각제-비례대표제 민주주의 국가에서 극명히 드러난다. 사람들은 특정 인물이 '통치에 적합한 소수'라고 믿기 때문에 표를 던지는 것이 아니라 특정 정당의 정책을 선호하기 때문에 그 정당에 표를 던지는 것이다. 현대 민주주의에서 통치의 능력에 있어서의 차이를 인정하는 것은 정신질환이나 연령에 따른 선거권 및 피선거권 제한 정도에 불과하며, 그나마도 후자의 경우 지속적으로 선거권 부여 연령이 낮아지는 추세다.

2010년대에 들어 많이 쓰이는 인용구로 "정치를 외면한 가장 큰 대가는 저질스러운 자들에게 지배당하는 것이다."라는 말이 있다. 21세기 한국 현실을 정확하게 예언한 플라톤의 선견지명이다. 플라톤의 《국가》 1권 347c에서, 소크라테

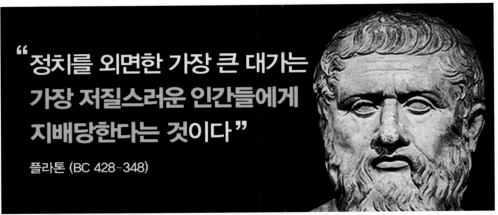

"정치를 외면한 가장 큰 대가는 가장 저질스러운 인간들에게 지배당한다는 것이다"

플라톤 (BC 428~348)

자료: m.todayhumor.co.kr

🔩 그림 8.14 오늘의 유머

스는 "돈이나 명예는 훌륭한 사람들이 지배자가 되기를 승낙하지 않게 할 것일세. 따라서 그들이 지배하길 승낙해야 한다면, 그들에게 처벌이라는 것으로 강제하지 않으면 안되네—이것이 아마 강제당함이 없이 지배를 받게 되는 것을 부끄러운 일로 생각하게 된 까닭인 듯하네—그러나 가장 큰 벌은, 만약 자기 자신을 지배할 생각이 없다면, 자기만 못한 사람의 지배를 받는다는 것일세."라고 한다. 이 문장은 민주주의에서 투표 독려의 격언으로 쓰인다. 그러나 플라톤은 결코 민주주의자가 아니었다. 플라톤의 이상적인 국가는 통치에 적합하고 본질적으로 우월한 소수의 통치 계급, '수호자(guardian)'를 상정하고 이들만이 정치권력을 잡아 다른 모든 열등한 이들의 복리를 증진시키는 방향으로 권력을 행사하는 것이다. 이 격언은 "본질적으로 우월한 소수의 잠재적 수호자들이 통치를 포기하면 저질의 다수 대중에게 지배받는다."는 뜻으로, 반민주적인 의미를 내포하는 금언이다.

이러한 칼 포퍼(《열린사회와 그 적들》의 저자)나 로버트 달(《민주주의와 그 비판자들》의 저자) 등의 관점에 따르면, 플라톤은 열린사회의 적, 수호자주의자이다. 그런데 플라톤의 저작이 희곡 형식의 문학 작품이어서, 플라톤이나 소크라테스의 정치사상에 대해서는 해석이 굉장히 다양하다.

자료: blog.daum.net

그림 8.15 칼 포퍼

③ 철인정치

플라톤은 '철인정치(哲人政治)'를 주창한 것으로 유명한데, '국가론'에 잘 나와 있다. 문제는 이 '철인'은 단순히 '아이언맨', '로봇', '지혜로운 사람'을 뜻하는 것이 아니라, '현상을 초월하는 이데아를 인지할 수 있는 자'를 뜻한다. '이데아'를 인지할 수 있다는 것은 해당 영역에 대한 지식을 소유하고 있느냐의 문제로 이어진다. 물론 '지식의 소유'에 대한 개념도 우리의 일반적인 이해와 상이한 지점들이 많다. 그래서 플라톤은 다수의 저작에서 '의사와 환자의 비유'를 종종 사용하는데, 이러한 비유를 통해 플라톤은 병에 걸려 있는 환자를 치료하기 위해서는 병과 치료에 대한 지식을 소유하고 있는 의사가 필요하다는 것을 역설(力說)하고 있다. 마찬가지로 국가를 다스리는 사람 역시 '정치'에 대한 지식을 소유하고 있는지 여부가 중요하다는 것이다. 따라서 우리가 일상적으로 생각하는 똑똑한 사람이 지배자가 되는 게 철인정치가 아니다. 하지만 플라톤의 '철학자 왕'에 대한 생각은 플라톤의 중기에서 후기로 넘어가는 과정에서 조금 달라진다. '국가(혹은 정체)'로 대표되는 플라톤의 중기 사상에서는 철인왕에 의한 일방향적

자료: blog.daum.net

⚙ 그림 8.16 황제 철학자 마르쿠스 아우렐리우스[7]

인 통치를 주장하지만, 후기 대화편인 '정치가'에서 '법률'로 넘어가면 피통치자에 대한 설득과 소통을 전제로 하고 있기 때문이다. 플라톤의 비유를 그대로 따르자면 환자를 치료하는 데 과연 환자의 설득이 필요한 것인가? 아니면 그렇지 않은가?에 대한 입장의 변화라고 정리할 수 있겠다. 물론 '국가'편에서부터 일관적으로 '철학자 왕(즉, 지식을 소유하고 있으며 영혼이 조화된 상태의 사람)'에 의한 통치를 기본 바탕으로 깔고 있지만 말이다.

---

7) 마르쿠스 아우렐리우스는 로마 제국의 제16대 황제다. 철인(哲人) 황제로 불리며, 5현제 중 한 사람이다. 아우렐리우스의 《명상록》으로 유명한 그 사람이다. 《명상록》은 우리나라에서도 수많은 번역가에 의해 번역됐지만, 서양에서도 최고의 명저로 꼽는다. 그는 정신적 스승이었던 에픽테토스, 세네카와 함께 스토아 학파를 대표하는 철학자이며, 금욕과 절제를 주장하였으며 수많은 명언을 남길 정도로 공부를 많이 하였다. 전쟁터에서 틈틈이 쓴 그의 명상록 12편은 로마 스토아 철학의 대표적인 책으로 일컬어지고 있다. 그는 언제

그가 주장한 철인정치를 자세히 살펴보면 상당히 시대를 앞서간 면모를 보여준다.

- 모든 사람은 평등한 교육의 권리를 가진다.
- 공정한 시험으로 뛰어난 인재를 선발한다.
- 그 뛰어난 인재는 의무적으로 군복무를 거친다.
- 수학, 과학, 음악 등의 집중교육을 받는다.
- 다시 공정한 방법으로 인재를 거른다.
- 너무 이론에 치우칠 수 있으므로 실무경험을 거친다.
- 철학 교육을 받을 자격이 있다고 판단되는 자들에게 철학 교육을 한다.
- 그 중 살아남고 두각을 나타내는 인물들에게 국가의 중대사를 맡긴다(이때가 대략 55세 즈음).

플라톤의 '철학자 왕(philosopher king)'의 개념은 동양에서는 공자의 유교 사상에서 성인 지배자라는 개념과 흔히 유사성을 지적받는다. 유럽 문명이 중국 문명과 본격적으로 접촉을 시작했을 때, 유럽의 사상가들은 중국의 통치 체계에서 이러한 점에 주목하기도 했다.

자료: ko.wikipedia.org

🛠 그림 8.17 아야톨라 호메이니

호메이니가 플라톤의 사상에서 영향을 받았다는 주장이 있다. 즉, 이란 이슬람 공화국의 아야톨라(Ayatollah)[8)]라는 직책이 이러한 '철학자 왕'에 해당한다는 것이다.

나 인정이 많고 자비로워 백성을 널리 사랑하였다. 그의 유명한 저서인 《명상록》에는 철학인으로서의 그의 사상이 잘 나타나 있다.

8) 아야톨라(Ayatollah)는 시아파에서 고위 성직자에게 수여하는 칭호이다. 이슬람 신학에서는 철학, 윤리학 등 최고 전문가들이 갖는 칭호로 꼽힌다.

(4) 소년애와 플라토닉 러브에 대한 오해

플라톤 역시 당대의 트렌드를 따라 여자보다는 남성과의 사랑을 좋아했다. 일반적으로 고대 그리스에서, 운동경기, 전투, 정치, 철학, 수사술과 같은 높은 신분의 활동들은 자유인 신분의 남성들에게 국한되어 있었다. 당시 그리스에서는 성인 남성이 18세 이하의 소년을 애인으로 삼는 문화가 자연스러웠다. 당시에는 잘생긴 소년은 강한 성적 매력을 풍기는 것으로 생각되었지만, 아무리 잘생겼더라도 성인 남성은 성적 매력을 갖지 못하는 것으로 간주되었다.

성인 남성들은 성적 욕망에 이끌려 소년들을 따라다녔다. 성적 욕망의 대상인 소년들은 그 욕망을 공유하지 않는 것으로 생각되었고 그래야만 하는 것으로 기대되었다. 그에 비해 소년 애인은 성인 남성과의 관계에서 물질적 이득, 사회적 성공, 애호, 존경 등의 다양한 연애 동기를 가질 수 있었지만, 성적 욕망이나 쾌락은 앞서 말했듯이 동기로는 받아들여지지 않았다. 물론 그 중에는 성인 남성이 소년의 성적인 욕망을 자극시킬 가능성도 있다. 통상 능동적인 역할의 성인 남성은 erastēs(사랑하는 자)로, 수동적인 역할인 소년은 eromenos(사랑받는 자) 또는 padika(소년 애인)로 지칭하는 것이 당시의 관행이라고 한다. 이런 점 때문에 소년애[9] 관계는 대등하지 않았다.

자료: ko.wikipedia.org

⚙️ 그림 8.18 소년애

---

9) 소년애(少年愛)는 성인 남성과 사춘기 전후의 소년 사이의 연애 관계, 성적 관계이다. 플라토닉 러브적인 것도 있지만, 일반적으로 성적 관계가 전제가 된다.

이러한 소년애 관계는 시민권을 따기 전인 소년에 대한 사회적, 교육적인 기능을 담당하기도 했다. 연애와 교육적인 기능, 그리고 사회적 지위가 결합되어 있다는 점에서 오늘날의 동성애와는 다르다고 할 수 있다. 당시의 소년애는 그리스 사회에 전혀 이상한 일이 아니었다.

오늘날 육체적 사랑과 대비되는 정신적인 사랑을 의미하는 '플라토닉 러브'10)는 플라톤의 이름에서 따왔다. 이를 처음 쓴 사람은 이탈리아 신학자이자, 철학자인 마르실리오 피치노(1433~1499)다. 그는 플라톤 전집을 라틴어로 처음 번역하면서 유럽 전역에 플라톤의 사상을 소개했다. 마르실리오 피치노는 플라톤의 에로스 개념

자료: blog.naver.com

⚙ 그림 8.19 마르실리오 피치노

과 아리스토텔레스, 키케로, 단테의 개념 등을 결합하면서 '플라토닉 러브'라는 개념을 재해석하여 만들어낸다. 그에 따르면 '플라토닉 러브'는 플라톤이 묘사한 사랑이고, 그것은 즉 신의 사랑이었다. '플라토닉 러브'는 마르실리오 피치노의 편지와 그가 주석을 단 《향연》에서 처음 쓰였다. 피치노의 '플라토닉 러브' 개념은 15, 16세기 전반 유럽의 문학에 큰 영향을 끼쳤다.

그러나 문학작품에서 '플라토닉 러브'는 피치노의 철학적인 배경과 분리되고 희석되었다. 또한 플라토닉 러브는 고대 그리스 시대에 시민들 사이에서 보편적으로 이루어졌던 소년애와 맞물리면서 그 의미가 변질되기 시작한다. '플라토닉 러브'는 남자 어른과 소년과의 동성애, '에로스'는 이성애로 오해되었다.

---

10) 플라토닉 러브(platonic love), 플라톤 사랑은 순수하고 강한 형태의 비성적(非性的)인 사랑을 말한다. 플라토닉 러브라는 용어의 의미는 플라톤의 《대화》, 〈향연〉편에서 기원한다. 그것은 사랑의 감정이 어떻게 시작될 수 있는지, 그리고 성적, 비성적 사랑 양쪽 모두 어떻게 관련되는지 설명하고 있다.

영어 플라토닉 러브라는 말이 처음 쓰이게 된 것은 영국의 작가 윌리엄 데버넌트(William Davenant)의 책, 희극《The Platonick Lovers》(1635)이다. 윌리엄은 작품에서《향연》내용을 토대로 덕과 진리 사이에 있는 선(善)에 대한 사랑을 플라토닉 러브라고 주장했다. 이후 플라토닉 러브는 영국 왕실과 상류사회의 중요한 패션 힙스터[11]로 자리 잡는다. 사랑을 육체적인 대상물로 표현하는 것은 저급한 계층에서나 하는 이야기이며, 사랑은 품위가 있어야 하고 고매해야 진정한 사랑이라는 분위기가 퍼진 것이다.

이렇듯이 오늘날 육체적 사랑과 대비되어 쓰이는 '플라토닉 러브'라는 말은 원래의 에로스 어원에서 많이 멀어진 채로 쓰인다고 할 수 있다.

자료: ko.wikipedia.org

⚙ 그림 8.20 플라톤과 그의 제자들

---

11) 힙스터(Hipster)는 아편을 뜻하는 속어 hop에서 진화한 hip, 혹은 hep이라는 말에서 유래했고, 1940년대의 재즈광들을 지칭하는 슬랭이었다. 한 세대가 지난 1990년대 이후, 독특한 문화적 코드를 공유하는 젊은이들을 힙스터라고 부르고 있다.

(5) 대화편

플라톤은 주로 저서를 희곡처럼 대화형식으로 남겼는데, 당시는 지금처럼 철학 논문을 쓰는 법이 정립된 시기도 아니었으며, 스승인 소크라테스의 영향도 큰지라, 플라톤의 모든 저술은 등장인물이 나와서 서로 이야기를 나누면서 논의가 전개되는 형식을 따르고 있다.

제목은 주로 중심이 되는 등장인물의 이름인 경우가 많고 가끔 주제를 담고 있는 것도 있다. 간혹 'XX에 대하여'라는 식으로 부제가 붙어있는 경우도 있는데, 이는 후세 사람들이 붙인 것으로 추정된다.

고대 기록에 플라톤의 저서로 언급되었던 것 중에 현대까지 전해지지 않는 것은 단 하나도 없다. 즉, 플라톤의 저서 전부가 현대까지 온전히 전해졌을 가능성이 매우 높다는 것이다. 하지만 몇몇 저서들은 플라톤 본인이 아닌 다른 사람들에 의해 쓰인 위서[12]로 판명되기도 했고, 아직도 위서인지 여부를 두고 논란이 있는 대화편들도 있다.

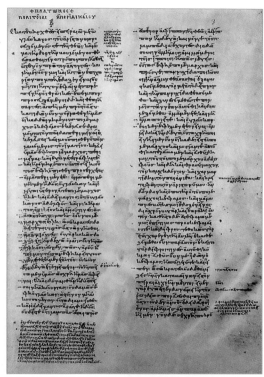

자료: wikiwand.com

⚙️ 그림 8.21 《국가》 또는 《정체》(政體), 플라톤의 철학과 정치학에 관한 주저

---

12) 위서(僞書)는 제작자나 제작 시기 등을 속이고 있는 문서·서적이다. 주로 역사학에서 많이 사용되는 개념으로 옛 역사서 또는 특정 인물이 남긴 문건으로 위장된 책·문건 등을 일컫는다.

현대에는 각 대화편들의 문체와 내용을 분석해 저술 시기를 초, 중, 후기 세 가지로 나눈다. 어떤 대화편들이 어떤 시기에 속하는지에 대해서는 학계에서 약간의 이견은 있지만 대체로 합의가 이루어져 있고, 이 항목에서의 구분도 그에 따랐다.

① 초기 대화편

- 소크라테스의 변론 : 아테네 시민들에게 신성모독으로 고발당한 소크라테스가 법정에서 스스로를 변호하는 내용이 주를 이룬다.
- 크리톤 : 사회계약론적인 내용을 담고 있는 짧은 대화편이다. 크리톤은 소크라테스의 동갑내기 친구였다. 소크라테스가 했다는 '악법도 법이다'라는 말은 이 대화편에 대한 오해에서 나온 말로 추정된다. 이 대화편에서 소크라

자료: blog.naver.com

그림 8.22 《소크라테스의 변론》

테스는 자신이 아테네의 법에 동의했기 때문에 법에 따른 처벌을 받아들이
겠다고 말하지만, 그 법이 악법이라는 말은 전혀 하지 않는다.

- 라케스
- 뤼시스
- 카르미데스 : 카르미데스는 플라톤의 외삼촌이다.
- 에우티프론
- 소 히피아스
- 대 히피아스 : 현대에는 위서로 간주된다.
- 프로타고라스 : 프로타고라스의 '인간은 만물의 척도다'라는 주장이 나오는
  대화편이다. 플라톤은 이를 도덕 상대주의로 여겨 비판한다.
- 고르기아스 : 법률, 국가 다음으로 분량이 많은 대화편이다. 지금은 소실된
  아리스토텔레스의 저작에, 어떤 농부가 이 대화편을 읽고 감명을 받아 자신
  의 일을 그만두고 플라톤에게 배움을 얻고자 아테네에 왔다는 이야기가 있

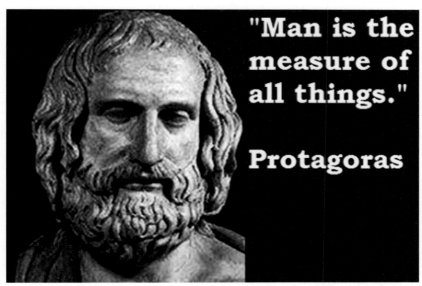

자료: plus.google.com

⚙ 그림 8.23 《프로타고라스》

었다고 한다. 사람들이 죄를 짓는 것은 그 죄가 자기 자신에게 해가 되는 것을 모르기 때문이라는, 흔히 '지덕합일'이라고 표현되는 사상이 드러나 있는 대화편이다.

② 중기 대화편

그 유명한 플라톤의 이데아론이 등장하면서 플라톤의 사상이 형성되기 시작하는 시기의 저작들이다.

- 메논 : 초기와 중기 사이의 과도기적 대화편으로 간주된다. 플라톤 인식론의 중심을 이루는 '상기설'이 등장한다.
- 파이돈 : 소크라테스의 사형 집행 날을 배경으로 한다. 의연하게 죽음을 맞는 소크라테스의 모습이 인상적이며, 소크라테스가 세계 4대 성인 중 하나로 추앙받는 데에 기여한 대화편이라고 할 수 있다. 내용적으로는 소크라테스의 영향에서 벗어난 플라톤의 독자적인 철학이 본격적으로 드러나는 대화편이다. 또한 저승의 존재를 증명할 때, 헤라클레이토스의 주장에서 보이는 것과 같은 방법을 차용한 것이 보인다.
- 국가 : 가장 유명한 대화편. '법률' 다음으로 분량이 많으며, 10권으로 되어 있다. 다른 대화편들의 10배 분량 정도라고 생각하면 된다. 원래 제목은 'Politeia'로, '국가'보다는 '정치 체제'가 맞는 번역이다. 이 대화편에서 묘사되는 이상 국가의 모습은 현대의 관점으로는 전체주의 국가에 가깝다고 할 수 있지만 말이다. 한편으로 그 유명한 '동굴의 비유'13)가 나오기도 하고, 남

---

13) 플라톤을 이야기할 때 가장 빠지지 않는 부분이 이 '동굴의 비유'다. 이것은 《국가》 7권에 나온 이론으로, 대다수의 사람들은 지금 손발이 묶인 채, 그림자가 비치는 환영만을 보며 그렇게 인생을 살아간다. 그러나 삶의 본질은 그렇지 않다. 동굴을 빠져나와서 태양 위의 세상이 본질이듯, 결국 세상의 본질(이데아)은 현재 우리가 보고 있는 것들과 떨어져 있다. 우리는 수갑을 풀고, 용기 있게 동굴을 나와서 태양 아래에 올바른 세상을 봐야만 한다. 올바른 세상 그것이 바로 플라톤이 주장하는 이데아이며, 사물의 본질이라는 점이다. 플라톤은 이 동굴의 비유를 통해 자신의 이데아 이론과 더불어, 수호자가 어떤 자세로 정치를 임해야 하는가를 알려주고 있었다.

⚙️ 그림 8.24 《국가》의 '동굴의 비유'

녀평등사상을 보여주기도 한다.

- 향연 : '국가'와 함께 가장 널리 알려진 대화편에 속한다. 향연에 참석한 사람들이 술을 퍼마시면서 '사랑'을 주제로 이야기하는 내용이다.

- 알키비아데스 Ⅰ : 현대 학계에서 위서 여부를 놓고 논란이 있는 대화편이다. 대체 로 진서로 간주하는 편이지만 그런 논쟁을 떠나서 다른 어떤 대화편과 비교해도 손색이 없는 훌륭한 대화편으로 뽑힌다. '인간 본성에 대하여'라는 부제가 붙어 있다.

- 알키비아데스 Ⅱ : 대체로 위서로 간주된다.

- 파이드로스 : 파이드로스 전반부는 '사랑', 후반부는 '문자 비판'을 주제로 한다.

'문자 비판'의 내용은 꽤 흥미로운데, 사람들이 지식을 익히기보다는 문자로 적어 놓기 때문에 머리를 쓸 일이 적어져 기억력이 후퇴한다고 주장한다. 이야

자료: ephilosophy.kr

🔩 그림 8.25 파이드로스 마차[14]

기가 신 문물에 비판적인 구세대의 꼰대질에 불과한 것이 아니라 의외로 맞는 말일 수도 있는 게, 엄청난 길이를 자랑하는 고대의 '구전' 문학들은 전부 입에서 입으로 전해 내려왔으며, 당시의 시인들에 의해 몇날 며칠에 걸쳐 사람들 앞에서 공연되기도 했던 것들이다. 일리아드, 오디세이아 같은 것들을 전부 외우고 다니는 사람들이 있었다는 이야기다. 따라서 글의 사용으로 옛날만큼 기억력을 사용해야 할 일이 없어지면서 기억력 후퇴를 우려하는 것이 비합리한 것이 전혀 아니었다.

---

14) 소크라테스는 영혼을 마차에 비유한다. 영혼은 한 쌍의 날개 달린 말들과 마부가 합쳐진 능력과 같다. 신들의 말들과 마부는 좋은 혈통을 타고 났지만, 다른 경우는 뒤섞여 있다. 인간의 경우에 두 말 가운데 하나는 아름답고 좋지만, 다른 말은 반대의 성질을 타고 났다. 영혼은 생명이 없는 것들을 돌보면서 우주를 여행한다. 날개가 있는 완전한 상태에서는 높이 날아오르지만, 날개를 잃으면 추락해서 흙으로 된 육체를 취해서 지상에서 거주한다. 육체는 영혼의 능력에 힘입어 자신을 움직일 수 있는데, 영혼과 육체가 결합된 전체는 가사적인 생명체이다. 영혼은 날개의 능력 덕분에 신들이 사는 하늘로 상승한다. 신

그대의 발명품은 배우는 사람들의 영혼에 망각을 불러일으킬 것이오. 사람들은 더 이상 자신의 기억을 사용하려고 들지 않을 테니까. 사람들은 외부에 쓰인 문자들을 믿고 스스로 기억하려고 하지 않을 것이오. 그대가 발명한 것은 기억에 도움을 주는 것이 아니라 단지 기억을 불러일으키는 데 도움을 줄 것이오. 그리고 그대는 그대를 따르는 이들에게 진실이 아니라 진실의 복제품을 주는 셈이고, 사람들은 이것저것 듣는 것은 많아도 정작 배우는 것은 없게 될 거요. 언뜻 보기에는 다 아는 것 같아도 제대로 아는 것은 없게 될 것이오. 그들은 실체 없는 지혜를 과시하는 성가신 사람들이 될 것이오.

자료: twitter.com

🔩 그림 8.26 플라톤의 《파이드로스》에 나온다는 부분[15]

- 에우튀데모스 : 소피스트들의 궤변이 나오는데, 대화가 후반부에 가면 너는 개와 돼지의 형제고 아버지는 수퇘지고 하는 식으로 엉망진창이 된다. 소피스트들을 풍자 혹은 비판하고자 하는 의도를 가진 대화편이다.
- 메네크세노스
- 크라튈로스 : 대체로 중기 대화편으로 간주되지만 후기 대화편으로 볼 수 있는 내용도 담겨 있어서 플라톤이 노년에 일부 내용을 수정한 것으로 추정된

적인 것은 아름답고 지혜롭고 좋은데, 영혼의 날개는 이런 점 덕분에 영양을 취하고 자란다(추하고 나쁜 것들에 의해서는 날개가 줄어들고 사라진다). 소크라테스는 영혼의 마차여행을 소개한다. 신들과 그들을 따르는 다이몬들은 제우스를 선두로 질서 있게 천궁을 여행한다.

15) 문자를 발명한 신 토트(Thoth)에게 문자의 유해성에 대해 꾸짖는 내용인데, 요즘 스마트폰에 대해 우려하는 것과 똑같아서 재미있다.

다. 언어 철학의 기본적인 아이디어들을 담고 있는 대화편이다. 20세기 이전에는 그다지 중요하게 취급되지 않았으나 현재는 언어에 대한 플라톤의 통찰이 빛나는 대화편으로 여겨진다.

③ 후기 대화편

- 파르메니데스 : 플라톤이 본인의 이데아론에 대해 스스로 의문을 제기하는 대화편이다. 중기에서 후기로 넘어가는 과도기적인 대화편으로 간주된다.
- 테아이테토스 : 인식론에 큰 영향을 끼친 대화편이며, 특히 여기서 제시되는 '앎' 개념은 현대 인식론에서도 약간의 수정만 거쳐서 인정되고 있다. 후기 대화편이지만 초기 대화편의 형식을 가지고 있기도 하다.
- 소피스테스 : 줄거리 상으로 테아이테토스의 바로 다음날이 배경이다. 후반부는 존재론에 관한 내용인데 어렵기로 악명이 높다. 현대 존재론의 거장인 하이데거가 그의 저서 존재와 시간에서 인용하는 바로 그 대화편이다.
- 정치가 : 줄거리 상으로 소피스테스의 다음날이 배경이다. 소피스테스에서 등장한 손님과 우리가 아는 소크라테스와 동명이인인 소크라테스의 대화로 이루어져 있다.
- 티마이오스 : 우주론을 다루는 대화편. 일종의 목적론적 우주관을 담고 있는데 고대에서 중세까지 서양인들의 세계관에 엄청난 영향을 끼쳤으며, 라파엘로 산치오의 유명한 그림 〈아테네 학당〉에서 플라톤이 들고 있는 책이 바로 이것이다. 한편, 버트런드 러셀은 그의 저작 《서양철학사》에서 이 티마이오스를 쓸데없는 책이라고 비난한 바 있다.
- 크리티아스 : 극 상으로는 티마이오스와 이어진다. 아틀란티스에 대해 언급하는 최초의 문헌인데, 플라톤은 이상 사회의 모습을 아틀란티스라는 가상의 대륙을 통해 보여주려고 한 것으로 보인다. 하지만 이 대화편은 완성되지 못했고, 내용이 중간에 뜬금없이 뚝 끊겨버린다. 노년의 플라톤이 '법률'편의 저술에 집중하기 위해서 이 대화편의 저술을 포기했다고 보기도 한다.
- 필레보스 : '즐거움에 대하여'라는 부제가 붙어 있다.

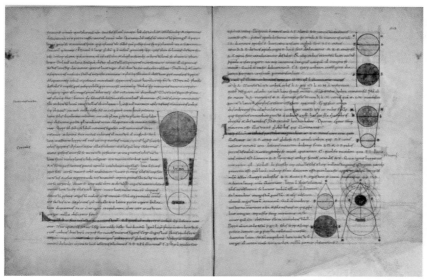

자료: science.posetech.ac.kr

🔩 그림 8.27 《티마이오스》의 10세기 필사본(바티칸 도서관 소장)

• 법률 : 플라톤 최후의 저서이며, 대화편들 중 분량이 가장 많다. 소크라테스
가 등장하지 않는 유일한 대화편이며, 대신 플라톤 자신이라고 볼 수 있는
익명의 아테네인이 등장한다. 플라톤은 이 대화편을 퇴고하지 못하고 죽었
고 플라톤 사후에 한 제자가 출판했다. 즉, 다듬지 않은 초고 상태로 출간된
것이다. 그래서인지 문장이 깔끔하지 못한 경우가 많다. 한때는 위서로 간
주되기도 하였지만, 현대 학계에서는 통상적으로 플라톤의 진본으로 여긴
다. 다만, 국가와는 내용상 다른 점들이 더러 있는데다 국가에 비해 상대적
으로 학자들의 관심을 받지 못해서 어떻게 해석해야 하는지에 대해서는 아
직 학자들 간에 논란이 진행 중이다. 여담으로 이전의 대화편들에서 동성애
묘사가 상당히 많았던 것과는 대조적으로 동성애를 금지해야 한다는 대목
도 나온다. 그런데 이것은 동성애 혐오라기보다는 임신 목적이 아닌 성행위
를 반대한 것에 가깝다. 동성애뿐만 아니라 부부 간의 성행위라도 임신 목

자료: m.blog.daum.net

⚙ 그림 8.28 성교 중인 남녀
　　　　　(기원전 5세기, 항아리 그림)

적이 아닌 성행위는 금지해야 하며, 이를 위해 여자들로 구성된 성행위 감시단)을 만들어야 한다는 주장이 나온다. 지금 보면 매우 황당한 주장이긴 하지만 성행위의 목적에 대한 플라톤 나름대로의 고찰에서 나온 주장이니만큼 마냥 헛소리 취급받을 내용은 아니다.

참고로 현대까지 전해지는 플라톤의 저술 중에는 대화편뿐만 아니라 열세 통의 편지들도 있다. 이 편지들은 플라톤의 생애에 대한 중요한 자료이고, 일부 편지들에는 플라톤이 자신의 철학에 대해 직접적으로 이야기하는 내용을 담고 있기도 하다.

④ 진위 논란

플라톤의 대화편하면 항상 빠지지 않는 것이 진위 논란이다. 이는 플라톤의 대화편뿐만 아니라 고대 서양에서 저작된 작품들은 항상 이러한 논란을 거치는 것이 특징이다. 이처럼 진위 논란이 발생할 수 있는 배경에는 고대의 문화적 상황이 있다. 우선 고대 그리스 당시에 상당한 정도로 위작 유통 시장이 존재했다는 기록이 다수 있다. 갈레노스에 의하면, 저명인사가 저술한 서적뿐만 아니라 편지까지도 도서관들이 비싼 가격에 사들였다고 한다. 저명인사들의 저작들을 입수하려는 알렉산드리아나 페르가몬 등의 도서관이 위작 저술과 유통을 통해 돈을 벌어보겠다는 비양심적 지식인들의 주요 표적이 되었던 것이다.

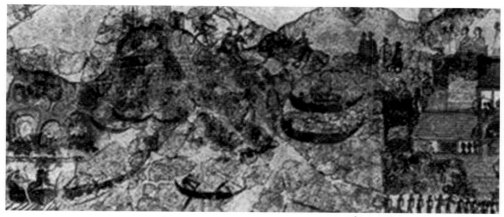

자료: philshot0007.wordpress.com

⚙️ 그림 8.29 아틀란티스[16]

　반면, 그러한 비양심적 행위와 달리 당대 교육 현장에서 이루어졌던 관행도 위작 논란의 한 배경이 될 수 있다. 당시 학교에서 수사학을 배우는 학생들은 어떤 잘 알려진 인물이 쓴 것으로 추정되는 내용의 글을 연습 삼아 써 보는 일이 비일비재했고, 그 중에는 교사들도 자신의 이야기를 어떤 위대한 인물의 이름에 실어 큰 고민 없이 개진했고 공표하던 관행이 있었다. 이런 식의 악의 없는 위작들이 일정한 시간이 흐르고 우연히 남겨져 후대인들을 오해시킬 여지가 있었을 것이다.

　다만, 이러한 진위 논란을 어떻게 바라볼 것인가는 또 다른 논란이 될 수 있다. 진위 논란의 대상인 한 대화편을 플라톤의 것인가 아닌가 하는 것은 그 함축과 파장이 매우 크다 할 것이다. 그러나 다른 한편으로는 진위 문제에 지나치게 매

---

16) 아틀란티스에 대한 관심은 플라톤이 아틀란티스를 최초로 언급한 이후, 2000년이 지난 지금도 많은 관심의 대상이 되어 왔으며, 이 신비한 대륙에 대한 연구는 멈추지 않고 오히려 더욱 증대되고 있다. 아틀란티스는 신비한 대륙으로, 포세이돈의 장남인 아틀라스(아틀란트)가 이 땅을 최초로 다스리게 되어 '아틀란티스'라 명명되었다. 아틀란티스는 어떻게 보면 신화상으로만 존재하는 대륙이라 할 수 있을 것이다. 이유는 아틀란티스의 존재에 대한 명확한 증거가 없기 때문이다.

달리다가 플라톤의 대화편들이 담고 있는 가치 있는 내용들이 제대로 음미될 기회가 줄어든다면 그것 역시 바람직한 일은 아닐 것이다.

(6) 평가

플라톤은 소크라테스보다 피타고라스나 파르메니데스에게서 영향을 더 많이 받았다. 변화하는 것은 가짜고, 불변하는 초월적 존재만이 진짜 존재(실재)하는 것이라는 존재론을 플라톤이 계승했고, 이것이 향후 서양철학과 중세신학의 기본 틀이 되었다. 중세 초기 기독교 신학은 플라톤의 철학에 상당한 영향을 받았다. 때문에 플라톤적 형이상학과 유대교적 유일신 사상의 융합이 신학의 시초라 해도 크게 틀린 말이 아니다. 그래서 화이트헤드는 "지난 2000년 동안 서양철학은 플라톤에 대한 일련의 각주에 불과하다."라고 말한 것이다. 물론 스피노자나 쇼펜하우어, 니체 등의 예외는 있지만, 스피노자도 데카르트의 철학에서 출발한 인물이고, 쇼펜하우어와 니체는 기존 서양철학에 대한 반동과도 같기 때문에 모두 플라톤의 영향에서 벗어나지 못한다.

2600년의 역사를 자랑하는 서양철학사에서, 가장 중요한 인물로 항상 첫 손에 꼽히는 사람이 바로 플라톤이다. 플라톤의 이데아론을 통해 서양철학사를 상징

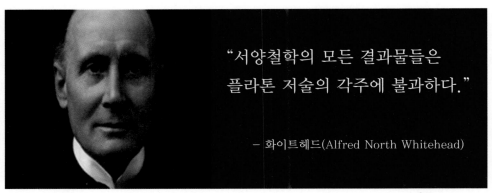

"서양철학의 모든 결과물들은 플라톤 저술의 각주에 불과하다."

– 화이트헤드(Alfred North Whitehead)

자료: creven.org

⚙ 그림 8.30 화이트헤드의 서양철학 평가

하다시피 하는 세부철학인 관념론이 탄생하게 되었고, 이러한 관념론을 신(神)의 입장에서 연구한 것이 중세철학이며, 인간의 입장에서 연구한 것이 근대철학이고, 부정하려 하는 것이 현대철학이다. 때문에 그의 철학적 업적과 영향력은 이루 말할 수 없을 지경이다.

2. 이마누엘 칸트

(1) 개요

이마누엘 칸트(Immanuel Kant, 1724년 4월 22일~1804년 2월 12일)는 근대 계몽주의를 정점에 올려 놓았고, 독일 관념철학의 기초를 놓은 프로이센의 철학자이다.

칸트는 21세기의 철학에까지 영향을 준 새롭고도 폭 넓은 철학적 관점을 창조했다. 그는 또한 인식론을 다룬 중요한 저서를 출간했고, 종교와 법, 역사에 관해서도 중요한 책을 썼다. 그의 탁월한 저서 중 하나인 《순수이성비판》은 이성 그 자체가 지닌 구조와 한계를 연구한 책이다. 이 책에서 칸트는 전통적인 형이상학과 인식론을 공격하고 있으며, 칸트 자신이 그 분야에 공헌한 점을 부각시키고 있다. 그가 만년에 출간한 다른 주요 저서에는 윤리학을 집중적으로 다룬 《실천이성비판》과 미학, 목적론 등을 연구한 《판단력비판》이 있다.

자료: ko.wikipedia.org

그림 8.31 이마누엘 칸트

그는 종래의 경험론 및 독단론을 극복하도록 비판 철학(批判哲學)을 수립하였다. 인식(認識) 및 실천(實踐)의 객관적 기준을 선험적(先驗的) 형식에서 찾고, 사유(思惟)가 존재(存在)를, 방법(方法)이 대상(對象)을 규정한다고 하였다. 도덕의 근거를 인과율이 지배하지 않는 선험적 자유의 영역에서 찾고, 완전히 자율적이고 자유로운 도덕적 인격의 자기 입법을 도덕률로 삼았다.

  그는 도덕적 인격을 목표로 하면서도 자의적(恣意的)인 '한 사람의 의욕과 다른 사람의 의욕이 자유의 보편원칙에 따라 합치될 수 있는 여러 조건'을 법이라 생각하였다. 칸트에게 내적 자유의 실현 수단인 법은 외적 자유를 제한하는 강제를 본질로 한다는 점에서 도덕과 엄격히 구별되었다. 칸트는 다른 한편으로 국가에 대해서 계약설의 입장을 취했는데, 그는 국가계약을 역사적 사실 같이 취급한 계몽기의 사상을 발전시켜서 이것을 국민주권을 위한 이론적 요청으로

자료: gdlsg.tistory.com

🛠️ 그림 8.32 국제연맹 탄생을 제안

파악하였다. 또한 칸트는 국가 간의 전쟁을 하지 않는, 영구(永久) 평화를 어떻게 실현할 수 있을지에 대하여 책을 썼다. 그는 전쟁으로 인해 생긴 문제점을 전쟁이 끝난 뒤에 조정하여 해소하는 제도가 필요하다고 생각했고, 그 제도의 내용은 국제법의 개념에 근거한 국제연맹이어야 한다고 제안하였다.

(2) 생애

1724년 프로이센의 상업도시 쾨니히스베르크(현재의 러시아 칼리닌그라드)에서 수공업자인 아버지 요한 게오르크 칸트(Johann Georg Kant)와 어머니 안나 레기나(Anna Regina) 사이에서 태어났다. 그는 11명의 자녀 중 넷째로 태어났다(11명의 자녀 중 어른 될 때까지 살아남은 사람은 5명뿐이었다). '에마누엘'(Emanuel)이란 이름으로 세례를 받았으며, 히브리어를 공부한 후에 그는 자신의 이름을 '이마누엘'(Immanuel : 하느님이 우리와 함께 계시다)로 바꾸었다. 그는 삶을 통틀어서 쾨니히스베르크로부터 100마일보다 더 멀리 떨어진 곳으로 여행한 적이 결코 없다. 그의 아버지인 요한 게오르크 칸트(Johann Georg Kant, 1682~1746)는, 당시 프로이센에서 가장 북쪽에 위치한 도시인 메멜로부터 이주한 독일인 마구(馬具) 제작자이었다. 그의 어머니인 느 레기나 도로시아 류터(née Regina Dorothea Reuter, 1697~1737)는, 뉘른베르크에서 태어났다. 칸트의 할아버지는 스코틀랜드에서 동프로이센으로 이주한 사람이었으며, 그의 아버지는 여전히 가족의 성을 스코틀랜드식('Cant')으로 적곤 했다. 어렸을 때 칸트는 돋보이지는 않았으나 성실한 학생이었다. 그는 경건주의를 따르는 가정에서 성장했다. 기독교의 경건주의는 종교적인 헌신과 겸손함 그리고 성경을 문자 그대로 해석하는 것을 강조하였다. 그 결과로 칸트가 받은 교육은, 수학과 과학보다는 라틴어와 종교 훈련을 우선시하였고, 엄격하고 가혹하며 훈련을 강조하는 것이었다.

칸트의 부모는 청교도적 생활을 하였으며, 이는 유년시절의 칸트에게 깊은 영향을 끼친 것으로 전해진다. 칸트는 1732년 어머니와 친분이 있던 신학자 슐츠가 지도하던 사학교 프리드릭스 김나지움에 입학하고 1740년에 졸업했다. 같은

자료: blog.daum.net

⚙ 그림 8.33 쾨니히스베르크 대학의 옛 풍경

해에 쾨니히스베르크의 대학에 입학하여 철학과 수학을 공부했는데, 특히 마르틴 크누첸(Martin Knutzen)에게 논리학과 수학을 지도 받은 것으로 알려져 있다. 이후에도 자연과학에 관심을 갖고 아이작 뉴턴의 물리학에 매료되었다.

후대의 전기 작가의 기록에 의하면, 칸트는 1746년《활력의 진정한 측정에 관한 사상》(Gedanken von der wahren Schätzung der lebendigen Kräfte)이라는 졸업논문과 함께 대학을 졸업했으나, 아버지가 사망함에 따라 학자금과 생계유지를 위해 수년에 걸쳐 지방 귀족가문의 가정교사 생활을 하면서 홀로 철학연구를 계속했다고 한다. 그러나 칸트는 곧 대학으로 돌아왔으며 1755년 6월 12일,《일반자연사와 천체이론》(Allgemeine Naturgeschichte und Theorie des Himmels)이라는 논문으로 박사학위를 받음과 동시에《형이상학적 인식의 으뜸가는 명제의 새로운 해명》(Principorum primorum cognitionis metaphysicae nova dilucidatio)이라는 논문으로 대학에서 강의를 할 수 있는 자격을 얻었다. 이후 대학에서 일반논리학, 물리학, 자연법, 자연신학, 윤리학 등 여러 분야의 주제로 강의했다.

자료: pre.bookcube.com

⚙️ 그림 8.34　1770년 당시의 쾨니히스베르크 대학

1756년 크누첸이 사망하자 그의 후임으로 교수직을 얻으려 노력했지만 성과를 거두지 못했다. 그렇지만 1764년 프로이센의 교육부에서 제공한 문학 교수자리를 거절할 정도로 철학교수직을 갈망했다. 18세기까지도 수학과 물리학은 자연철학으로 간주되어 철학의 영역에 속했다. 1766년에는 생활비를 충당하기 위해 왕립도서관의 사서로 취직하여 1772년까지 근무하기도 했다. 그사이 칸트는 원하던 대로 쾨니히스베르크 대학[17)의 철학교수직을 얻게 되는데, 이때 발표한 교수취임논문(1770년)은 칸트 비판 철학의 시작을 알리는 저술로 평가되고 있다.

　10여 년간의 철학적 침묵기를 거친 후 칸트는 1780년대에 일련의 중요한 저서, 즉 에세이 《계몽이란 무엇인가? 라는 물음에 대한 답변》(Beantwortung der Frage: Was ist Aufklärung?, 1784), 《윤리 형이상학의 정초》(Grundlegung zur

---

17) 칸트는 1770년 46세가 되어서야 쾨니히스베르크대학 논리학, 형이상학 강좌 담당 정식 교수로 임명되었다.

Metaphysik der Sitten, 1785),《자연과학의 형이상학적 기초》(Metaphysische Anfangsgründe der Naturwissenschaft, 1786)를 잇달아 발표하면서 점점 명성이 올라갔다. 그리고《순수이성비판》(초판: 1781년, 재판: 1787년),《실천이성비판》(1788), 그리고《판단력비판》(1790)에서 그의 비판철학의 정수를 선보였다. 눈부신 학문적 성취와 더불어 1786~1788년에는 쾨니히스베르크 대학의 총장에 선출되는 영예를 누렸다.

칸트는 한 번도 쾨니히스베르크를 떠나지 않았으며, 알려진 것처럼 규칙적인 일상생활을 영위하면서 강의와 사유에 전념했다. 다만, 1792년에 논문출판과 검열을 두고 학부 관리처와 작은 의견 충돌이 있었던 것으로 전해진다. 문제의 논문은《인간본성에 있어서의 근본악에 관하여》(Vom radikalen Bösen in der menschlichen Natur)란 제목으로서 당시의 계몽주의 사상과 종교에 관한 칸트의 솔직한 견해가 대학 관리처로부터 경고를 받은 것으로 전해지고 있다.

자료: m.blog.naver.com

⚙️ 그림 8.35 규칙적인 생활을 영위한 칸트

평생 독신으로 살며 커피와 담배를 즐겼던 칸트는 1804년 2월 12일 새벽 4시, 80세를 향년으로 생을 마감한다. 그가 마지막으로 "그것으로 좋다(Es ist gut)." 라는 말을 남겼다.

(3) 칸트 철학

칸트는 18세기 철학에 있어 가장 절대적인 영향력을 끼친 인물로 평가 받는다. 실제로 칸트 이전의 철학과 이후의 철학은 차이를 보인다. 이것은 칸트가 초감각적인 세계를 논하는 기존의 형이상학과는 다른 '학문으로서의 형이상학'의 체계를 세우려고 했으며, 그러한 체계의 근거가 되는 인식론을 연구하여 합리주의와 경험주의의 문제점을 지적하면서 인식론에 바탕을 두고 두 사상의 한계에서 벗어난 철학을 하려고 시도했기 때문이다. 칸트가 말하는 '학문으로서의 형이상학'은 인식론에 근거를 두고 이성이 이성 자신을 비판하는 철학이다.

① 비판 철학

자료: blog.naver.com

⚙️ 그림 8.36 칸트의 묘비

칸트의 철학이 비판 철학이라 불리는 이유는 무엇보다도 그의 세 가지 저서 《순수이성비판》, 《실천이성비판》, 《판단력비판》에서 연유한 것으로 볼 수 있다. 이들 책의 제목 끝에 붙인 '비판'이라는 개념은 칸트가 과거의 철학을 비판적 연구 분석한 것으로 이해될 수 있으며, 또한 칸트는 이러한 측면에서 스스로의 철학을 '비판 철학' 이라고 불렀다. 칸트가 이러한 비판 철학을 펼치게 된 데에는, 뉴턴의 자연과학과 루소의 철학, 그리고 인간의 인식능력에 대한 흄의 회의를 받아들인 점이 크게 작용하였다.

> "머리 위의 별들이 반짝이는 하늘과 마음속의 도덕 법칙을
> 우리가 더 자주 그리고 더 꾸준히 생각할수록,
> 언제나 새롭고 크게 감탄하고 두렵고도 공경하는 감정이 마음을 가득 채운다."
>
> -《실천이성비판》의 결론으로, 칸트 묘비에 새겨진 구절
>
> "Two things fill the mind with ever new and increasing admiration and awe,
> the oftener and the more steadily we reflect on them:
> the starry heavens above and the moral law within."
>
> - Immanuel Kant(1724~1804),《The Critique of Practical Reason》

세 권의 저서 내용을 요약한 질문과 각 책이 다룬 영역은 다음과 같다.
- 《순수이성비판》(1781년) : 나는 무엇을 어떻게 알 수 있을까? - 인식론
- 《실천이성비판》(1788년) : 나는 어떻게 행동해야 하나? - 윤리학
- 《판단력비판》(1790년) : 나는 무엇을 바랄 수 있나? - 미학

② 인식론

17~18세기 철학의 인식론은 크게 합리주의와 경험주의로 나뉘었다. 여기서 합리주의는 인간이 본래부터 지닌 선험적 이성을 중시하였고, 경험주의는 인간이 경험함으로써 지식을 얻는 귀납법을 중시하였다. 합리주의의 방식은 "백마는 희다."와 같이 술어가 주어의 개념에 이미 포함되어 있는 분석판단을 하므로, 지식을 확장해 나가는 데 크게 도움이 되지 못하였고, 경험주의의 방식은 귀납적인 방법을 강조하며 종합판단을 한 나머지 진리의 필연성을 찾는 데 한계를 드

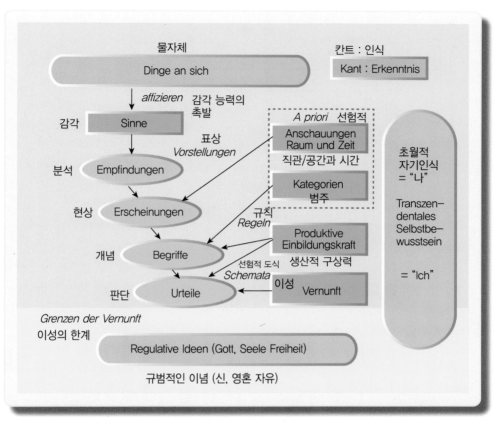

자료: wikiwand.com

🔩 그림 8.37 칸트의 인식론의 선험적 도식

러내었다. 여기서 칸트는 이 두 사상을 통합한 선험주의를 주장하였다. 즉, 지식의 보편성과 필연성을 인정하면서도 인식을 확장하는 '선험적(선천적: a priori) 종합판단'을 긍정하였다.

칸트는《순수이성비판》에서 인간의 이성이 지닌 한계를 지적하면서 인간 인식에 선험적 형식을 도입하는 이른바 '코페르니쿠스적 전환'(Kopernikanische Wendung)을 시도하였다. '코페르니쿠스적 전환'이란 인간이 대상을 있는 그대로 인식하는 것이 아니라 인간의 인식이 대상의 관념을 만들어낸다는 생각이다.

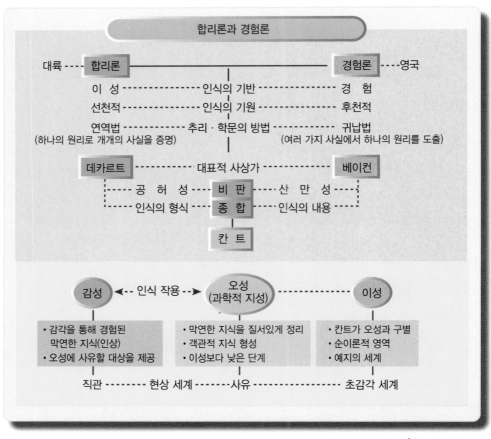

자료: ebiz114.net

🔩 그림 8.38 칸트의 사상

쉽게 말하면 인간은 대상이 있는 대로 아는 것이 아니라, 아는 대로 그 대상이 있다고 믿는다는 것이다. 따라서 칸트에게 진리는 주체의 판단형식에서 찾아야 하는 무엇이다.

　칸트의 인식론은 감성을 통해 얻은 감각을 범주를 사용하여 지성(Verstand: 오성)으로 인식하고, 초경험적인 것은 이성으로 인식한다는 것이다. 감성은 어떤 물자체[18]를 지각하는 능력이며, 범주는 이러한 감각을 인식하게 하는 하나의 틀이다. 따라서 감성과 지성은 인간이 지각하는 데 있어 없어서는 안 되는 필수적인 요건인 셈이다. 여기서 칸트는 인간이 사물을 인식하는 데 시간과 공간 값이 필요하다고 본다. 구체적인 연장과 존재하는 시간이 없으면 우리는 인식을 할 수 없다고 보았기 때문이다. 다만, 감정과 같은 것은 공간 값은 없지만 시간 값만 있는 것으로 보았다.

칸트는 저서 《순수이성비판》에서 초경험적인 것을 이성으로 알려고 하는 것을 비판하였다. 가령 신의 존재를 증명하려는 존재론적 증명 등을 비판하여 여러 형이상학적인 사상들을 배격하고자 하였다. 이 말은 형이상학의 영역이 거짓이라는 것이 아니라, 우리가 인식할 수 없는 것으로, 어떤 형이상학적 명제가 참인지 거짓인지는 알 수 없다는 것이다. 또한 칸트는 인간의 지성(Verstand)이 사물의 현상을 분류, 정리할 수 있으나, 그 현상 너머에 숨은 본질에는 이를 수 없다고 보았다. 인간은 사물의 본질이나 신에 해당하는 물자체를 인식할 수 없는 것이다. 따라서 칸트에 따르면, 기존의 형이상학은 인간이 인식할 수 없는 초감각적이고 초경험적인 것을 인식의 범주 안으로 끌어들이는 오류를 저지른 것이다. 칸트는 형이상학이 그런 오류에서 벗어나 이성의 인식체계에 대한 학문이 되어야 한다고 생각했다. 하지만 칸트는 형이상학적인 신, 영혼들의 존재를 도덕을 다루는 과정에서 다시 요청하게 된다.

③ 윤리학

칸트는 윤리학을 연구하면서, 주관적인 감정이나 상황에 따라 '차이가 나는' 도덕이 아니라 모두가 인정할 수 있는 '보편적이고 객관적'인 도덕을 추구하였다. 모두가 합리적이고 타당하다고 생각하는 도덕을 지키는 것이 옳다고 생각

---

18) 물자체(物自體, 독일어: Ding an sich, 영어: thing-in-itself) 또는 누메논(Noumenon)은 칸트철학의 기본개념으로, 감각의 사용과 독립적으로 알 수 있는 사물 또는 사건을 말한다. '물자체=누메논'과 대비되는 개념은 '현상=페노메논'(phenomenon)이다. 플라톤 철학과 비교하자면, 물자체는 이데아에 해당한다.

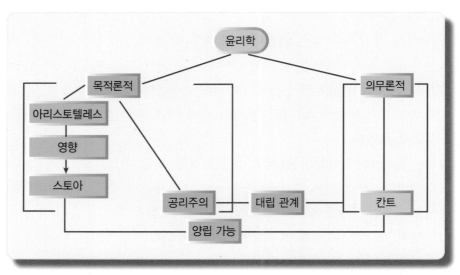

자료: blog.daum.net

그림 8.39 칸트의 윤리학

했기 때문이다. 이러한 도덕을 도덕법칙이라고 부르는데, 칸트는 인간은 자신의 감정에 따라 선을 베푸는 것은 옳지 않다고 보았다. 여기서 칸트는 인간은 마음속에서 충동과 도덕이 투쟁한다고 보았다. 즉, 옳고 그른 일을 하는 것에 대해서 인간의 마음속에서는 충동과 도덕심이 투쟁을 하며, 도덕이 이기면 선한 행동을 하고 충동이 이기면 그른 일을 하게 된다고 보았으며, 그렇다고 도덕이 충동을 없애 버려서는 안 된다고 하였다.

칸트는 행위의 '결과'보다는 행위의 '동기'를 중요하게 생각했다. 그는 어떤 결과를 얻거나 어떤 목적을 달성하려는 '수단으로서의 명령'이 아니라, 명령 그 자체가 목적인 '무조건적인 명령'을 도덕법칙으로 제시하였다. 다시 말하면, 때와 장소에 따라 달라지는 조건적인 가언(假言) 명령이 아니라, 어떠한 상황에서라도 무조건 따라야만 하는 의무로서의 명령인 정언(定言) 명령을 내세운 것이다.

칸트에 따르면, 누구나 어떤 조건에서든 따라야만 하는 정언 명령은 다음의 두 가지를 들 수 있다.

도덕적인 행동의 실천

도덕적인 행동은 정언 명령을 따를 때 가능

정언 명령	가언 명령
✔ 도덕적 명령에서 출발	✔ 실용적 명령에서 출발
✔ "～하라", "～해서는 안 된다"	✔ "～를 원하다면 ～를 해라"
✔ '정언'이란 조건이 없다는 뜻	

정언 명령의 전제조건 ➡ 인간을 수단이 아닌 목적으로 대함

칸트의 존중 ➡ 인간 그 자체에 대한 존중

자료: blog.naver.com

🔧 그림 8.40 칸트의 정언 명령

첫째 명령은, "네 의지의 준칙(격률)이 언제나 동시에 보편적 입법의 원리가 될 수 있도록 행위하라."이다. 이 말은 쉽게 말해, 누구든지 어떤 행동을 할 때는 스스로 생각할 때 다른 모든 사람이 그와 같은 행동을 해도 괜찮다고 생각되는 행동을 해야 한다는 뜻이다.

둘째 명령은, "너 자신과 다른 모든 사람의 인격을 언제나 동시에 목적으로 대우하도록 행위하라."이다. 칸트는 당시 유럽에서 유행하던 자연론적인 인간관을 반대하였다. 인간이 자연법칙의 지배를 받는다고 본 자연론적인 인간관을 부정하면서, 그는 모든 인간의 평등한 존엄성을 강조했다. 칸트에 따르면, 인간에게는 '도덕 법칙'이 있다는 것이다. 인간은 절대적인 가치를 지닌 인격체로서, 다른 목적을 위한 수단이 아니라, 그 '자체가 목적'이며 그에 합당한 존엄한 대우를 받아야 한다고 했다.

(4) 영향과 비판

① 영향

　서양 사상에 대한 칸트의 폭넓은 영향은 헤아릴 수 없는 정도이다. 특정한 사상가에게 준 구체적인 영향을 넘어서, 칸트는 그가 살았던 시대에서부터 지금까지에 이르는 철학연구가 칸트 이전으로 돌아갈 수 없을 정도로 철학의 틀 구조를 바꾸었다. 달리 말하면, 그는 패러다임의 전환(paradigm shift)을 이루었다. 이러한 전환은 공리주의에서 후기 칸트학파의 사상에 이르는 혁신과 밀접하게 연관된 채로 철학과 사회과학, 인문학 분야 모두에서 유지되었다.

　"칸트의 '코페르니쿠스적 전환'은 우리의 지식에 대한 연구의 중심에서 인간 주체 또는 아는 사람으로서의 역할을 담당하고 있다. (이와 같은 전환이 없다면) 우리는 우리와 아무 상관없는 사물 자체와 우리에게 그 사물이 어떤 것인지에 대해서 철학적으로 설명할 수 없다."

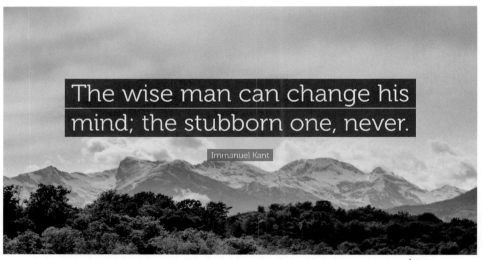

자료: wopen.net

🔧 그림 8.41 칸트의 영향은 패러다임의 전환

칸트의 생각은 그 전부 또는 일부가 이후에 각기 다른 주장을 펼친 학파들에게서 드러나고 있다. 독일 관념론, 실증주의, 현상학, 실존주의, 비판 이론, 언어철학, 구조주의, 후기 구조주의, 해체주의가 그러한 예이다. 칸트의 영향은 사회과학과 행동과학에서도 나타나는데, 막스 베버의 사회학과 장 피아제의 심리학, 그리고 노암 촘스키의 언어학을 예로 들 수 있다. 칸트가 패러다임을 철저하게 바꾸었기 때문에, 특별히 칸트의 저서나 칸트의 용어를 언급하지 않는 학자들까지도 칸트의 영향에서 벗어날 수 없었다.

그의 생애 동안에, 그의 사상은 상당한 주목을 받았다. 그는 1780년대에서 1790년대까지 라인홀드, 피히테, 셸링, 헤겔, 노발리스에게 영향을 끼쳤다. 칸트의 이론적이고 실천적인 글쓰기에 영향을 받아 일어난 철학 운동은 독일 관념론으로 알려졌다. 예를 들어, 독일 관념론자인 피히테와 셸링은, 전통적으로 '형이상학'에 포함되었던 '절대적인 것', '신', '존재'와 같은 개념을 칸트 비판 철학의 영역으로 옮기려고 시도하였다.

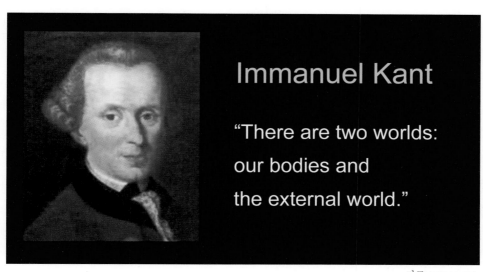

자료: wopen.net

🔩 그림 8.42 칸트 철학에 대한 비판

② 비판

칸트가 살아있을 당시부터 칸트 철학에 대한 비판과 반발이 있었다. 칸트는 이성의 능력과 종교를 모두 비판했고, 이러한 비판은 당시에 이성을 신뢰하던 철학자나 종교를 믿던 종교인에게는 매우 불만스러운 것이었다.

③ 제자가 바라본 칸트

칸트의 제자 요한 헤르더는 그의 스승에 대해서 다음과 같이 평가한다.

"사고를 위한 이마는 침착한 유쾌함과 기쁨의 자리였다. 말에는 풍부한 사상이 넘쳐흘렀고 농담과 재치가 장기였다. 알만한 가치가 없는 것에 대해서는 무관심했다. 어떤 음모나 편견 그리고 명성에 대한 욕망도, 진리를 빛나게 하는 것에서 그가 조금이라도 벗어나도록 유혹하지 못했다. 그는 다른 사람들로 하여금 스스로 생각하도록 부드럽게 강요했다. 내가 최고의 감사와 존경을 다해 부르는 그의 이름은, 이마누엘 칸트이다."

(5) 업적

경험론과 합리론이 치고 박고 싸우던 18세기 유럽 철학계를 평정한 거인이다. 실제로 칸트 이전 세대에는 경험론과 합리론의 구분이 없었다. 같은 경험주의론자인 여러 영국 철학자조차 자신들이 같은 학파에 들어간다는 것에 대해 동의하지 않았으며, 오히려 자신들을 플라톤 학파 혹은 아리스토텔레스 학파라고 지칭하였다.

이러한 학파의 구분은 칸트 이후, 정확히 말해서는 칸트[19]에 대한 연구가 극

---

19) 칸트는 가장 위대한 철학자로 손꼽히는 독일 출신의 철학자이다. 서양 근세 철학의 전통을 집대성하고 비판 철학을 탄생시켰으며, 독일 관념 철학의 기초를 세웠다.

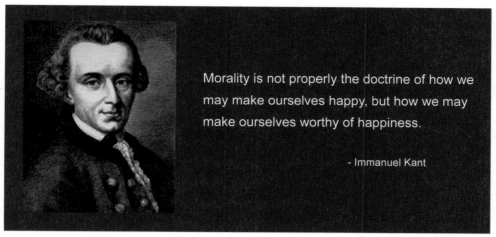

자료: wopen.net

🔧 그림 8.43 칸트 업적

에 달하던 18세기 후반 19세기 초에 와서야 정립되었다. 바꿔 말하면 칸트는 《순수이성비판》이라는 책 하나로 17~18세기 존재하던 모든 영국, 대륙 철학자들을 단 두 개의 학파로 양립시키고 그들이 대립하던 본질적인 문제를 파악한 후 이를 자기 나름대로의 방식으로 풀어낸 대단한 인물이다. 근대 철학은 칸트 전과 후로 나뉜다는 얘기나 칸트를 모든 강들이 흘러들었다가 다시 갈라져 나가는 호수로 비유한 것도 다 이 때문이다.

뿐만 아니라 근대적인 의미의 윤리와 도덕에 대한 체계적인 논의도 칸트에서부터 시작됐다. 인간이 지켜야 할 의무론적 윤리란 무엇이며 무엇이 옳고 그른 것인지 체계적인 인식론과 실천이성 구분을 통해 그 구조를 펼쳐보였다. 칸트가 인식론뿐만 아니라 근대 윤리학의 시작을 알렸다고 봐도 될 듯하다. 게다가 판단력 비판을 통해 인간의 미학 인식까지 구분과 과정을 설명하기를 시도했다. 칸트가 인류 지식 세계에 공헌한 바는 이렇듯 어마어마하다.

칸트가 나타나고 나서야 비로소 철학이 하나의 학문으로 완성되었다는 설도 있다. 칸트 이전까지 철학은 다분히 주관적이면서 고답적인 수준에 머물러 있었는데 칸트가 인식론과 윤리론, 미학론을 펴면서 철학이 객관적인 학문으로 완성되었다고 한다. 칸트 이전에는 그냥 "내가 이렇게 생각하니까 이렇다."는 식의 철학이 계속 이어져 내려오다가, 그냥 말만 늘어놓다가 칸트가 방대한 논리와 자료로 치밀한 철학 세계를 완성하면서 이후 형이상학 발전과 완성에 크나큰 영향을 끼쳤다는 얘기다. 물론 칸트 이전의 철학을 연구하다 보면 큰일 날 소리긴 하지만. 저명한 철학자 R. 샤하트는 "칸트 이전의 철학자들을 불완전하게 이해해도 근대 철학 이해에 큰 지장은 없지만, 칸트를 불완전하게 이해하면 근대 철학을 이해할 수 없다."라고 말했을 정도다.

그 스스로 "데이비드 흄의 책을 읽고 미망에서 깨어났다."고 말하기도 했다. 자칫 어렵게 들리는 이 말은 그냥 흄과 칸트 모두 오직 인간이 경험할 수 있는 범위 내로 철학의 탐구 범위를 좁히자는 데에 동의한다는 말이고, 이 점에서 그는 경험론자와 닮았다. 그래서 칸트의 이 고백은 "경험적인 것, 혹은 수학적인 것이

자료: m.blog.naver.com

⚙ 그림 8.44 데이비드 흄

아닌 모든 책은 불태워 버리라."는 흄의 말과 상통한다. 기존의 형이상학이 완전히 쓸모없다는 데서 칸트는 흄과 완전히 일치한다. 그래서 현대 영미 형이상학에서 흄은 형이상학에 대한 회의주의자로 자주 다루어지지만 칸트는 그다지 다루어지지 않는다.

다만, 그는 이와 같은 경험적인 범위 내로 철학의 탐구 범위를 좁히면서도 흄의 방식의 탐구를 반드시 따라가지 않았다. 더욱 구체적으로 칸트는 경험을 통해서 얻게 되는 지식이 아니라 바로 그 경험을 가능하게 할 원칙이 무엇일지를 탐구했다. 흄의 경험론은 모든 경험이 공유하는 어떤 일반적인 성질, 이를테면 어떤 대상이든지 그것에 대한 나의 관념(idea)은 나의 인상(impression)에서 기인한다는 것에 주목하는 반면, 칸트는 모든 경험이 가져야만 할 어떤 형식에 주목한다. 이처럼 그는 경험론적인 틀 내에서 합리론적인 정신을 가지고 세계를 탐구하였다고 볼 수 있기에 굳이 도식적으로 말하자면 경험론과 합리론자의 종합을 보여주었다고 평가할 수 있겠다. 하지만 흄이 자신의 주장에 대한 칸트의 대응에 동의했을지는 알 길이 없다. 칸트는 흄을 알았지만 흄은 칸트를 몰랐는

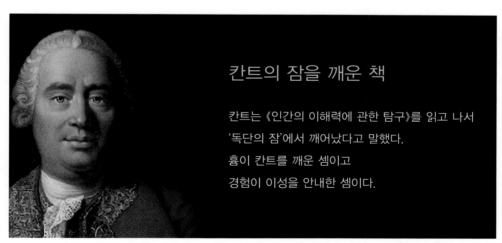

칸트의 잠을 깨운 책

칸트는 《인간의 이해력에 관한 탐구》를 읽고 나서
'독단의 잠'에서 깨어났다고 말했다.
흄이 칸트를 깨운 셈이고
경험이 이성을 안내한 셈이다.

자료: commbooks.com

⚙ 그림 8.45 칸트의 잠을 깬 데이비드 흄

자료: factmyth.com

🔧 그림 8.46 칸트 vs 흄 – 흄의 포크

데 흄이 세상을 떠났을 때가 1776년으로《순수이성비판》이 출판되려면 5년이 더
지나야 했기 때문이다.

《인간의 이해력에 관한 탐구》(An Enquiry Concerning Human Understanding,
1748년)는 영국 경험론을 완성한 철학자 데이비드 흄이 철학적 회의론의 중요성
과 필요성을 삶과 직결되는 예를 통해 쉽게 설명한 책이다. 관념적이고 난해한
철학에서 탈피하여 쉬운 철학, 상식이 통하는 철학을 추구한다. 심리학과 칸트
에게도 결정적인 영향을 끼쳤을 뿐만 아니라 영어 철학 저술 중 가장 뛰어나다
는 평을 받고 있다.

우리는 우리가 무엇을 알 수 있으며, 그것을 어떻게 알 수 있는가에 대한 근본
을 설명하기 위해서 인간 지식의 기초 이론을 설명한다. 흄은 칸트의 순수이성
비판을 불러일으켰던 것이다.

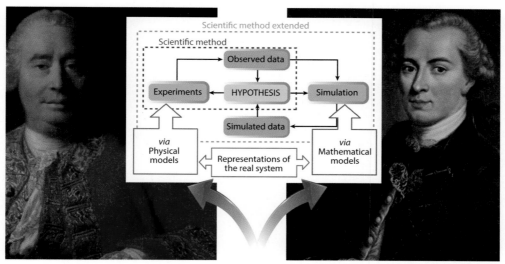

자료: factmyth.com

⚙️ 그림 8.47 흄의 포크에 대한 이해

'흄의 포크(Hume's fork)'는 흄에 대한 칸트의 비판을 우리가 어떻게 설명하느냐를 기술한다. 흄은 지식을 두 가지 타입으로 나누었다. 하나는 아이디어에 기초한 사실이고, 다른 하나는 실험에 기초한 아이디어이다.

공학적 발상의
창조적 경영

09 공학적 발상의 창조적 경영

1. 공학이란 무엇인가

(1) 개요

공학(engineering)은 과학적, 경제학적, 사회적 원리와 실용적 지식을 활용하여 새로운 제품, 도구 등을 만드는 것이다. 공학의 영역은 넓고, 여러 가지 분야로 세분화되어 있다.

공학이라 하면 수학과 자연과학을 기초로 해서, 가끔은 인문, 사회과학의 지식

자료: eng.snu.ac.kr

🛠 그림 9.1 공학 이미지(1)

제4차 산업혁명을 위한 **문과·이과 융합형 인재**

을 이용해서, 공동의 안전, 건설 복지를 위해서 유용한 사물이나 환경을 구축하는 것을 목적으로 하는 학문이다.

공학은 대부분의 분야에서 수학, 물리학, 화학 등의 자연과학을 기초로 하고 있으나, 공학과 자연과학의 차이점은 있다. 어떤 현상을 눈앞에 두고 자연과학도는, "이 현상은 어떻게 된 것일까?" 혹은 "왜 그렇게 되는 것일까?"라고 하는 이미 존재하고 있는 상태의 이해를 추구하는 것에 반해, 공학은 "어떻게 하면 지금은 존재하지 않는 상태나 물건을 현실에 만들 수 있을까?"를 추구하는 점이 있다. 어쩌면 "어떻게 하면 목표로 하는 성과에 도달할 수 있을까?"라고 하는 목적성을 가지고 있다고도 볼 수 있다.

자료: linkedin.com

⚙ 그림 9.2 공학 이미지(2)

그러므로 공학은 안전성, 경제성, 보안성 등 실용적인 관점에서 평가 및 판단을 한다. 사용할 수 있는 시간, 인원, 예산의 제약 속에서 공학적 목적을 달성하기 위한 기술적 검토와 그 평가를 공학적 타당성이라고 하며, 공학적인 성질의 분석에는 환경 적합성, 사용성, 정비성(maintainability), 수명주기비용 등(질량, 속도같이 즉물적으로 단순하게 측정 가능한 성질과는 다르게, 인간에 대한 배려를 기본으로 한다.) 평가 방법이 필요한 것이 많다. 그렇게 해서 평가방법의 개발도 공학의 중요한 분야이다.

또한 공학은 다른 학문의 성과를 사회에 환원하기 위한 기술의 개발이라고 하는 면에서 공동의 복지에 대한 배려도 필요하며, 공학 각 분야의 학회에 이론적인 내용을 쌓아 놓은 신조(creed)가 정해져 있다.[1]

현대의 모든 사람들이 이용하고 있는 의미로서의 '엔지니어링'(engineering)이라고 하는 용법은 18세기에 돼서 생겨난 것이지만 '엔지니어링'의 개념에 합치하는 행위는 고대부터 행해져왔다고 생각되고 있다.

자료: envico.biz

그림 9.3 가설엔지니어링

공학을 실천하는 사람을 엔지니어(engineer) 또는 기술자라고 부른다.

---

1) 飛岡健, 工學的發想が經營を變える, 日刊工業新聞社, 1984.

(2) 역사

'엔지니어링'이라고 하는 단어는 꽤 최근에 생겨난 것이지만, 그 단어가 있기 전에 엔지니어(engineer, 기술자)라고 하는 단어는 존재해 있었다. 'engineer'는 'engine'에 접미사인 '-er'이 붙은 형태를 하고 기관을 조작하는 사람을 의미한다. 'engineer'가 군용 병기 제작자의 의미로 쓰인 문헌이 1325년경에 있었다. 동시에 'engine'은 '전쟁에 사용되는 기계장치', 즉 무기라는 의미가 있었다. 'engine'의 어원은 1250년 경 라틴어의 잉게니움(ingenium)으로부터 생긴 말로, 잉게니움은 천성, 성질 특히 재능을 뜻하고, 거기서부터 파생된 기발한 발명품의 의미를 가지고 있다.

후에 민간의 다리나 건축물의 건설법이 공학 분야로서 발전함에 따라 'civil engineering(토목공학)'으로 불리게 되었다. 애초에 'engine'이 무기를 의미한 것이기 때문에, 군사와는 관련이 없는 분야라는 것을 보이기 위해 'civil(시민)'이라는 단어를 붙이게 된 것이다.

다시 말하자면, 18세기 이전에 군사기술만을 의미하던 'engineering'이라는 단어가 'civil engineering(= 군사 이외의 기술)'이 발전함에 따라 에너지 등을 이용

자료: stumagz.com

🔩 그림 9.4 토목공학 이미지

해서 편의를 얻는 기술 전반을 가리키게 된 것이다. 근대적인 공학의 개념은 상기한 경위로 형성된 것이지만, 인류의 역사를 좀 더 거슬러 올라가 밝혀내서 찾아본다면 고대에도 근대공학과 일치하는 개념을 발견할 수 있다.

① 고대

알렉산드리아의 등대, 이집트의 피라미드, 바빌론의 공중정원, 그리스의 아크로폴리스와 파르테논 신전, 고대 로마의 수도와 도로나 콜로세움, 마야문명, 잉카제국, 아스테카의 테오티우아칸 등의 도시나 피라미드, 만리장성 등은 고대의 공학의 정교함과 기능을 보여준다.

최초로 토목기술자로 이름이 알려진 인물로는 임호테프가 있다. 이집트의 파라오인 조세르왕을 섬기면서, 기원전 2630년부터 기원전 2611년쯤 사카라에서

자료: blog.daum.net

🌀 그림 9.5 유일하게 인간으로서 신이 된 사나이 임호테프

조세르왕의 피라미드(계단식 피라미드)의 설계와 건설 감독을 한 것으로 보인다. 고대 그리스에는 민간용과 군사용 양쪽의 분야에서 기계가 개발되었다. 안티키테라 섬의 안티키테라 기계가 알려진 것 중 세계에서 가장 오래된 아날로그 컴퓨터라고 하며, 아르키메데스가 발명한 기계는 초기 기계공학의 한 예이다. 그 후로 기계에 차동기어 또는 유성기어의 지식이 필요해지면서 그 두 가지 기계이론의 중요한 원리가 산업혁명의 기어 트레인의 설계를 도와주었으며, 지금까지도 로봇공학이나 자동차공학 등 여러 가지 분야에 넓게 사용되고 있다.

기원전 4세기 경엔 그리스에 투석기가 개발되었고, 중국과 그리스, 로마의 삼단범선은 물론, 바리스타나 캐터펄트라고 하는 복잡한 기계식 병기가 사용되고 있었다. 중세에는 트레뷰셋이 개발되었다.

② 르네상스기(期)

윌리엄 길버트는 1600년에 《De Magnete》를 저술하고, 'electricity (전기)'라고 하는 단어를 세계 최초로 사용했다는 점에서 전기공학자의 창시자로 여겨지고 있다.

기계공학에서는 토마스 세이버리가 1698년에 세계 최초의 증기기관을 만들었다. 이 증기기관의 개발이 산업혁명을 이끌어 대량생산의 시대를 열었다.

18세기에는 공학을 전문으로 하는 전문직이 확립되고, 공학은 수학이나 과학을 응용하는 분야만을 가리키게 되었다. 동시에 그때까지 군사와 토목으로 나뉘어

자료: ko.wikipedia.org

🔧 그림 9.6 토마스 세이버리

있던 공학에 단순한 기술로 간주되었던 기계제작까지 공학의 한 부분으로 추가되었다.

③ 근현대

1800년대의 알렉산드로 볼타의 실험이 있고, 그 후 마이클 패러데이나 게오르크 옴 등의 선구자의 실험을 거쳐 1872년에 전동기가 발명된 것이 전기공학의 발단이다. 19세기 후반에는 제임스 와트, 제임스 맥스웰과 하인리히 헤르츠의 성과에 따라 전자공학이 시작되었다. 그 후 진공관이나 트랜지스터의 발명에 의해 전자공학의 발전이 가속되어 지금은 전자공학이 공학 중에도 특히 기술자가 많은 영역이 되었다.

토마스 세이버리와 제임스 와트의 발명에 의해 기계공학의 발전이 가속되었다. 산업혁명기(期)에 각종 기계나 그 수리와 보수를 위한 도구가 발달하고, 그런 도구들은 영국으로부터 다른 나라로 퍼져나갔다.

화학공학도 산업혁명기(期)였던 19세기에 기계공학과 같이 발전했다. 대량 생

자료: blog.daum.net

그림 9.7 제임스 와트와 증기기관

산은 신소재나 새로운 제조법을 필요로 하기 때문에 그에 따른 화학물질의 대량 생산이 필수적이었고, 결국 그것이 1880년 경까지 새로운 산업으로 확립되었다. 화학공학은 그러한 화학공장이나 제조법의 설계를 맡았다.

항공공학은 항공기의 설계를 취급하는 분야로 항공우주공학은 우주선의 설계까지 확장된 비교적 최근의 학문분야이다. 그 기원은 19세기부터 20세기까지 걸쳐진 항공기의 선구적 발전이지만, 최근엔 18세기 말의 조지 케일리의 업적이 기원으로 인정받고 있다. 초기의 항공기는 다른 공학 분야의 개념이나 기법을 도입해서 대부분 경험론적으로 발전해갔다. 라이트 형제가 첫 비행에 성공해서 약 10년 후에는 항공공학이 크게 발전해, 제1차 세계대전에 군용 항공기가 발전되기까지 했다. 반면, 과학적 기초를 닦는 연구는 이론 물리학과 실험을 결합하는 것으로 행해졌다.

(3) 컴퓨터의 이용

공학에서 컴퓨터의 역할은 커지고 있다. 공학에 관해서 컴퓨터가 지원을 하는 각종 소프트웨어가 존재한다. 수리모델의 구축이나, 그것을 기본으로 하는 수치해석도 컴퓨터를 사용해서 하는 것이다.

예를 들어, CAD 소프트웨어는 3차원 모델링이나 2차원의 설계도의 작성을 용이하게 한다. CAD를 응용한 DMU(digital mock up)나 유한요소법 등을 사용한 CAE(computer aided engineering)를 사용하면 시간과 비용이 걸리는 물리적인 프로토타입을 만들지 않아도 모델을 작성해서 해석할 수 있다.

컴퓨터를 이용하여 제품이나 상품의 결함을 알아내거나, 부품끼리의 맞물림을 조사하거나, 인체공학적인 면을 연구하거나, 압력, 온도, 전자파, 전류와 전압, 유체의 흐름, 운동이나 시스템의 정적 및 동적 특성을 해석하는 것이 가능하다.

특정 공학 분야를 위한 소프트웨어도 있다. 예를 들어, CAM 소프트웨어는 CNC 공작기계에 주어지는 명령문을 생성한다.

생산 공정을 관리하는 소프트웨어로 공정관리시스템(MPM)이 있다. EAD는

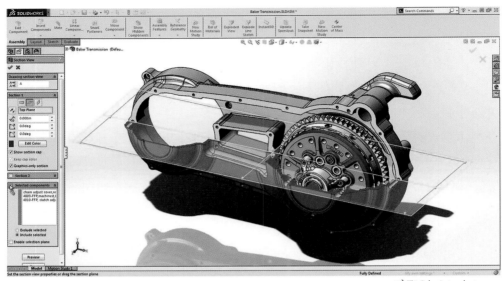

자료: 3dprinterchat.com

⚙️ 그림 9.8 CAD

반도체 집적회로나 프린트 기반이나 전자회로의 설계를 지원한다. 간접재 조달을 관리하는 MRO 소프트웨어도 있다.

최근엔, 제품 개발에 관련된 소프트웨어의 집합체로 제품수명주기관리(PLM) 소프트웨어가 사용되고 있다

(4) 사회적 상황

공학은 본질적으로 인간과 사회의 행동에 좌우된다. 현대의 제품이나 건설은 반드시 공학설계의 영향을 받고 있다. 공학 설계는 환경, 사회, 경제에 변화를 미치는 도구이며, 그 응용에는 큰 책임이 부여되어 있다. 많은 공학계의 학회는 행동규약을 제정하고, 회원이나 사회에 그것을 알리려고 하고 있다. 공학 프로젝트 중에는 논쟁이 되는 것도 있다. 예를 들어, 핵무기 개발, 중유 추출 등이 있다. 이것에 관한 사회적 책임에 대해 엄한 방침을 설정해 놓은 기업도 있다. 공학은

인간개발의 중요한 원동력 중 한 가지다. 아프리카의 사하라 사막 부근의 공학적 능력은 매우 낮고, 그 때문에 아프리카의 여러 나라는 대개 자력으로 중요한 기반시설을 개발하는 것이 불가능하다. 밀레니엄 개발 목표의 상당부분을 달성하기 위해서는 기반시설의 개발과 지속 가능한 기술적 개발이 가능하기 위한 충분한 공학적 역량을 필요로 한다. 해외의 개발이나 재해 구조를 실행하는 NGO는 기술자를 다수 모으고 있다. 다음과 같은 자선단체가 인류를 위해 공학으로 도와주는 것을 목표로 하고 있다.

- 국경 없는 기술자들(Engineers Without Borders)
- Engineers Against Poverty(EAP)
- Registered Engineers for Disaster Relief(RedR)
- Engineers for a Sustainable World(ESW)

(5) 다른 학문분야와의 관계

① 과학

과학자는 있는 그대로의 세계를 연구하며 기술자는 본 적 없는 세계를 창조한다.
―카르만

카르만은 고전적인 공학교과서 《Foundation of Solid Mechanics》의 개정판에서 다음과 같이 썼다.

"공학은 과학과 완전히 다르다. 과학자는 자연을 이해하려고 한다. 기술자는 자연세계에 존재하지 않는 것을 만들려고 한다. 기술자는 발명을 강조한다. 발명을 실현화하기 위해서는 아이디어를 실체화해서, 모든 사람이 쓸 수 있는 형체로 설계해야 한다. 그것은 장치, 도구, 재질, 기법, 컴퓨터 프로그램, 혁신적인 실험, 문제의 새로운 해결책, 기존의 무언가를 개량하는 것이다. 설계는 구체적이지 않으면 안 되며, 형태나 수법이나 수치가 설정되어져야 한다. 새로운 설계에 착수하려면 기술자는 필요한 정보가 모두 준비되어 있을 리 없음을 알아차려

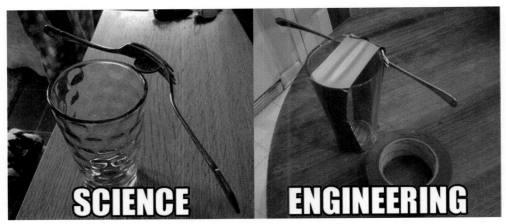

자료: happy8earth.tistory.com

🔩 그림 9.9 과학과 공학

야 한다. 많은 경우 과학지식의 부족에 따라 정보가 제한되어 있다. 따라서 기술자는 수학·물리학·화학·생물학·역학 등을 공부한다. 그리고 나서 공학에 있어서의 필요성에 따라 관련 과학의 지식을 추가하는 경우도 많다."

과학적 방법과 공학적 방법에는 겹치는 부분이 있다. 공학적 방법은 과학적으로는 엄밀히 해명돼 있지 않은 과거의 여러 사례에서부터 도출할 수 있는 경험론적 법칙을 짜 맞추는 것이다. 하지만 그 기본은 현상의 정확한 관찰이다. 관찰결과를 분석해서 전달하기 위해, 공학적 방법이든 과학적 방법이든 수학 같은 분류기준을 사용한다.

Walter Vincenti의 저서 《What Engineers Know and How They Know It》에 따르면, 공학의 연구는 과학의 연구와는 다른 성질을 가지고 있다고 하고 있다. 공학은 대체로 물리학이나 화학으로 정확히 이해할 수 있는 분야지만, 문제 자체는 정확한 방법으로 풀기엔 너무 복잡하다. 예를 들어, 항공기에 관해 공기역학적 흐름을 나비어-스톡스 방정식의 근사값으로 나타내거나 재료의 피로(fatigue) 손상의 계산에 마이너 법칙을 사용한다. 또한, 공학에서는 태반은 경험론적인 수업도 자주 채용하고 있다.

역사적으로 보면 공학은 자연과학과 서로 영향을 미치면서 발달해 왔다고 한다. 예를 들어, 증기기관의 효율에 관한 연구로부터 열에 관한 인식이 깊어졌다. 열에 관해 자연과학에서의 연구가 진행될 수 있었던 것에 따라 냉각기술 또한 개발될 수 있었다.

② 의학과 생물학

목적이나 방향성은 다르지만, 의학과 공학의 일부 분야의 공통분모로 인체의 연구가 있다. 의학에 관해서 필요하면 기술을 사용해서라도 인체의 기능을 유지, 강화하고 경우에 따라 인체의 일부를 대체하는 것을 목표로 하는 것도 있다. 현대 의학은 이미 일부 장기의 기능을 인공적인 것으로 치환하는 것을 가능하게 하고 있고, 심장 박동기 등이 자주 사용되고 있다. 의용생체공학은 생체에 인공물을 채워 넣는 것을 전문으로 하는 영역이다.

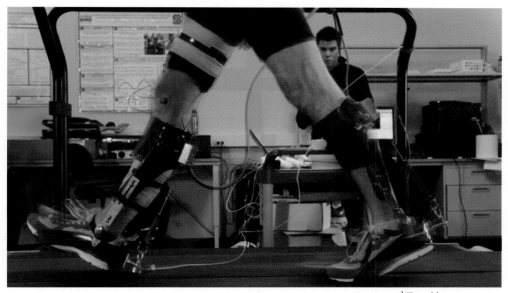

자료: m.blog.naver.com

그림 9.10 의공학

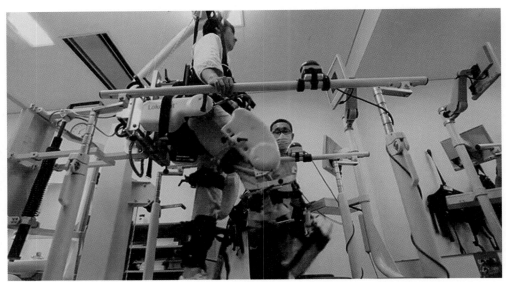

자료: samsunghospital.com

✿ 그림 9.11 의공학연구센터

역으로 인체를 생물학적 기계로 취급해 연구대상으로 하는 공학 분야도 있으며, 기술로 그 기능을 진화시키는 것을 전문으로 한다. 예를 들어, 인공지능, 뉴런 네트워크, 퍼지 논리, 로봇 등이 있다. 공학과 의학의 학제적인 영역 또한 존재한다.

의학과 공학은 실세계에 관한 문제해결을 목적으로 하고 있다. 그 때문에 현상을 좀 더 엄밀하고 과학적으로 이해할 필요가 있으며, 두 분야 모두 실험이나 경험적 지식이 필수로 되어 있다.

의학은 인체의 기능도 연구한다. 인체는 생체 기계로 인식했을 경우에 공학적 수법으로 모델화 가능한 다수의 기능을 가지고 있다.

예를 들어, 심장은 펌프와 비슷한 기능을 가지고, 골격은 지렛대와 연결된 듯한 구조를 가지고 있다. 또한 뇌는 전기신호를 발생시키고 있다. 이런 유사성이나 의학에 관한 공학 응용의 중요성 증대에 따라, 공학과 의학의 지식을 응용한 의용·생체공학이 태어났다.

시스템 생물학 같은 새로운 과학 분야는 시스템의 모델링이나 컴퓨터를 이용한 해석 등 공학에서 사용되어 왔던 해석 수법을 채용해서 생명을 이해하려고 하고 있는 것이다.

③ 예술

공학과 예술의 사이에도 관련이 있다. 건축, 조원, 인더스트리얼 디자인은 마치, 공학과 예술의 접점을 교환하는 분야이다. 다른 부분에도 간접적으로 관련 있는 분야가 있다.

시카고 미술관은 NASA의 항공우주 관련 디자인에 관한 전람회를 개최한 적이 있다. 로베르 마야르가 설계한 다리는 예술적이라고 평가받고 있다. 남 플로리다 주립대에서는 국립과학재단의 지원을 받아, 공학부에 예술과 공학을 맞추는 학과가 개설되어 있다.

자료: blog.naver.com

🛠 그림 9.12 살기나트베르 다리, 로베르 마야르

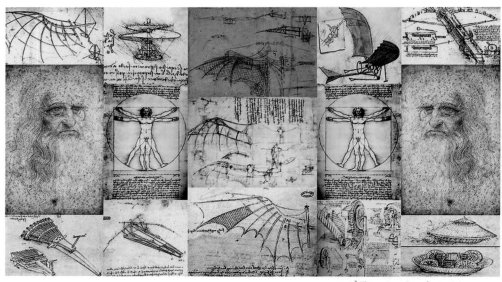

자료: process0modesty.tistory.com

🔩 그림 9.13 레오나르도 다빈치와 그의 작품

레오나르도 다빈치는 르네상스기의 예술가 겸 기술자로 유명하다.

④ 그 외

자료: usmiling.tistory.com

🔩 그림 9.14 정치공학 이미지

정치학에 '공학'이라고 하는 말을 도입한 사회공학이나 정치공학은, 공학의 방법론이나 정치학의 지식을 이용해서, 정치구조나 사회구조의 형성을 연구한다.

2. 공학적 견해·사고방식

휴대전화나 냉장고처럼 매우 기술적인 산물에서부터 가구나 책과 같은 단순한 물건들에 이르기까지, 우리가 사는 세상에는 엔지니어들의 손길이 닿지 않은 것들을 찾아보기 힘들 만큼 공학의 힘이 곳곳에 존재한다. 하지만 무에서 유를 창조한 엔지니어들에 대한 평가는 야박하기 그지없다. 인도 태생의 구루 마드하반(Guru Madhavan)의 저서《맨발의 엔지니어들》(Applied Minds: How Engineers Think)은 18세기 프랑스 전쟁에서 시작해 오늘날의 디지털 세상으로 우리를 안내하며, 역사적으로 엔지니어들이 뛰어넘은 여러 가지 도전들을 소개하고 발상의 근원을 밝힌다. 공학의 업적보다 공학적 사고에 초점을 맞춰 파나마 운하나 부르즈 칼리파 같은 거대 공학 시스템을 개발하고 구축한 엔지니어들의 사고 과정을 집중 조명한다.

미국국립과학원 정책자문위원이자 생의학공학자인 저자는 복잡한 문제에 도전하는 엔지니어들이 세 가지 특성을 보인다고 말한다. 이들은 논리, 시간, 순서 그리고 기능으로 연결된 복잡한 문제의 구성요소를 분해하여 구조를 파악하고, 제약조건 아래 설계를 완성하며, 문제에 대한 타당한 해결책을 얻기 위해 제약조건 아래 트레이드오프, 즉 절충을 한다는 것이다. 저자에 의하면, 이 세 가지 특성을 모두 지닌 엔지니어들은 복잡한 문제를 처리 가능한 개별 요소로 분해하는 '모듈식 시스템 사고'를 활용한다. 그들은 시행착오적 접근방식을 선호하기도 한다. 예를 들어, 구글 엔지니어들은 어떤 문제를 해결하기 위해 최상의 방법을 놓고 긴 시간 토론하기보다 즉각 실행해보고 반복하면서 정교하게 다듬어가는 접근방식을 따른다.

저자는 다양한 사례를 소개하며 베일에 가려 있던 엔지니어들의 활약상을 상세하게 전한다. 18세기에 루이 15세를 위해 대포를 설계했던 발리에르와 그리보발의 이야기로 서두를 열고 1900년대 초에 클래런스 손더스가 어떻게 슈퍼마켓 디자인을 혁신했는지, 제2차 세계대전 당시 마거릿 허친슨이 어떻게 페니실린 대량생산 방법을 개발했는지, 1970년대에 스티브 새슨이 어떻게 디지털 카메라 산업을 개척했는지, 그리고 현대 엔지니어인 G.D. 아가르왈과 비르 바드라 미

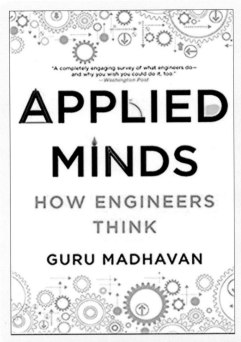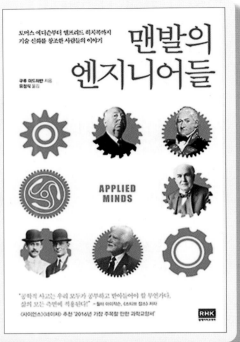

그림 9.15 《맨발의 엔지니어들》

슈라가 어떻게 인도 갠지스강 정화를 위한 해법을 모색해왔는지 등을 소개한다. 표준시간대, 우편번호, 바코드 등의 개발 과정을 다루면서 엔지니어들이 시스템 효율을 높이기 위해 어떻게 표준화를 활용하는지도 설명한다.

방대한 자료 분석과 사례 연구를 통해 공학의 눈부신 역사를 개괄하고 엔지니어의 마인드를 분석하여, 일상에 적용 가능한 실용적 측면을 상세하게 소개하고 있다.

요즘 사람들의 관심을 끄는 '과학적인 발견'의 본질을 조금만 깊이 생각해보자. 모든 발견이 다 그런 것은 아니지만, 엄청나게 큰 장치가 없으면 발견하기 어려운 것들이 적지 않다.

그렇다면, 그 발견을 가능하게 한 것은 무엇일까? 과학자의 상상력이나 탐구력이라고 간단하게 넘어갈 수 있지만, 비싸고 정확하고 매우 정교한 기계장치가 없다면 현대 과학은 설 자리가 없다.

그렇다면 과학적인 발견을 가능하게 한 기계장치를 만들거나 설계한 사람, '공학자'에겐 어째서 과학자에게 돌아가는 영예가 주어지지 않을까?

용어부터도 그렇다. '과학과 기술'이라고 하지, '과학과 공학'이란 말은 잘 쓰지 않는다. 서양에서도 과학이 기술보다 훨씬 우위라는 '잘못된' 편견의 결과가 아닐까.

저자는 토머스 에디슨의 전화기, 조리라우러의 바코드, 현금자동인출기, 디지털 카메라, 액정디스플레이, 일회용 기저귀 등 인류문명을 바꾼 혁신적인 성과를 공학적인 측면에서 바라보고 다큐멘터리처럼 설명해준다.

자료: tip.daum.net

⚙ 그림 9.16 바코드

예를 들면 이렇다. 한 젊은이는 20대 여성이 7층에서 뛰어내렸지만, 송판 지붕을 뚫고 바닥에 떨어지느라 목숨을 건진 기사를 쓰게 됐다. 자기 자신은 비행기 충돌사고에서 간신히 살아남았지만, 상대 비행기 조종사는 사망하는 극한 체험도 한다. 이 같은 경험은 그로 하여금 자동차 충돌에서 생명을 보호하는 장치를 고안하는 계기를 제공했다.

점점 더 통제 불능으로 치닫는 스웨덴 수도 스톡홀름의 교통정체를 해결한 것도 공학자들의 노력 덕분이다. 이미 수 십 개의 다리가 있는 스톡홀름은 다리를 추가로 건설하는 방안을 검토하다가 IBM 엔지니어의 컨설팅을 받는다.

엔지니어들은 교통흐름을 감지하는 센서를 달고 43만 개의 무선응답기를 사용하여 85만 장의 사진을 수집했다. 병목지점과 교차점을 수학적으로 분석해서 시스템 모델을 세웠다. 그리고 '새로운 다리와 도로를 건설해서는 안 된다.'고 권

자료: wishbeen.co.kr

🛠 그림 9.17 스톡홀름의 중심지

고했다. 대신 피크타임대의 다리와 고속도로를 이용하는 통근자들에게 통행료를 부과하기로 했다.

엉뚱해 보이는 이 제도가 2006년 시행된 이래 교통 혼잡도는 20~25% 줄고, 통근자들이 정차해 있는 시간은 3분의 1에서 2분의 1로 줄었다. 공학의 힘을 보여주는 수많은 사례 중 하나이다.

케네디 대통령이 "1960년대가 끝나기 전에" 인간을 달에 보내겠다고 선언한 대로 아폴로 11호가 1969년 달에 착륙했다. 사람들은 이것을 로켓과학의 성과라고 할지 모르지만, 이 책의 저자가 보기에는 제한된 시간 안에 목표를 달성한 달 착륙이야말로 공학의 성과이다.

과학자와 공학자 사이의 은근한 경쟁심은 공학사상가 헨리 페트로스키(Henry Petroski)의 말에서 잘 나타난다. "과학은 공학의 도구다. 끌이나 정이 조각품을 창조했다고 말하지 못하는 것처럼 과학이 로켓을 만들었다고 말할 수 없다."고 주장했다. 과학의 핵심은 '발견'이고 공학의 정수는 '창조'라는 말로 은근히 과학자들의 심기를 긁는다.

자료: webzine.sticho.co.kr

⚙️ 그림 9.18 아폴로 11호 1969년 달에 착륙

요즘처럼 사회가 복잡해지면서 단순한 공학만 가지고 안 되는 일이 점점 더 많아진다. 정치와 사회의 복잡한 구조를 뚫는 또 다른 형태의 엔지니어링이 필요하다.

《맨발의 엔지니어들》은 휴대폰에 GPS 기능을 넣고, 이를 미국의 119시스템인 911과 결합하도록 하는 데 성공한 데이비드 쿤(David Koon)의 이야기에 가장 많은 지면을 할애했다. 1993년 미국 뉴욕주 로체스터에서 18세된 제니퍼 쿤은 오전 10시 30분 쯤 도심 한 가운데 쇼핑몰 주차장에서 납치돼 2시간 동안 폭행과 강간을 당하고 결국 총에 맞아 사망했다.

제니퍼는 몇 차례 휴대전화로 911에 전화를 걸었지만, 911은 그녀가 납치된 위치를 알 수 없었기에 구조가 불가능했다.

바슈롬에서 오랫동안 산업공학자로 일한 데이비드 쿤은 딸이 쇼핑몰에서 당한 비극을 믿을 수 없었다. 사건 주변 건물의 CCTV를 샅샅이 조사해서 잘못된

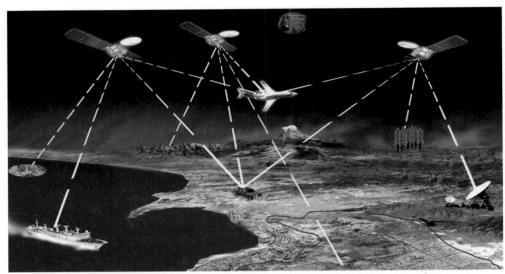

자료: youtube.com

그림 9.19 GPS: The Global Positioning System

점을 발견하고, 911과 GPS를 연결하는 제도개선에 온 힘을 쏟았다. 법안을 만들고, 주지사를 설득하며, 의원들에게 설명하는 전혀 다른 차원의 공학적 접근방법이 필요했다.

결국 쿤은 직접 정치에 뛰어들어 '911강화법'을 발의하고, 주지사의 거부권을 뛰어넘어 911강화법이 실행되도록 해서 수많은 사람들의 생명을 구했다. 그는 동료 의원들에게 지능형 추적 시스템의 필요성을 교육하고, 기술기업들과 통신 시스템에 대한 대화를 나누는 한편으로 유권자들을 설득하는 3방향 의사소통을 벌였다.

시스템으로 문제를 해결하는 데 익숙한 공학자다운 접근법이다. 사회문제에 관심 많은 공학자들이 배워야 할 새로운 형태의 공학이라고 할까.

'초콜릿바를 하나씩 뽑듯 현금을 자유롭게 뽑을 수 있는 기계를 만들면 어떨까?' 스코틀랜드 조폐공사 엔지니어였던 존 셰퍼드배런(John Shepherd-Barron)은 어느 날 초콜릿바 자판기를 생각하다가 현금자동입출금기(ATM) 아이디어를

자료: m.blog.daum.net

⚙️ 그림 9.20 ATM을 통해 돈을 인출하는 방법을 고안한 존 셰퍼드배런

떠올렸다. 바클레이즈는 셰퍼드배런의 아이디어를 채택해 그와 계약을 맺었다. 1960년대 세계 금융혁명을 불러온 ATM은 그렇게 탄생했다. 이 얘기를 들으면 큰 행운이 그에게 쉽게 찾아온 것처럼 생각할 수 있다.

하지만 이는 갑작스럽게 떠오른 생각이 아니었다. 그는 어느 날 급히 현금이 필요해 은행에 갔지만 마감 시간보다 몇 분 늦게 도착했다. 은행에 문을 열어 달라고 사정했지만 거절당했다. 이때부터 그의 목표는 현금을 자동으로 인출하는 방법을 찾는 것이었다. 늘 이런 목표를 염두에 두고 있던 셰퍼드배런은 불현듯 생각난 아이디어의 기회를 놓치지 않았다. 이처럼 신의 계시에 견줄 만한 통찰은 실제로 아이디어와 경험, 기회의 융합을 유도하는 의식적이고 방법론적인 계획에서 나온다.

18세기부터 오늘날 디지털시대까지 이뤄진 획기적인 기술 혁신의 뒤엔 끊임없이 도전하고 연구를 거듭한 엔지니어들이 있었다. 저자는 엔지니어의 공학적

자료: stephan.tistory.com

⚙ 그림 9.21 영화 〈사이코〉

사고가 기술 혁신의 근원이라고 주장한다. 공학적 사고란 문제를 철저하고 체계적으로 분석해 해결하는 사고 능력을 말한다.

공학적 사고는 다양한 분야에서 적용돼 혁신을 이끌 수 있다. 저자는 대표적인 사례로 '모듈식 시스템 사고'에 능했던 영화감독 앨프리드 히치콕의 작품을 꼽는다. 그의 영화 〈사이코〉에는 한 여성이 샤워하다가 칼에 찔려죽는 장면이 나온다. 이 장면을 찍기 위해 히치콕은 손과 칼, 샤워기, 커튼 위의 검은 그림자 등 78개의 필름 조각을 섞고 맞췄다. 연속적으로 움직이는 필름 조각을 조립해 극도의 공포감이 느껴지도록 한 것이다.

하지만 공학은 과학의 그늘에 늘 가려져 있다. 항생제 중 하나인 페니실린을 발견한 생물학자 알렉산더 플레밍은 기사 작위를 받는 등 큰 명예를 누렸다. 반

자료: infuture.kr

⚙️ 그림 9.22 마거릿 허친슨

면 정유회사에서 활용하는 화학물 분리 과정을 적용해 페니실린을 대량생산한
화학공학자 마거릿 허친슨을 기억하는 사람은 드물다.

자료: study.zum.com

⚙️ 그림 9.23 에디슨이 전구를 발명하기 위해 이용한 '발견된 사실'

자료: blog.skhynix.com

🛠 그림 9.24 호기심에서 시작된 실리콘의 발견, 웨이퍼의 원료가 되다

저자는 "과학의 핵심이 '발견'이라면 공학의 정수는 '창조'"라며, "많은 공학적 도구가 개발됐기 때문에 인간의 과학적 능력이 향상돼 온 사실을 잊지 말아야 할 것"이라고 강조한다.

문과·이과 융합형 인재

– 위대한 생각

10 문과·이과 융합형 인재
– 위대한 생각

1. 스티브 잡스

(1) 개요

스티븐 폴 잡스(Steven Paul Jobs, 1955년 2월 24일~2011년 10월 5일) 또는 간단히 스티브 잡스(Steve Jobs)는 미국의 기업인이었다. 애플의 전 CEO이자 공동 창립자다. 2011년 10월 5일 췌장암에 의해 사망했다.

1976년 스티브 워즈니악, 로널드 웨인[1]과 함께 애플을 공동 창업하고, 애플2를 통해 개인용 컴퓨터를 대중화했다. 또한, GUI[2]와 마우스의 가능성을 처음으로 내다보고 애플 리사와 매킨토시에서 이 기술을 도입하였다. 1985년 경영분쟁에 의해 애플에서 나온 이후 NeXT 컴퓨터를 창업하여 새로운 개념의 운영체제

---

[1] 로널드 웨인은 회사 설립 11일 만에 퇴사했다. 애플의 초기 지분은 잡스와 워즈니악이 각각 45%, 웨인이 10%였다. 잡스는 웨인에게 지분 10%를 주면서 자신과 워즈니악 사이에 분쟁이 생겼을 때 중재해달라고 했다. 잡스와 웨인은 아타리라는 회사에서 몇 년 동안 함께 일했던 친한 사이였다. 애플 창립과정에서 웨인이 담당했던 업무는 컴퓨터 성능테스트, 회로제작, 광고기획, 정보수집, 문서관리 등이었다. 애플의 첫 번째 로고와 회사 운영 매뉴얼도 모두 웨인의 작품이다.

[2] 그래픽 사용자 인터페이스(graphical user interface, GUI)는 컴퓨터를 사용하면서, 그림으로 된 화면 위의 물체나 틀, 색상과 같은 그래픽 요소들을 어떠한 기능과 용도를 나타내기 위해 고안된 사용자를 위한 컴퓨터 인터페이스이다. 그래픽 사용자 인터페이스에서 어떤 요소를 제어하려면 그 요소에 해당하는 그래픽을 직접 조작하여야 한다.

자료: kinews.net

🔩 그림 10.1 스티브 잡스와 스티브 워즈니악

를 개발했다. 1996년 애플이 NeXT를 인수하게 되면서 다시 애플로 돌아오게 되었다.

1997년에는 임시 CEO로 애플을 다시 이끌게 되었으며, 이후 다시금 애플을 혁신해 시장에서 성공을 거두게 이끌었다. 2001년 아이팟을 출시하여 음악 산업 전체를 뒤바꾸어 놓았다. 또한, 2007년 아이폰을 출시하면서 스마트폰 시장을 바꾸어 놓았고, 2010년 아이패드를 출시함으로써 포스트 PC 시대를 열었다.

스티브 잡스는 애니메이션 영화《인크레더블》과《토이 스토리》등을 제작한 컴퓨터 애니메이션 제작사인 픽사의 소유주이자 CEO였다. 월트 디즈니 회사는 최근 74억 달러어치의 자사 주식으로 이 회사를 구입하였다. 2006년 6월 이 거래가 완료되어 잡스는 이 거래를 통해 디즈니 지분의 7%를 소유한, 최대의 개인 주주이자 디즈니 이사회의 이사가 되었다. 한편, 그는 2004년 무렵부터 췌장암으로 투병생활을 이어왔다. 그의 악화된 건강상태로 인하여 2011년 8월 24일 애플은 스티브 잡스가 최고경영책임자(CEO)를 사임하고 최고운영책임자(COO)인

자료: chanyi.tistory.com

🔩 그림 10.2 애니메이션 영화 《인크레더블》

팀 쿡이 새로운 CEO를 맡는다고 밝혔다. 잡스는 CEO직에서 물러나지만 이사회 의장직은 유지시키기로 했으나, 건강상태가 더욱 악화되어 사임 2개월도 지나지 않은 2011년 10월 5일 향년 56세의 나이로 사망하였다. IT분야의 혁신의 아이콘으로 꼽힌다.

스티브 잡스는 1955년 2월 24일 시리아 출신 미국 유학생과 미국인 여대생 사이의 사생아로 태어났다. 생모는 아랍계 남성과의 결혼을 극력 반대하는 친정아버지 때문에 입양을 선택했고, 그는 전형적인 미국인 가정의 양부모를 만났다. 잡스에게 그가 생물학적 부모에게 버림받고 입양되었다는 사실은 그의 정체성을 형성하는 데 큰 몫을 하였다. 개발 그룹의 책임자이자 후에 최고업무집행책임자로서 잡스의 오랜 동료인 델 요캄은 그의 가정환경과 성격의 관계에 대해 이렇게 말하였다. "무엇을 만들든지 완전히 통제하려 드는 그의 집착은 출생 직후 버려졌다는 사실과 그의 성격에서 직접적으로 비롯한다고 생각합니다."

⚙ 그림 10.3 양아버지 폴 잡스와 스티브 잡스

잡스는 잡스 부부를 '양부모'라고 부르거나 진짜 부모가 아니라는 식으로 이야기하면 날카롭게 반응했다. 반면에, 친부모에 대한 언급을 할 때에는 퉁명스러웠다. 잡스는 그의 양부모에 대해서 "그분들은 1000퍼센트 제 부모님입니다."라고 말한 적이 있는 반면에, 친부모에 대해서는 "그들은 나의 정자와 난자 은행이지요. 무정한 게 아니라 사실이 그래요. 정자 은행일 뿐, 그 이상도 그 이하도 아니지요."라고 말하기도 했다.

스티브 잡스는 비록 입양아였지만 양부모의 깊은 사랑을 받으며 자랐다. 양부모는 잡스를 대학에 보내기 위해 평생 모은 돈을 한 번에 써버리기도 했다. 또 잡스가 차고에서 애플을 창업할 때 잡스의 아버지는 차고에서 부업으로 자동차를 수리해서 재판매하고 있었는데 잡스를 위해 차고를 기꺼이 양보했다. 어머니는 잡스와 워즈니악이 차고에서 애플을 창업하자 청소와 고객응대 등 각종 뒷바라지를 했다. 잡스의 말마따나 '1000% 부모님' 역할을 다했던 것이다.

(2) 친부모

잡스의 친어머니는 조앤 시블로, 독실한 가톨릭 신자인 아버지 밑에서 자랐다. 시블은 위스콘신 대학교 대학원에 다니며 잡스의 친아버지인 시리아 출신의 압둘파타 존 잔달리와 사랑에 빠지게 되었다. 압둘파타 존 잔달리(Abdulfattah John Jandali)는 시리아의 명문 집안에서 3형제 중 막내로 태어났다. 잔달리의 아버지는 교육을 매우 중시하였으며, 잔달리는 예수회 기숙학교와 아메리칸 대학교를 거쳐 미국의 위스콘신 대학교 정치학과의 조교로 활동하며 시블을 만났다. 시블은 잔달리와 함께 1954년 여름 함께 시리아를 방문하였을 때 임신을 하게 되었지만 시블의 아버지가 잔달리와 결혼하면 부녀의 연을 끊겠다고 위협하는 탓에 입양을 결심하게 되었고, 위스콘신을 벗어나 샌프란시스코에서 생활하며 잡스를 낳았다. 시블은 아이가 대졸 이상의 학력을 가진 부부에게 입양되어야 한다

자료: kecstory.tistory.com

⚙ 그림 10.4 스티브 잡스의 친부모 압둘파타 존 잔달리(왼쪽)와 조앤 캐럴 시블 심슨

고 믿었지만 고등학교 중퇴자 부부인 잡스 부부가 아이를 꼭 대학에 보내겠다고 서약서를 써서 보내자 입양 문서에 서명을 하였다. 시블은 그 당시에 위독한 상태였던 아버지가 눈을 감으신 후 결혼을 하면 아이를 되찾을 수 있을 것이라 믿었지만 입양 절차가 비밀로 진행되었기 때문에 20년 후에야 아들을 만나게 된다. 시블의 아버지는 입양 절차가 끝난 몇 주 후에 사망했으며, 그 후 시블과 잔달리는 성공적으로 결혼을 한다. 잔달리는 졸업 후 시리아로 떠났지만, 행복을 느끼지 못해 그린베이로 돌아가 모나 심프슨이라는 딸을 낳고 살게 된다.

(3) 양부모

스티브 잡스의 양아버지인 폴 라인홀트 잡스는 위스콘신 주 저먼타운에서 자랐으며, 점잖고 얌전한 성격을 가지고 있었다. 고등학교 중퇴 후에는 기계공으로 일하였으며, 열아홉살 때에는 해안경비대에 입대하여 기계공으로서의 자질을 인정받기도 했다. 클래라 헤고피언은 스티브 잡스의 양어머니로, 뉴저지 주에서 아르메니아 이민자의 딸로 태어났으며 상냥한 성품을 가지고 있었다. 그녀에게는 비밀스러운 과거가 있었는데, 폴 잡스를 만나기 전에 결혼을 하였으나 남편이 전쟁에 나가 사망했다는 사실이었다. 폴 잡스와 클래라 헤고피언은 폴 잡스가 해안경비대에서 제대하면서 동료들과 한 내기로 인해 만나게 되었고, 1946년 3월 약혼을 하였다. 그들은 위스콘신에 있는 잡스의 부모 집에서 같이 살다가 인디애나 주로 집을 옮겼고, 그 후 클래라 잡스의 설득으로 샌프란시스코의 선셋디트릭트로 옮겨 생활하였다. 잡스 부부는 행복한 생활을 하였지만, 클래라가 아이를 가질 수 없어 1955년 아이를 입양하기로 결정하고, 아이에게 스티븐 폴 잡스라는 이름을 붙여 주었다. 잡스 부부는 잡스가 어릴 적에 입양 사실을 밝혔으며, 혼란스러워하는 잡스를 많이 보듬어 주었다.

(4) 학창 시절

잡스는 초등학교 시절 학교를 자주 빼 먹는 비행 청소년이자 사고뭉치였다.

자료: korean.alibaba.com

⚙ 그림 10.5 주파수 계수기

잡스의 4학년 담임이었던 이머전 힐 선생님이 돈으로 구슬리는 것으로 겨우 학교생활을 하던 그는 히스키트라는 아마추어 전자공학 키트를 얻는 순간 인생의 전환점에 도착하게 된다. 그는 이 키트 덕분에 어려서부터 전자제품의 작동원리를 익히게 되었다. 잡스는 캘리포니아 주 쿠퍼티노에 위치한 쿠퍼티노 중학교와 홈스테드 고등학교를 다녔는데, 12살이었던 고등학교 시절 전화번호부를 보고 휴렛 패커드사의 CEO인 빌 휴렛에게 전화를 걸어 주파수 계수기를 만들고 싶다며 남는 부품이 있다면 줄 수 있는지 물어보았다. 빌 휴렛은 그 말을 들어주었으며, 결국 잡스는 펠로앨토의 휴렛 패커드사에서 방과 후 스티브 워즈니악과 함께 휴렛 패커드사에 여름 동안 임시 채용되기도 했다.

　1972년 리드 대학교에 다니다 1학기만 수강한 후 중퇴하였으며, 1974년에는 캘리포니아로 돌아와 아타리에서 일을 하였다. 후에 워즈니악의 권고로 홈브루 컴퓨터 클럽에 나가게 된다.

① 가정 환경

양아버지 폴 잡스는 세일즈맨과 동시에 중고차를 사들인 후 수리하여 재판매하는 일을 하였는데, 스티브 잡스에게 기계에 대한 자신의 열정을 물려주려고 하였다. 예를 들면, 해체하여 다시 조립할 수 있는 물건을 주는 식이었다. 어린 시절 잡스의 집은 마운틴뷰에 있었는데, 폴 잡스는 차고 안에 있던 작업대의 반을 스티브에게 주며 보이지 않는 뒷부분도 앞면과 같이 신경을 쓰는 것이 중요하다는 철학을 전달해 주었다. 이는 후에 잡스의 제품 철학이 된다. 하지만 잡스는 실제로 기계를 다루는 데에는 큰 흥미를 보이지 않았다. 오히려 아버지가 부품을 구하기 위해 흥정을 하는 모습을 흥미롭게 지켜보았다.

자료: curiens.com

🔩 그림 10.6 조셉 아이클러가 지은 집

자료: albireo.net

🔩 그림 10.7 잡스가 어린 시절에 살았다는 아이클러 주택[3]

잡스의 집은 디아블로 가 286번지에 위치해 있었는데, 이 일대의 집들은 대부분 부동산 개발업자 조셉 아이클러가 지은 것이었다. 아이클러는 깨끗하고 심플하면서도 저렴한 주택들을 지었으며, 잡스는 아이클러의 깔끔한 디자인이 애플 컴퓨터가 애초부터 추구했던 디자인이라 밝혔다.

당시 캘리포니아에는 군수산업 붐이 일어났으며, 첨단 기술이 밀집된 지역이 되었다. 그 영향을 받아 잡스는 동네의 어른들에게 여러 질문을 하며 엔지니어링에 대한 흥미를 키워 갔다.

---

3) 매우 간단한 구조와 벽 한 면이 완전히 창으로 이루어지고 집 중간에 지붕이 없는 열린 공간으로 되어 있다.

② 초등학교

잡스가 초등학교에 다녔을 때, 폴 잡스는 부동산 중개업을 시작했다. 불행히도 몇 개월이 되지 않아 부동산 시장에 불황이 닥쳤으며, 잡스 가족은 약 2년 동안 재정적으로 어려운 시기를 보냈다. 잡스는 초등학교 시절 학교를 자주 빼 먹는 비행 청소년이자 사고뭉치였다. 초등학교에 다니기 전 클라라 잡스는 잡스에게 책 읽는 법을 가르쳐 주었는데, 이는 잡스가 학교 공부에 집중하지 못하게 된 계기가 되었다. 잡스는 몬타로마 초등학교에서 친한 친구 릭 페렌티노와 함께 여러 가지 말썽을 피웠다. 예를 들어, 담임 선생님의 의자 밑에 폭음탄을 설치해 놓는 식이었다. 잡스는 이런 사건들로 인해 두세 차례 귀가 조

자료: news.egloos.com

⚙️ 그림 10.8 스티브 잡스, 10살 때의 모습

치되었지만, 폴 잡스는 학생이 학교에서 공부에 흥미를 가지지 못한다면 그것은 선생님의 잘못이라고 말하며 잡스에게 혼을 내지 않았다. 초등학교에서 스티브 잡스를 제어할 수 있었던 사람은 단 한 명, 이머전 힐이라는 교사로, 잡스를 컨트롤할 수 있는 방법이 뇌물로 동기를 부여하는 것이라는 사실을 깨달았다. 처음에 그녀는 잡스를 돈과 사탕으로 구슬려 잡스의 관심을 샀지만, 후에 잡스는 그녀를 기쁘게 하는 것을 목적으로 학업에 열중하였다. 4학년 말에 잡스는 힐 선생의 권유에 따라 수학 능력 평가를 보았고, 고등학교 2학년 수준의 수학 능력이 있다는 결과가 나오자 잡스 부부는 잡스를 한 학년만 월반시키기로 결정하였다.

③ 중학교

잡스는 잡스 부부의 결정에 따라 크리텐든 중학교로 옮겨 학업을 계속하였다. 하지만 다양한 인종의 갱단으로 물들어 있던 크리텐든 중학교는 잡스에게 고통

자료: koreadaily.com

🛠 그림 10.9 스티브 잡스(가운데)의 중학교 재학 시절 모습

이었다. 따라서 잡스는 부모님께 다른 학교로 보내달라고 떼를 썼고, 결국 쿠퍼티노와 서니베일 학군의 경계선 바로 안쪽에 있는 가장 안전하고 우수한 지역으로 이사하여 캘리포니아 주 쿠퍼티노에 위치한 쿠퍼티노 중학교에 다니게 되었다.

④ 고등학교

잡스는 9학년(현재의 중학교 3학년)이 되자마자 홈스테드 고등학교에 진학하였다. 고등학교 시절에 그는 다양한 경험을 하는데, 그 주가 되는 것이 반문화 운동이었다. 잡스는 반문화 운동에 빠져 있던 12학년의 여러 학생들과 많은 교류를 하고, 전자공학과 수학, 과학 등에 대한 많은 이야기를 나누었으며, 마약의 한 종류인 LSD와 반문화 운동 전반에 대해서도 흥미를 보였다. 잡스는 후에 실리콘밸리의 전설이 된 존 매콜럼의 전자공학 수업을 듣기도 하였는데, 군대식 규율을 중요시하는 매콜럼에게 권위에 대한 반감을 숨기지 않았다.

매콜럼에게 미움을 사던 잡스와 달리, 후에 잡스와 함께 애플 회사를 세우는 스티브 워즈니악은 매콜럼의 총애를 받던 학생이었다. 워즈니악은 잡스보다 다섯 살 많은 학생으로, 같은 동네에 살던 빌 페르난데스가 워즈니악에게 잡스를 소개해 주었다. 1971년에 워즈니악과 잡스는 애플의 탄생에 큰 기여를 한 블루박스를 제작하고 판매하였다.

잡스는 초등학교 때부터 알고 지내던 래리 랭의 차고를 종종 방문하였는데, 랭은 잡스에게 히스키트라는 아마추어 전자공학 키트에 관심을 가지게 하였고, 이 키트 덕분에 잡스는 어려서부터 전자제품의 작동원리를 익히게 되었다. 또 랭은 HP 탐구자 클럽에 잡스를 합류시켰다. 잡스는 이 클럽에서 거대한 몸집의 컴퓨터들을 볼 수 있었고, 잡스는 이 컴퓨터를 아주 인상적으로 바라보았다. 그는 후에 "거기서 나는 첫 데스크톱 컴퓨터를 봤어요. 9100A라고 불린 그것은 사실 계산기를 미화해 말하는 것이었지만 진정 최초의 데스크톱 컴퓨터이기도 했지요. 20킬로그램 정도 되는 거대한 몸집이었지만 정말 아름다웠어요. 첫눈에 반해 버렸지요." 라고 말했다.

자료: pinterest.com

그림 10.10 고등학교 시절의 스티브 잡스

자료: soriaudio.com

그림 10.11 상태가 매우 좋은 히스키트 AA-32 pp앰프

잡스는 고등학교 시절에 다양한 일을 하였는데, HP의 조립라인에서 반복되는 조립을 하는 일과 신문 배달, 전자 기기 상점에서 재고품을 정리하는 일 등이었다. 잡스는 HP에서 동료 직원들보다는 윗 층에서 일하는 엔지니어들과 더 친해졌으며, 전자 기기 상점에서는 다양한 전자 기기들을 접하며 즐거워했다. 또한 잡스는 고등학교 때 자신이 해야 할 일에 대해서 어렴풋이나마 알게 되는데, 전자공학과 창작의 교차점에 서 있는 자신을 발견한 것이다. 그는 과학 분야가 아닌 다른 여러 분야의 책들도 관심을 가지고 많이 읽기 시작했고, 음악도 많이 들었다. 잡스는 특히《리어 왕》과《모비 딕》, 그리고 딜런 토머스의 시를 좋아했다.

⑤ 대학교

대학 진학을 결정해야 할 시기가 되자 잡스는 잡스 부부에게 대학교에 진학하지 않겠다고 선언했다. 하지만 17년 전에 잡스 부부는 입양한 아이를 꼭 대학에 보내겠다고 약속하였고, 잡스의 대학 진학을 위해 학자금을 어느 정도 모아 둔 상태였으므로 잡스를 설득하였다. 이에 대응하여 잡스는 일부러 학비가 훨씬 싼 주립 대학교에는 절대 진학하지 않겠다고 선포했으며, 오로지 오리건 주 포틀랜드의 리드 대학교에 가겠다고 고집을 부렸다. 결국 잡스는 1972년 리드 대학교에 입학하여 철학 공부를 시작하였다.

하지만 시간이 많이 흐르지 않아 잡스는 필수 과목들을 반드시 이수해야 한다는 학교의 규정이 마음에 들지 않았다. 잡스는 듣고 싶은 과목 수업에만 들어갔으며, 이때 들을 가치가 없는 수업을 위해서 부모님이 비싼 학비를 낸다는 것에 대해 죄책감을 느껴 1학기만 수강한 후 리드 대학교를 중퇴하였다. 하지만 잡스는 리드 대학교[4]를 떠나지는 않았다. 스티브 잡스는 기숙사 주임을 설득하여 잡스가 퇴학 후에도 기숙사에 머물 수 있게 허락하도록 하였으며, 수업을 청강할 수 있도록 조치하였다.

---

4) 칼텍, MIT와 겨루는 리드 칼리지, 동문의 25%가 박사다.

자료: blog.daum.net

🔩 그림 10.12 리드 대학교

그 후 18개월 동안 잡스는 학교에 머물면서 여러 강의를 자유롭게 들었으며, 특히 캘리그래피(멋글씨)⁵⁾ 강의에 흥미를 보였다. 캘리그래피 강의는 이후 트루타입 폰트를 애플 제품에 적용하면서 수려한 글자체를 만들어내는 데 도움이 많이 되었다고 한다.

⑥ 대학교 이후

1974년 2월, 잡스는 캘리포니아 주 로스앨터스의 부모님 댁으로 돌아가 직장을 구하기 시작했고, 구인 광고에 "즐기면서 돈 버는 곳"이라고 적혀 있었던 비디오게임 제조사 아타리의 로비에 들어가 채용해 줄 때까지 버티고 있겠다고 고

---

5) 글자를 다루는 시각 디자인의 한 분야로, 출판계에서는 책의 주제를 아름다우면서도 개성 있는 글씨로 요약하여 표현하는 것을 목적으로 표지 디자인에 응용한다.

집을 부렸고, 결국 아타리의 공동 창업자이자 수석 엔지니어였던 앨 알콘에 의해 고용된다. 아타리에서도 잡스는 고집스러운 면과 남을 깔보는 성격을 내보였지만, 아타리의 창업자 놀런 부슈널은 잡스를 높게 평가하여 그가 야간 근무를 할 수 있도록 도왔다. 잡스는 아타리에서 몇몇 게임이 개선되도록 도왔으며, 복잡한 설명서를 읽을 필요가 없는 직관적이고 단순한 아타리 게임에 큰 영향을 받았다. 잡스는 아타리에서 일하던 도중인 1974년 초, 인도 순례 여행을 떠났고 7개월간의 여행 후 다시 아타리로 돌아와 일하였다.

부슈널은 잡스에게 브레이크아웃(Breakout)이라는 벽돌 깨기 게임을 설계할 것을 지시했는데, 칩을 50개 미만으로 사용하면 줄어든 칩에 비례해 보너스를 주겠다고 약속했다. 잡스는 워즈니악에게 보수를 반씩 나누는 조건으로 도움을 청하고 워즈니악은 불과 4일만에 45개의 칩만으로 게임을 설계해내지만, 잡스는 워즈니악에게 기본 수고비의 절반인 350달러만 주었다. 잡스가 아타리로부터 받은 돈은 5,000달러였다. 그리고 애플을 설립하고 자신의 집 차고부터 사옥에 이르기까지 발전시켰으나, 이후 매킨토시 프로

자료: namu.wiki

⚙️ 그림 10.13 놀런 부슈널

젝트 등이 실패하면서 결국 애플에서 쫓겨난다. 이후 애플은 지독한 적자를 겪다가 결국 다시 스티브 잡스를 CEO로 맞이한다.

자료: smartblog.kt.com

⚙ 그림 10.14 아타리(Atari)사의 명작 게임인 벽돌 깨기

(5) 사생활

① 불교

자료: asiae.co.kr

⚙ 그림 10.15 오토가와 고분

잡스는 1973년 오리건 주 포틀랜드에 있는 리드 대학교 철학과를 한 학기만 다니고 중퇴한 후, 오리건 주 올인원팜(All in one farm)이라는 사과 농장에서 히피 공동체 생활을 하다가 그곳에 기거하던 일본 불교 승려인 오토가와 고분(乙川弘文)을 만나 불교에 입문했다.

자료: opinion.mk.co.kr

⚙ 그림 10.16 스티브 잡스와 로렌 파월의 결혼식 주례를 맡은 오토가와 고분

1974년 세계 최초의 비디오 게임 회사인 아타리에 입사한 잡스는, 같은 해 입사한 직후에 장기간의 인도 히말라야 여행을 통해 불교를 더욱 깊게 공부했다. 상당한 경지까지 올랐다는 이야기가 전해진다. 잡스는 "이것(불교를 접한)이야말로 내 인생의 가장 중요한 일 중 하나"라고 말했다. 아이팟 등의 단순한 디자인이 참선의 정신에서 비롯되었다는 이야기도 있다.

이후 잡스의 결혼식 주례도 오토가와 고분이 했다. 그 이후, 회사가 잘 안 되자 잡스는 출가하여 승려가 되려고 고민했었다. 하지만 스님이 반대했다고 한다. 그 이후에도 오토가와 고분이 2002년 사망할 때까지 잡스는 항상 그를 정신적으로 의지했다. 애플이란 회사명, 애플 제품의 매우 단순한 디자인, 사과농장, 불교는 매우 큰 관계가 있다.

② 식습관

잡스는 크리텐든 중학교에서 괴롭힘을 당한 후 크리스트드라이브 2066번지로 이사하였는데, 이때 그는 인근의 과수원에서 한 농부를 만났다. 그 농부는 잡스에게 유기농법으로 텃밭을 돌보는 법과 퇴비를 만드는 법 등을 알려 주었고, 잡스는 그때부터 유기농법으로 재배한 과일과 채소를 좋아하게 되었다.

프랜시스 무어 라페의 《작은 지구를 위한 식습관》 역시 잡스의 채식주의 식습관에 지대한 영향을 미쳤다. 라페는 이 책을 통해 채식 습관은 개인적인 혜택뿐만 아니라 지구적인 혜택 역시 제공한다고 주장했다. 하지만 이 책은 잡스로 하여금 극단적인 식습관을 추구하도록 만들었는데, 예를 들어 일주일 이상을 단식하거나 로만 밀에서 나오던 시리얼 제품만 먹는 식이었다.

잡스의 식습관에 큰 영향을 미친 또 다른 책은 영양학 전문가 아르놀트 에렛의 《디톡스 식습관의 치유 체계》라는 책이었다. 잡스는 이 책을 읽고 채소와 과일만 먹으면 몸에 좋지 않은 점액이 형성되는 것을 막을 수 있으며, 정기적으로 장기 단식을 행해야 몸속의 독소

자료: blog.daum.net

🔩 그림 10.17 프랜시스 무어 라페

가 사라진다고 믿게 되었다. 또한 채식을 하면 몸에 냄새가 나는 점액이 분비되지 않는다고 생각해 여러 주 몸을 씻지 않기도 해서 아타리에서 일했을 당시 동료들 사이에서 불만이 많았다.

잡스의 이런 극단적인 식습관은 후에 그가 췌장암에 걸렸을 때 큰 문제가 되었다. 잡스는 2003년 말 췌장암 진단을 받은 후 수술을 거부하다 2004년 7월 31

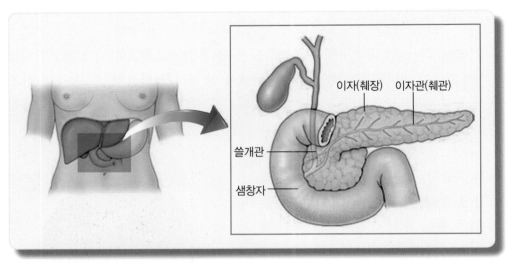

이자(췌장)　이자관(췌관)

쓸개관

샘창자

그림 10.18 췌장의 위치

일 스탠퍼드 대학교 의학 센터에서 변형 휘플 수술을 받았다. 변형 휘플 수술
(Whipple's operation)[6]을 통해 잡스의 췌장 일부분이 제거되었고, 따라서 잡스
는 단백질을 더 많이 섭취해야 했다. 하지만 잡스는 10대 때부터 지속해 온 채식
및 금식 습관을 버리지 않으려고 했고, 의사의 권고를 무시했다. 결국 잡스의 극
단적인 식습관이 그의 건강을 더더욱 해친 것이다.

---

6) 휘플 수술의 다른 이름은 췌십이지장절제술(Pancreaticoduodenectomy)이다. 즉, 췌장과
십이지장을 절제하는 수술이다. 휘플 수술을 시행해야 하는 경우는 이자나 십이지장에 암
종이 생겼을 경우이다. 이자머리암(Pancreatic head cancer), 온쓸개관암(CBD cancer), 바
터팽대부와 근접한 십이지장의 암종 등이 휘플 수술의 대상이 된다. 휘플 수술은 췌장 머
리, 십이지장, 소장 일부, 위 하부, 담관과 담낭 등을 절제하며, 남아 있는 소장과 췌장 그
리고 담관과 위의 상부를 붙여주는 방법이다.

(6) 일화

스티브 잡스는 철저한 채식주의자로 견과류와 물만 섭취했다고 알려져 있으며, 펩시에 계약차 들렀을 때 펩시 음료에 전혀 손을 대지 않았다고 한다. 애플 설립 초기 당시에 펩시 사장인 존 스컬리를 애플에 영입할 때, 대기업의 사장자리를 버리고 신생기업으로 가기를 망설이던 스컬리에게 "인생 끝날 때까지 설탕물을 팔겠나, 나한테 와서 세상을 바꾸겠나?"(Do you want to sell sugar water for the rest of your life, or do you want to come with me and change the world?)라고 하자 존 스컬리는 망설임 없이 애플로 이적했다고 한다.

그리고 딸 리사가 태어났을 때 부친임을 인정하지 않으려 했으나 결국 받아들였고, 애플 리사는 그녀의 이름을 딴 것이다. 애플 리사(Apple Lisa)는 1983년 애플에서 개발한 애플 최초의 GUI OS를 가진 컴퓨터를 가리킨다.

리사(LISA)라는 이름은 일단 Local Integrated Software Architecture의 약자라고 주장하긴 했는데, 사실은 스티브 잡스의 딸 이름에서 유래했다. 어쨌거나 세계 최초의 상용 GUI 인터페이스를 갖춘 운영체제를 가지고 있었다. 1978년부터 애

자료: itcle.com

🔧 그림 10.19 스티브 잡스와 존 스컬리

⚙️ 그림 10.20 애플 리사

플 내에서는 GUI 인터페이스 운영체제에 대한 논의가 잇따랐었고, 그 결과 1982
년부터 리사 프로젝트를 시작하여, 83년에 완성되어 시제품을 내놓았다. 참고로
이때 잡스도 이 프로젝트에 참여하긴 했는데, 너무 화를 잘 내고 감정적이라는
이유로 쫓겨나서 매킨토시로 밀려났다.

　잡스는 연봉이 1달러인 최고경영자로 유명한데, 이 1달러마저 연봉을 단 한 푼
도 받지 않을 경우에 노동법상 고용관계가 유지될 수 없기에 최소한으로 정해
놓은 액수이다. 또한 회사로부터 봉급을 받으면 의료보험 혜택도 받을 수 있다
는 것도 한 몫 했다고 전해진다. 그러나 그는 연봉 1달러 외에도 스톡옵션이나
여러 가지 성과급 형태로 보상받고 있다. 하지만 애플은 주주배당이 적기 때문
에 실제 그의 소득은 디즈니 주식의 배당인 연 500억 원 정도다.

　유명한 애플의 사과모양 로고의 변화와 유래에 대해서는 여러 가지 이야기가

자료: grooo.tistory.com

⚙ 그림 10.21 연봉 1달러

전해진다. 1976년 초창기의 애플 로고는 로고라기보다 한 폭의 그림과 같다. 과학자 뉴턴이 사과나무 아래에서 떨어진 사과를 보며 만류인력의 법칙을 발견한 모습을 모티브로 만들었다는 설이 가장 유력하지만 확실하게 증명된 바는 없다.

자료: techholic.co.kr

⚙ 그림 10.22 애플 로고의 변천사

자료: kmug.co.kr

⚙ 그림 10.23 무지개 애플 로고 디자이너, 롭 자노프

사과모양 애플 로고를 만든 인물은 디자이너인 롭 자노프(Rob Janoff)다. 그는 1970년 대학 졸업 후 실리콘밸리 기업에서 디자인을 맡아 젊은 아트 디렉터 시절을 보냈다. 이후 1977년 팔로알토에 위치하는 레기 맥케나(Regis Mckenna)[7] 회사로 전직한다. 거기에서 그는 애플컴퓨터 담당을 맡게 됐다. 사람이 한 입 베어 문 것과 같은 사과는 그 유명한 황금비율의 피보나치 수열로 이뤄져 있다. 사람들이 아름답다고 느끼는 비율인 황금비율을 이용해 로고를 디자인한 것이다. 가로 세로 변의 비가 황금비인 1.618 직사각형에 애플 로고 곡선 직경을 견주어 보면 모든 부분의 크기를 치밀하게 계산했다는 걸 알 수 있다.

승승장구하며 자신들의 아성에까지 침범한 애플에 화가 난 IBM은 한 입 베어 먹은 사과 모양의 애플 로고에 대해 '애플은 썩은 사과'라며 시비를 걸기도 했다.

---

7) 인텔과 같은 IT 기업을 클라이언트로 둔 미국 대표 마케팅 컨설턴트

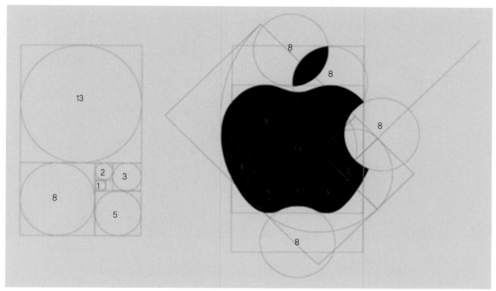

자료: blog.naver.com

⚙️ 그림 10.24 황금 비율의 피보나치 수열

스티브 잡스는 이에 "애플은 썩은 부분을 완전히 도려냈기 때문에 이제는 아주 깨끗하다."고 답변했다.

(7) 업적

창업 이후 잡스는 홈브루 컴퓨터 클럽이라는 이름의 클럽에서 스티브 워즈니악이 개발한 최초의 개인용 컴퓨터 애플1을 공개했다. 애플1은 모니터도 없고 디자인도 투박했으나 의외로 큰 반응을 보이며 판매에 성공했고, 그에 힘입어 1980년에는 주식을 공개했다. 1984년에는 IBM에 대항하여 그래픽 사용자 인터페이스를 탑재한 애플 리사를 내놓았다. 그러나 하드웨어와 소프트웨어의 가격이 너무 비싸서 실패하였고, 또 매킨토시 프로젝트가 경쟁사 IBM에 비해 가격이 비싸기도 했다. 그리고 응용 소프트웨어 또한 부족하자 또다시 실패하게 되었

자료: timetree.zum.com

⚙️ 그림 10.25 최초의 장편 3D 애니메이션 《토이 스토리》

다. 이것은 전 세계 대부분 사람들이 PC를 사용하게 된 큰 사건이었다. 결국, 잡스는 존 스컬리에 의해 1985년에 애플 경영 일선에서 물러났다.

애플을 떠난 뒤 넥스트(NeXT)[8]라는 회사를 세워 세계 최초의 객체지향 운영 체제인 넥스트 스텝을 개발하였고, 1986년 이혼 문제 때문에 자금이 필요했던 조지 루커스 감독의 컴퓨터 그래픽 회사를 인수하였다. 잡스는 회사 이름을 픽사(Pixar)[9]로 바꾸고 10년간 6천만 달러를 투자하여 할리우드 최고의 애니메이션 회사로 키워냈다. 픽사는 여러 번 단편 애니메이션 분야에서 오스카상을 받았으며, 그 뒤로 최초의 장편 3D 애니메이션 《토이 스토리》로 큰 성공을 거두었고 현재는 디즈니사에 합병되었다. 그 후 1997년 넥스트는 애플에 인수되었으며

---

8) NeXT, Inc.(넥스트 사, 나중에 NeXT Computer, Inc.와 NeXT Software, Inc.로 이름을 바꿈)는 1985년, 애플 컴퓨터에서 해고통지를 받은 스티브 잡스가 미국 캘리포니아 주 레드우드 시티에서 설립한 컴퓨터 회사였다.

9) 픽사 애니메이션 스튜디오스(Pixar Animation Studios) 또는 간단히 픽사는 미국 캘리포니아 주 에머리빌에 있는 컴퓨터 애니메이션 영화 스튜디오이다. 컴퓨터 애니메이션뿐 아니라 최신 3차원 컴퓨터 그래픽스 기술을 개발하여 판매하고 있다.

그와 동시에 그는 애플로 돌아왔다. 그 해 7월 애플의 최고 경영자로 복귀하였으며, 1997년 10억 달러의 적자를 낸 애플을 한 해 만에 4억 달러에 가까운 흑자를 내게 하였다.

이와 같은 잡스의 업적과 영향력 때문에 그를 추종하는 사람들이 나오기도 하였다. 일부 그의 팬들은 예수를 빗대어 추켜세우기도 했다. 애플은 2011년 8월 24일 성명을 내고 최고경영자(CEO)인 잡스가 CEO직을 즉각 사임한다고 밝혔다. 애플은 팀 쿡 최고운영책임자(COO)가 후임을 맡을 것이라고 말했다.

(8) 스티브 잡스의 죽음

2000년대 들어서 스티브 잡스의 건강이 악화되었으며, 2004년에 췌장암 수술도 받았다. 그러나 그의 건강이 회복되지 않았고 계속 악화된다는 이야기가 나오던 가운데 애플 측은 주가하락 등을 이유로 건강 이상설을 부인해 왔다. 그러나 2009년 6월 간 이식 수술을 받은 것으로 드러났으며, 호르몬 이상으로 체중

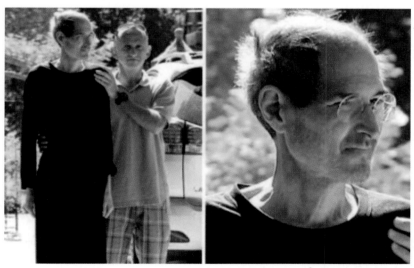

자료: m.blog.naver.com

🔧 그림 10.26 말년의 스티브 잡스

또한 지속해서 줄어 2009년부터 호르몬 치료도 받은 것으로 알려졌다. 그의 건강 이상설에 따라서 주가가 무려 6%씩이나 등락하는 등 그의 영향력을 알 수 있는 계기가 되었으나, 애플이 너무 잡스에만 기대고 있는 것을 보여주었다는 비판도 존재한다.

2011년 1월에는 잡스의 건강이 다시 악화되어 병가를 냈다. 이에 따라 애플의 주가는 6.5% 급락했다. 스티브 잡스의 건강에 대한 우려가 나오던 가운데 잡스는 백악관에서 만찬을 가졌고 사진도 공개되어 화제를 모았다. 이후 파파라치가 찍은 스티브 잡스의 사진이 공개되었는데, 이전보다 훨씬 수척해진 모습이어서 췌장암 악화로 인한 6주 시한부설이 사실이 아니냐는 목소리가 나오기도 했다.

그러던 중 2011년 3월, 아이패드2를 발표하기 위해서 잡스가 모습을 나타냈다. 잡스는 언론에 보도된 것보다는 건강한 모습을 보여 경영에 문제가 없음을 과시했으나, 이후 다시 병세가 급속히 악화되어 같은 해 8월 애플 CEO직을 사임하고, 췌장암으로 인해 2011년 10월 5일 향년 56세로 세상을 떠났다.

스티브 잡스의 사망은 다음의 애플 공식성명에 의해 알려졌다.

"애플은 명확한 비전과 창의성을 지닌 천재를 잃었습니다. 그리고 세계는 정말 놀라웠던 한 사람을 잃었습니다. 스티브와 함께 일하는 행운을 누렸던 저희는 사랑하는 친구이자 늘 영감을 주는 멘토였던 그를 잃었습니다. 이제 스티브는 오직 그만이 만들 수 있었던 회사를 남기고 떠났으며, 그의 정신은 애플의 근간이 되어 영원히 남을 것입니다."

(9) Think different

① 애플의 슬로건

'Think different'는 애플이 1997년에 로스앤젤레스의 한 광고 대행사에 맡겨서 만든 광고 문구의 하나이다. 유명한 TV 광고, 인쇄 광고물, 수많은 애플 제품의 TV 프로모션에도 사용되었다. 그러나 2002년의 애플 스위치 광고 캠페인이 시작되면서 애플은 이 선전 문구의 사용을 중단하였다.

그림 10.27 애플의 'Think different'

    'Think different'라는 문구는 문법적으로 잘못된 데 대하여 비평을 받아왔다. 'Think'는 동사이고 'different'(다른)라는 형용사가 아닌 'differently'(다르게)라는 부사가 뒤에 와야 한다. 다만, 메리엄-웹스터 온라인 사전에 따르면 1744년으로 되돌아가보면 'different'가 부사로 사용된 적이 있다. 또, 명사로서의 'different'로 취급할 경우 'Think Different'라는 문구는 사고방식에 반하여 생각하는 바를 가리킨다. 이는 'Do Good'과 'Do Well'의 차이와 비슷한데, 'Do Good'은 다른 사람들에게 잘 한다는 말을 할 때 쓰이는 뜻이지만, 'Do Well'은 시험에서 높은 성적을 얻는 것같이 성공적으로 일을 수행한 것을 가리킨다. 애플이 이와 같은 카피를 만든 것은 소비자들에게 강한 인상을 주기 위해 의도적인 변형을 한 것이라고 할 수 있다.

    스티브 잡스가 애플을 창업할 때 생각했던 경쟁 상대는 엉뚱하게도 IBM이었다. 당시 IBM은 대형 컴퓨터를 만들고 있었는데, 주요 고객은 전 세계적으로 큰 조직이나 회사였고 사용자들 중에도 컴퓨터를 아는 사람은 극히 소수였다. 잡스의 생각은 일부 기업이나 사람들이 아니라 모든 기업과 개인들이 사용할 수 있는 컴퓨터를 만들고자 목표로 삼았다. 그러나 자본과 조직 어느 면에서나 열악하기 그지없던 막 태어난 신생회사 애플이 컴퓨터 업계의 최강자인 IBM과 경쟁한다는 것은 아이와 어른의 싸움과 같은 상황이었다. 애플의 직원들을 독려하기 위한 슬로건으로 고민하던 잡스는 결국 경쟁 상대인 IBM을 이기려면 IBM과 다르게 생각하고 행동해야 한다고 생각했다. 당시 IBM의 슬로건은 'Think'였다. 잡스는 IBM이 하는 것처럼 '생각'해서는 이길 수 없음을 알았다. 그래서 만든 슬로건이 바로 "Think Different"였던 것이다. 애플을 창업하면서 처음부터 IBM과 다르게 생각하고 행동한 결과, 오늘날의 애플은 IBM을 능가하는 회사로 성장한 것이 아니겠는가.

　사람들은 애플을 세상에서 가장 창의적인 기업이라고 부른다. 그 배경에는 남다르게 생각하는 그들만의 방식이 있었고, 그 방식을 애플의 모든 구성원이 일상적인 업무에 적용했기 때문에 가능했다. 특히 신제품 개발을 회사의 최고 목표로 삼았던 애플로서는 최상의 전략을 세웠던 셈이다.

자료: ibmsystemsmag.com

🔧 그림 10.28 IBM의 'Think'

② 광고 전문

아래의 최초 버전은 애플이 만든 포스터에서 사용되고 있으며, 실제 광고에서는 완전한 버전(Full version)이 사용되고 있다.

✦ 최초 버전(Original)

"여기 미친 이들이 있습니다. 부적응자, 혁명가, 문제아 모두 사회에 부적격인 사람들입니다. 하지만 이들은 사물을 다르게 봅니다. 그들은 규칙을 좋아하지 않고 현상 유지도 원하지 않습니다. 그들을 찬양할 수도 있고, 그들과 동의하지 않을 수도 있으며, 그들을 찬미할 수도, 비방할 수도 있습니다. 하지만 할 수 없는 일이 딱 한 가지 있습니다. 결코 무시할 수 없다는 사실입니다. 그들은 뭔가를 바꿔왔기 때문입니다. 그들은 발명하고 상상하며 고치며 탐사하고 만들어내며 감화를 주고 인류를 진보시켰습니다. 아마도 그래서 미쳐야 했을지도 모릅니다. 그렇지 않으면 어떻게 빈 캔버스에서 예술을 발견할 수 있겠습니까? 혹은 조용히 앉아서 아무것도 작곡한 적 없는 노래를 들을 수 있겠습니까? 또는 붉은 행성을 바라보며 우주 정거장을 떠올릴 수 있겠습니까? 우리는 이런 이들을 위한 도구를 만듭니다. 다른 이들은 그들을 미쳤다고 말할지 모르나, 저희는 그들에게서 천재성을 봅니다. 미쳐야만 세상을 바꿀 수 있다고 생각하기 때문입니다."

✦ 완전한 버전(Full version)

"여기 미친 이들이 있습니다. 부적응자, 혁명가, 문제아 모두 사회에 부적격인 사람들입니다. 하지만 이들은 사물을 다르게 봅니다. 그들은 규칙을 좋아하지 않고 현상 유지도 원하지 않습니다. 그들을 찬양할 수도 있고, 그들과 동의하지 않을 수도 있으며, 그들을 찬미할 수도, 비방할 수도 있습니다. 하지만 할 수 없는 일이 딱 한 가지 있습니다. 결코 무시할 수 없다는 사실입니다. 그들은 뭔가를 바꿔왔기 때문입니다. 그들은 인류를 진보시켰습니다. 다른 이들은 그들을 미쳤다고 말하지만, 저희는 그들에게서 천재성을 봅니다. 미쳐야만 세상을 바꿀 수 있다고 생각하기 때문입니다."

⊛ 짧은 버전(Short version)

"여기 미친 이들이 있습니다. 혁명가. 문제아. 하지만 이들은 사물을 다르게 봅니다. 다른 이들은 미쳤다고 말하지만, 저희는 그들에게서 천재성을 봅니다. 미쳐야만 세상을 바꿀 수 있다고 생각하기 때문입니다."

2. 빌 게이츠

(1) 개요

빌 게이츠(Bill Gates, 본명: William Henry Gates III, 1955년 10월 28일 ~)는 미국의 기업인이다. 어렸을 때부터 컴퓨터 프로그램을 만드는 것을 좋아했던 그는 하버드 대학을 다니다가 자퇴하고 폴 앨런과 함께 마이크로소프트를 공동 창립

자료: m.blog.naver.com

⚙ 그림 10.29 세계 최고의 부호 빌 게이츠

했다. 그는 당시 프로그래밍 언어인 베이직 해석프로그램과 앨테어용 프로그래밍 언어인 앨테어베이직을 개발했다.

빌 게이츠는 미국의 기업인, 기부재단 이사장, 프로그래머이다. 유대계로 아는 사람이 많은데 빌 게이츠는 영국계다. 전 세계 PC 운영체제 시장의 무려 93%를 점유하고 있는 Microsoft Windows 개발사 마이크로소프트의 창업주다. 결코 마르지 않는 샘물을 소유한 덕분에 아주 오랫동안 세계 제1의 부호 자리를 유지하고 있다. 덕분에 전 세계에서 갑부의 상징과 같은 인물이다. 현재는 현직인 CEO에서 이사회 의장직으로 물러나 자선사업 활동에 매진하고 있다. 전 세계 최고의 부호답게 그가 창업한 자선재단 역시 정말 크고 아름답다. 빌게이츠 부부 재단 혼자서 미국 전체 자선재단의 40%를 웃도는 수준이다. 일개 재단 혼자서 아프리카라는 거대한 대륙을 바꾸고 있다는 평을 듣고 있다.

빌 게이츠는 현직에 있을 때만 해도 Microsoft Windows가 그간 워낙 엄청난 수익을 창출하며 거의 마르지 않는 샘물 수준으로 돈을 벌어대서 일찍 제1의 부호 자리에 오르며 부의 상징과 같은 이미지가 강했다. 부의 제국, 어둠의 군주, 세계를 뒤에서 조종하는 사람 등으로 비유되곤 했지만 은퇴 후 파격적인 자선사업으로 그 동안 모든 부정적인 이미지를 바꾸고 있다. 전 세계에서 가장 압도적으로 큰 자선재단을 운영하고 있으며, 자녀들에게는 본인 재산의 0.1% 미만만을 물려준다는 선언도 화제가 되었다. 또한 전 세계 부호들에게 기부에 동참할 것을 호소하며, 설득하는 캠페인은 전 세계에 크게 화제가 되었다. 이제는 기부의 상징, 노블레스 오블리주를 실천하는 부호의 상징으로 존경받고 있다.

(2) 경력

실제 그는 사회에 모난 것 없이 무난하게 지나가는 모범생 스타일이라고 한다. 하지만 젊은 시절 하버드 대학교를 중퇴하고 맨손으로 컴퓨터 사업에 뛰어들 정도로 야심가의 면모를 가지고 있다. 한창 고생하던 시절에는 "그냥 의사나 할까?"라고 생각도 했었다고 한다.

그런데 아래 서술한 것이나 실제 행보들을 보면 은근히 허풍 끼가 있다. 대학

그림 10.30 하버드 대학교 시절의 빌 게이츠

생 때 음주운전으로 잡혀 들어가기도 했다. 컴퓨터 제조사들에게 경쟁사 제품을 쓰면 윈도우를 납품하지 않겠다고 협박한다는 이야기도 있으나, 이래선 반드시 법적으로 문제가 되기 때문에, 복돌이[10] 대책 겸해서 "OS 없는 PC의 출시를 금지한다."고 한다.

그런데 "당신들이 무슨 프로그램을 만들건 그건 당신들 자유지만 MS의 영역을 침범해서는 안 된다."라고 한다거나, OS 내에 경쟁사 제품이 제대로 작동하지 않게 하는 코드를 몰래 집어넣는 일을 하기도 했다. 사실 이 정도는 웬만한 대기업들도 많이 하긴 하지만, 어쨌거나 이 사람이 정직하고 깨끗하게만 부를 축적했다고 하는 말은 맞지 않는 것이 사실이다. 아니 오히려 한때의 별명이 '실리콘 밸리의 악마'였을 정도로 악랄한 장사수완을 자랑했다.

---

10) '복사 + ~돌이'를 합친 인터넷 신조어로, 인터넷에 불법으로 업로드된 서적, 음반, 크랙(또는 버그판), 영화, 애니메이션, 성인물, 웹툰, 상용 프로그램 등의 유료 소프트웨어를 사용하는 사람을 비하하는 말.

자료: thisisgame.com

⚙️ 그림 10.31 한 나라의 대통령과 장사꾼의 악수

　당시 게이츠는 물론 그 누구도 무어의 법칙[11]을 실감하지 못했던 시절이고, 황의 법칙[12]은 있을 턱이 없던 시절이었다. 이것 말고도 640kb이면 모든 사람에게 충분한 메모리 용량이다. 이러한 말을 한 적이 있다고 알려져 있는데, 이건 사실이 아니다. 오죽 답답했으면 강한 어조로 부정했을까?

---

11) 반도체 집적회로의 성능이 24개월마다 2배로 증가한다는 법칙이다. 경험적인 관찰에 바탕을 두고 있다. 인텔의 공동 설립자인 고든 무어가 1965년에 내 놓은 것이다.

12) 한국 삼성전자의 기술총괄 사장이었던 황창규(현 KT 사장)가 제시한 이론이다. 2002년 2월 미국 샌프란시스코에서 열렸던 ISSCC(국제반도체회로 학술회의)에서 그는 '메모리 신성장론'을 발표하였는데, 무어의 법칙과 달리 메모리 반도체의 집적도가 1년에 두 배씩 늘어난다는 이론이었다. 그는 이에 맞는 제품을 개발하여 이론을 입증하는 데 성공하였다. 2008년에 삼성이 128GB짜리 NAND 플래시 메모리를 발표하지 않음에 따라 법칙이 깨졌다.

자료: systemplug.com

⚙ 그림 10.32 스티브 발머와 빌 게이츠

2000년 최고경영자(CEO) 자리를 스티브 발머에게 넘겨주고 2선으로 물러났다. 이후 회장직과 더불어 최고 소프트웨어 아키텍트(Chief Software Architect) 직책을 신설하여 맡았다. 2006년 최고 소프트웨어 아키텍처(CSA) 직책을 레이 오지에게 넘겨주면서 사실상 은퇴 준비 작업에 착수했다.

2008년 6월 27일부로 마이크로소프트 회장직에서 은퇴했다. 이것으로 마이크로소프트의 경영에서 완전히 손을 뗐다. 그래도 이사회 의장직은 그대로 유지한다고 한다. 즉, 회장이 연봉은 안 받지만 앞으로도 마이크로소프트 덕분에 큰돈을 벌 거라는 이야기다.

2007년까지 600억 달러의 개인재산을 가지고 있는 세계 최고의 부자였다. 그러나 한때 주식 가치 등의 변화로 빌 게이츠의 '세계 최고의 부자' 타이틀이 위협을 받았다. 멕시코의 통신 재벌인 카를로스 슬림에게 '세계 최고의 부자' 타이틀을 넘겨주고 자신은 '미국 최고의 부자'로 남는 듯 했다.

자료: 포브스(Full List Of The 500 Richest People In The World 2015)

그림 10.33 포브스 발표 '2015년 세계 500대 부호'를 선정한 결과

그러나 2013년 5월을 기점으로 블룸버그에서 집계하는 세계 억만장자 순위에서 카를로스 슬림을 제치고 다시 1위로 등극했다. 이후 다시 Forbes에서 2위로 떨어졌다가 2015년엔 다시 1위로 등극하면서 계속 엎치락뒤치락하고 있는 중이다. 어쨌든 순위가 계속 바뀌어도 빌 게이츠라는 이름은 갑부의 대명사로 통하고 있다.

(3) 생애

　가난한 가정 출신이라고 잘못 알려져 있는데 그의 가정은 상류층으로, 아버지는 시애틀 최고 법률 회사를 운영하던 저명한 변호사였으며, 어머니는 미국의 은행인 퍼스트 인터스테이트 뱅크시스템과 비영리 단체 유나이티드 웨이의 이사회 임원이었다. 또한 외할아버지인 J.W. 맥스웰은 미국 시애틀의 전국 도시은행의 부은행장이었다. 할아버지에게 포르쉐를 선물로 받았다. 즉, 태어날 때부터 완벽한 환경을 갖춘 인물이었다.

　게다가 신동 기질도 타고나서, 교회 목사가 박람회에 데려가는 조건으로 내건 성경의 산상수훈(마태복음 5장에서 7장에 해당하는 내용이다.)을 완벽하게 외운다든지 수학적으로 재능을 보여 일찍이 천재성을 인정받았다. 참고로, 그의 IQ는 160으로 굉장히 높다. 또 엄청난 책벌레였다고 한다. 식탁에서도 책을 놓지 않아 부모가 늘 나무랐다고 한다.

자료: kimsine51.tistory.com

⚙️ 그림 10.34 책벌레 빌 게이츠

레이크사이드 고등학교에 다닐 때부터 컴퓨터에 두각을 나타냈는데, 언젠가는 폴 앨런과 함께 학교단말기에 연결되어 있던 중앙컴퓨터를 해킹, 학교가 지고 있던 빚을 회계장부에서 지워버리는 어처구니없는 짓을 하기도 했다고 한다. 참고로, 폴 앨런은 게이츠의 친구이자, 마이크로소프트를 차릴 때의 동업자이기도 하다.

어떻게 위기를 넘기고 나서 하버드에 들어가서 응용수학(applied math)을 전공하면서 수학적 재능이 더욱 개화하여, 마음이 맞는 친구들을 모아 악동 짓을 하거나 프로그램 개발을 하거나 했다고 한다. 이 시기에 알고리즘 논문을 하나 써서 이산수학 학술지에 실었다. 내용은 팬케이크 소팅이라는 문제에 대한 알고리즘을 제시한 것으로, 더 좋은 알고리즘은 30년 뒤에야 나왔다.

흔히 IT분야에 젊은 사업가가 나타나면 제2의 빌 게이츠라는 말을 많이 하는데, 그 중에 게이츠처럼 학문적인 성취를 이룬 사례는 거의 없다. 대학원에 진학

자료: ystory.kr

⚙️ 그림 10.35 폴 앨런과 빌 게이츠

해도 게이츠의 논문만큼 중요한 논문을 못 쓰고 박사학위를 받는 사람들도 많다. 물론 박사학위를 받을 정도면 다른 연구 업적을 쌓았겠지만 말이다.

학술지에 논문을 실은 이후 더 배울 것이 없다면서 하버드 대학을 자퇴했다. 나중에는 하버드 대학에서 명예 졸업증을 주긴 했다. 사람들은 그가 패기 있게 자퇴한 것으로 아는데, 사실 그는 당시 사업이 결국에 안 풀리면 학교로 돌아올 생각으로 휴학을 했다고 한다.

언젠가 한 회사가 게이츠의 소문을 듣고 회사 컴퓨터를 맡겼는데, 암호표도 주지 않고는 암호에 걸린 회사 기밀문서를 읽으라고 시키자 그 자리에서 문서의 암호를 깨버려 위험인물로 낙인 찍혀 강제 퇴직 당했다. 게이츠는 그 퇴직금으로 앨런과 함께 회사, 즉 마이크로소프트를 차렸다. 초기 마이크로소프트는 알테어용 베이직 인터프리터로 이름을 날리기 시작한다.

그러다 몇 년 뒤, IBM 사에서 처음으로 PC를 출시할 때였다. 마이크로소프트 사는 IBM에 PC용 운영체제를 공급하기로 계약한다. 그래서 시애틀 컴퓨터의 Q-DOS를 사서 이름만 MS-DOS로 바꾼 뒤 팔아 떼돈을 벌었다고 알려져 있기도 하다. 그러나 사실은 Q-DOS와 MS-DOS와 CP/M은 소스코드가 모두 다르다는 게 밝혀졌다.

어쨌거나 그가 IBM과 맺은 계약은 컴퓨터 역사상 가장 큰 영향을 끼친 계약이라고 불린다. 결국 IBM은 마소에게 돈만 퍼준 꼴이 되고 만다. 이후 윈도우 시리즈를 통해 완전히 OS시장의 주도권을 잡게 된다.

IBM과의 IBM-PC 운영체제 계약도 매우 운이 따랐는데, IBM에서 최초로 계약을 하려 한 곳은 MS였지만, 당시 MS는 자체 운영체제가 없었다. 그래서 게이츠는 당시 많이 쓰이던 CP/M을 만들던 게리 킬달의 디지털 리서치를 소개해 주었다. 하지만 그 쪽은 왠지 IBM과의 계약에 별로 신경을 쓰지 않아 협상은 결렬되었다.

이에 게이츠는 다시 한 번 양쪽을 중재해 보았지만, 그 때도 디지털 리서치는 그리 적극적이지 않고 계약은 결렬되었다. 그래서 PC 출시가 늦어질까 걱정한 IBM과 PC가 안 나와서 베이식이 안 팔릴까 걱정한 MS의 계약이 이루어졌다.

이때 게리 킬달이 바로 정신을 차렸으면 MS가 지금처럼 성공하지는 못 했을 것이다. MS-DOS를 살펴본 킬달은 MS-DOS가 자사의 CP/M-86과 외형이나 기술적으로나 매우 비슷하다는 것을 알고 IBM을 위협하여 자사의 운영체제도 공식 운영체제로 만들었다. 그래서 IBM PC에는 운영체제가 포함되지 않은 채로 판매되었고, 운영체제는 시장에서 자유롭게 선택하여 구입할 수 있었다.

그런데 디지털 리서치는 CP/M-86의 기술적 우수성을 과신한 나머지 무려 240달러라는 엄청난 가격에 팔았다. 반면, MS-DOS는 약 40달러에 판매되었다. 결국 CP/M-86은 곧

자료: namu.wiki

⚙️ 그림 10.36 게리 킬달

망하고 말았다. 나중에는 정신을 차려서 DR-DOS도 내놓기도 했지만 시장은 이미 MS에게 완전히 넘어간 이후였다. 그리고 이미 윈도우로 넘어가는 중이기도 했다. 결국 디지털 리서치는 서서히 망하게 되었고, 이들이 PC 초기에 보여준 일련의 바보짓은 아직도 회자되고 있다.

단, 킬달은 자서전에서 아주 다른 이야기를 하고 있으며, 위의 이야기가 사실이 아니라고 주장하고 있다. 그리고 빌 게이츠를 아주 싫어했다고 킬달의 빌 게이츠에 대한 평가는 다음과 같다.

"He is divisive. He is manipulative. He is a user. He has taken much from me and the industry."

원래 세계 최초의 GUI방식 OS는 1981년에 탄생한 제록스 스타 워크스테이션 (Xerox Star Workstation)이다. 여기서의 제록스는 그 복사기 제조업체로 유명한 제록스 맞다. PARC에서는 태블릿 PC, 내부 네트워크를 이용한 이메일 등 시대를 수십 년 앞질러가는 기술들이 있었다.

스티브 잡스는 이 OS에 크나큰 감명을 받았고, 이 스타 워크스테이션을 개발했음에도 사내에서 인정받지 못하던 PARC 팀을 스카웃해서 1984년 그 이름도 유명한 세계 최초의 GUI 방식 PC '애플 리사(Lisa)'를 탄생시킬 수 있었다.

반면, 마이크로소프트의 경우 윈도우 1.0은 1985년 탄생했고, 이 1.0은 Mdir만도 못한 물건이었다. 하지만 엄연히 윈도우에게는 GUI 방식 컴퓨팅을 전 세계로 확장시킨 공로가 있다. 아무리 혁신적이라도 대중적이지 않다면 그건 쓸모없는 것이다.

위에서 알 수 있듯이 프로그래머로서의 재능도 탁월하지만 무엇보다도 사업가로서의 재능까지 탁월하게 갖추고 있었던 것이 성공의 원인으로 꼽히는 인물이 바로 빌 게이츠다. 사실 MS의 경쟁자들은 왠지 삽질을 저질러서 망한 경우가 많지만 말이다. 실수를 덜 하는 것은 매우 중요하다. 원래 전쟁은 잘 싸우는 쪽이 이기는 것이 아니라 실수를 덜 하는 쪽이 이기게 마련이다.

사실 상기의 업적들을 뛰어넘는 빌 게이츠의 가장 큰 업적은 소프트웨어(= 손

자료: odelian.tistory.com

🔩 그림 10.37 사업가 빌 게이츠

⚙️ 그림 10.38 윈도우 시리즈의 창시자 빌 게이츠

에 잡히지 않는 순수 디지털 콘텐츠)를 그 자체만으로 판매될 수 있도록 한 것 혹은 그런 패러다임을 만든 것이다. 빌 게이츠가 자신의 소프트웨어를 돈 받고 팔겠다고 나서기 전까지, 모든 소프트웨어는 하드웨어와 결합된 형태 혹은 종합적인 컴퓨팅 서비스의 일부로서만 부가가치를 창출할 수 있었다. 즉, 저작권 대국 미국에서도 그 이전까지는 무형의 코드 다발 자체로는 팔고 살 수 있는 상품이 아니라고 생각했던 것이다. 그러다가 빌 게이츠가 소프트웨어에 대한 배타적 재산권을 주장하고, 이의 판매에 대한 비즈니스 모델을 확립한 덕분에 현재 전 세계의 무수한 상용 소프트웨어 기업들이 존재할 수 있게 되었다고 말할 수도 있다.

이는 애플과 비교해 봐도 극명하게 차이나는 부분이다. 애플은 바로 지금까지도 자사의 소프트웨어와 하드웨어를 결합한 상태로 판매한다. 이는 전 시대의 IBM이 그랬고, 그 외의 유닉스 기반 기업들이 그랬던 것과 마찬가지의 (어떤 의미에선 구세대의) 비즈니스 모델이라고 할 수 있다. 이런 구세대적 비즈니스 모델을 넘어서서 소프트웨어, 즉 무형의 디지털 콘텐츠를 그 자체로 독립적인 상품으로 판매하는 새로운 모델을 세운 사람이 바로 빌 게이츠인 것이다.

(4) 은퇴

2008년 CES[13] 마지막 기조연설을 했다. 기조연설 중 빌 게이츠의 마이크로소프트 출근 마지막 날이라는 비디오를 틀어줘, 청중들의 웃음을 자아냈다. 이 비디오는 당시 미국에서 방영 중인 인기 시트콤 오피스와 클린턴 대통령 임기 종료 파티에서 상영된 코미디 영상을 패러디한 것이다.

자료: kyeonggi.com

⚙ 그림 10.39 힐러리 캠프 부통령 후보로 빌 게이츠 거론

---

13) Consumer Electronics Show

자료: etnews.com

🔧 그림 10.40 은퇴 선언하는 빌 게이츠

　내용은 대략 게이츠가 마이크로소프트 퇴사 후 할 일을 찾는 것인데, 그 중 빌 게이츠가 차기 대통령 민주당 후보로 유력했던 2명 중 한 명이었던 힐러리 로댐 클린턴 상원의원에게 전화를 걸어 "부통령감으로 좋은 사람이 있는데, 내가 해 먹으면 안 될까?" 힐러리 왈 "당신이 정치에 어울릴지 모르겠군요."라고 하는 대목이 있다.

　그 밖에도 조지 클루니, 스티븐 스필버그, 존 스튜어트[14] 등 유명인들이 기꺼이 출연하여 여러모로 대박이다. 유머도 있고, 센스도 있는 사람으로, 특히 본인의 nerdy[15]한 면모를 철저히 반영하여 사람을 웃긴다.

---

14) 미국의 가장 인기 있는 시사 프로그램 토크쇼 진행자
15) 공부만 해서 사회성이 좀 부족한 사람을 놀리는 속어

(5) Think Week

'Think Week'란 1년에 한두 차례 1주일 동안 일상적인 일에서 벗어나 한 가지 아이디어에 집중하는 것을 말한다. 빌 게이츠는 자신의 저택 이외에도 1년에 두 차례씩 별장에 은둔해 마이크로소프트의 미래 전략과 아이디어에 대한 연구에 몰두한다고 한다. 일주일 남짓한 이 기간엔 마이크로소프트 직원은 물론 가족이 방문하는 것도 거절한 채 홀로 정보기술업계 동향이나 새로운 아이디어들을 담은 보고서들을 읽고 이에 관한 생각을 정리한다고 한다.[16]

생각주간(Think Week)은 빌 게이츠 마이크로소프트 창업주에 의해 세상에 널리 알려졌다. 빌 게이츠는 1년에 두 차례씩 미국 서북부지역 한 호숫가 근처에 있는 초라한 별장에서 '생각주간'을 갖는다고 한다. 이곳에서 그는 일주일 동안 직원들이 작성한 보고서를 읽고, 혁신이나 창조경영이 가능한 아이디어를 찾는

자료: brunch.co.kr

⚙ 그림 10.41 독서 중인 빌 게이츠

---

16) 네이버 지식백과

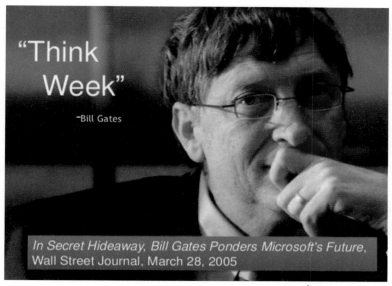

자료: slideshare.net

🔧 그림 10.42 Think Week

데만 몰두한다. 눈에 띄는 아이디어를 발견하면 이메일을 통해 담당자와 다양한 의견을 주고받는다.

빌 게이츠의 'Think Week'는 어느 날 갑자기 고안해낸 것이 아니라 평소의 독서습관이나 사색습관에서 비롯된 것이다.

전술한 바와 같이 IBM의 슬로건은 'Think'였다. 스티브 잡스는 IBM이 하는 것처럼 똑같이 '생각'해서는 이길 수 없음을 알고, 만든 슬로건이 바로 'Think Different'였다. 애플을 창업하면서 IBM과 다르게 생각하고 행동한 결과, 오늘날의 애플을 만들었듯이 빌 게이츠 또한 세계 최고의 소프트웨어 회사를 만들기 위해 'Think Week'를 생각해낸 것이 아니겠는가.

빌 게이츠는 "오늘의 나를 있게 한 것은 우리 마을 도서관이었고, 하버드 졸업장보다 소중한 것이 독서하는 습관이다."라고 말했다. 그 정도로 그는 독서광이었다.

그는 "나는 유별나게 머리가 똑똑하지 않다. 특별한 지혜가 많은 것도 아니다. 다만, 나는 변화하고자 하는 마음을 생각으로 옮겼을 뿐이다."라고 말해 생각의 중요성을 강조하고 있다.

자료: mulpix.com

🔩 그림 10.43 독서광 빌 게이츠

자료: m.blog.naver.com

🔩 그림 10.44 생각을 강조하는 빌 게이츠

좌뇌·우뇌 균형발달
– 인문학이 답

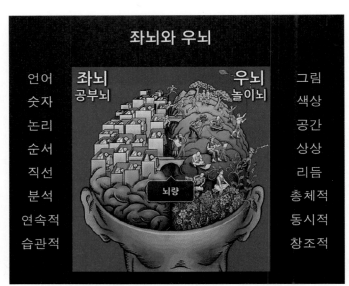

11 좌뇌·우뇌 균형발달
– 인문학이 답

1. 분할뇌

(1) 개요

인간의 좌뇌와 우뇌의 기능에는 차이가 있으며, 각 두뇌 반구는 그 사이에 있는 뇌량(corpus callosum, 腦梁)이라는 다리를 통해 정보를 주고받는다. 분할뇌 혹은 분리뇌(split brain)는 이 뇌량에 문제가 생겨 두 반구 간의 정보 소통이 차단되어 일어나는 현상이다.

과거에 간질 환자를 치료하기 위해 우뇌와 좌뇌를 연결하는 뇌량을 잘라내

좌뇌와 우뇌

좌뇌 공부뇌	우뇌 놀이뇌
언어	그림
숫자	색상
논리	공간
순서	상상
직선	리듬
분석	총체적
연속적	동시적
습관적	창조적

뇌량

자료: slideshare.net

⚙ 그림 11.1 좌뇌와 우뇌

는 시술을 많이 하였으며, 그 사람들은 간질 증세는 호전되었으나, 그 후로 이상 증세를 보여서 심리학자와 정신의학자들의 연구 주제가 되었다.

(2) 실험

분할뇌 실험은 좌뇌와 오른쪽 시야, 우뇌와 왼쪽 시야가 연결되어 있다는 점에 착안하여 피험자의 시야를 분리하고 각각 다른 정보를 입력하는 방법으로 이루어진다. 두 뇌의 의사소통이 불가능하게 분리하면 좌뇌와 우뇌가 각각 별개의 의식처럼 작동한다. 오직 좌뇌에만 언어기능을 담당하는 언어중추가 있기 때문에, 우리가 언어로 의사소통할 수 있는 뇌는 좌뇌뿐이다. 그러나 언어중추가 없는 우뇌일지라도 언어를 이해하는 정도의 능력은 가지고 있다.

자료: brainstudio.tistory.com

🔩 그림 11.2 좌뇌와 우뇌, 뇌량의 역할

① 빛 실험

분할뇌 환자의 왼쪽 시야(우뇌)와 오른쪽 시야(좌뇌)에 각각 빛을 번쩍였다. 오른쪽 시야에 빛을 번쩍였을 때 물어보면 번쩍였다고 대답하지만, 왼쪽 시야에 빛을 번쩍였을 때 물어보면 대답을 못한다. 하지만 빛이 번쩍인 지점을 가리켜 보라고 했을 때는 양쪽 손 다 잘 가리킨다.

자료: coconutpalms.info

⚙ 그림 11.3 빛으로 뇌를 제어하다

② 장면 실험

분할뇌 환자의 왼쪽 시야(우뇌)에는 눈보라가 치는 장면을 보여주고, 오른쪽 시야(좌뇌)에는 닭발을 보여준다. 그리고 여러 그림을 펼쳐놓고 장면과 어울리는 것을 집으라고 한다.

- 오른손은 닭을 집는다. (좌뇌가 닭발에 잘 어울리는 대답을 선택)

- 왼손은 삽을 집는다. (우뇌가 눈보라를 치우려면 삽이 필요하다고 생각함)

환자에게 왜 집었는지 물었다. 환자(의 좌뇌 언어중추)는 대답한다. "간단해요. 닭발은 닭이랑 어울리잖아요." 여기까지는 지극히 정상적인 대답이다. 하지만 삽을 왜 집었냐고 묻는 순간 좌뇌의 가공할 능력이 드러난다. "지저분한 닭장을 치우려면 삽이 필요하니까요."

닭발을 봤을 뿐인 좌뇌는 눈보라를 본 우뇌(왼손)가 삽을 집은 이유를 설명하지 못한다. 그러자 좌뇌는 이야기를 지어낸다. 왼손의 반응을 관찰한 즉시 설명이 가능한 상황으로 끼워 넣은 것이다. 닭과 삽의 연관성을 지어내기 위해 과거

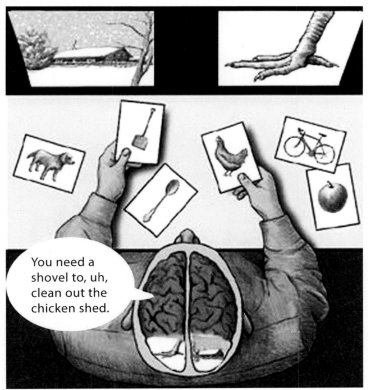

자료: note100.egloos.com

⚙ 그림 11.4 장면 실험

경험과 상식을 토대로 지어내기 때문에 타당해 보이지만, 닭과 삽을 집어 '지저분한 닭장을 삽으로 치운다.'라는 생각을 했는지에 대해선 설명하지 못한다.

즉, 좌뇌는 갑작스레 처하게 된 상황을 이해하기 위해서 임기응변을 하여 타당성을 만들지만, 개연성은 없다는 것이다.

여기서 가장 큰 문제는 분할뇌 환자가 이것을 자신의 좌뇌가 지어낸 것이 아니라 자신의 의지로 닭장을 치우기 위해 삽을 골랐다고 믿는다는 것이다.

(3) 분할뇌 환자의 의식

좌뇌와 우뇌는 역할이 나뉘어져 있다. 좌뇌의 경우 주로 논리와 언어를 담당하고, 우뇌의 경우 주로 감각기관의 처리와 인지능력을 담당한다. 사람의 의식은 이성적인 시스템으로 운영되기에, 언어를 배우는 시점에서 우뇌는 좌뇌가 처리하는 언어나 논리적인 정보들에 간섭하지 못하고 순순히 좌뇌에 협력하게 된다.

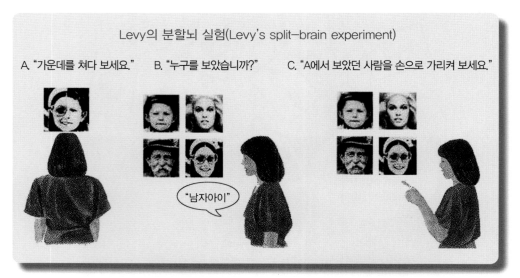

자료: todayhumor.co.kr

🔧 그림 11.5 분할뇌 실험

그 때문에 사람의 '의식'이란 것은 주로 좌뇌가 주도권을 잡고 있기 마련이다.

그럼 분할뇌 혹은 분리뇌 환자는 두 개의 뇌가 서로 생각하고 행동하여 한 사람에게 두 개의 자아가 나뉜다고 볼 수 있느냐면, 그것 아니다. 기본적으로 기억은 공유하며 우뇌와 좌뇌가 각자 따로 논다고 해도, 본인은 이를 인식하지 못하기 때문에 결국 두 개의 의식, 두 개의 자아가 생기지는 않는다. 이것이 가장 큰 문제점이다. 두 개의 뇌는 나뉘어져 서로 개별적으로 정보를 처리하는 데에 비해서, 어째서 의식은 하나 밖에 없느냐는 것이다.

위의 항목에서 설명했듯이 우뇌는 언어를 이해할지라도 좌뇌만큼 논리적으로 생각하고 말을 하진 못한다. 때문에 정상적인 사람은 우뇌가 좌뇌에게 협력하고 좌뇌가 의식을 통일하여 논리적으로 상황을 파악하고 말을 한다. 그런데 분리뇌 환자들은 좌뇌와 우뇌가 분리되어 있기 때문에 우뇌가 좌뇌에게 협력하는 것이 불가능함에도 불구하고 좌뇌는 우뇌의 행동도 자신의 행동으로 인식하여 타당성을 만들려 하고, 말을 할 수 있는 자신이야말로 의식의 주체라고 생각하게 된다. 이는 신체 기능에도 영향을 미치게 되는데, 각각의 뇌가 관할하는 신체기관에 따라 인식의 유무가 나뉘게 된다는 것이다. 신체의 오른쪽 감각들은 좌뇌가 담당하고, 왼쪽 감각들은 우뇌가 담당한다. 정상적인 사람은 오른쪽 눈을 감고 왼쪽 눈만 떠서 아는 사람을 보면 제대로 인지하고, 마찬가지로 왼쪽 눈을 감고 오른쪽 눈만 떠서 봐도 아는 사람의 얼굴을 제대로 인지할 수 있다. 그러나 분할뇌 환자의 경우 오른쪽 눈을 감고 왼쪽 눈으로 아는 사람의 얼굴을 보면 아는 사람이라고 인지할 수 있으나, 그 이름이나 관계가 무엇이냐고 물으면 대답할 수 없다. 또 반대로 왼쪽 눈을 감고 오른쪽 눈으로 얼굴을 보면 아는 사람인지 구분할 수 없지만, 이를 "누군지 모르겠다."고 대답할 수 있다.

분할뇌 환자의 왼손은 환자의 의지와 상관없이 마음대로 행동하기도 한다. 환자가 자신의 의지로 집은 물건은 왼손이 쳐낸다거나, 갑자기 뺨을 때리기도 하고, 심지어 환자가 수면 중임에도 불구하고 멋대로 움직이며 툭툭 치거나 극단적으로는 목을 조르기도 한다.

이렇듯 뇌가 두 개로 나뉘어지고 가끔씩 우뇌가 멋대로 행동함에도 불구하고 환자 본인은 의식이 하나라고 인지하는 까닭은 무엇일까?

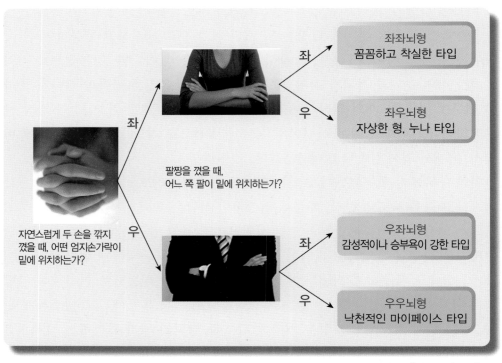

자료: insight.co.kr

⚙️ 그림 11.6 30초 안에 확인하는 좌뇌형, 우뇌형

    확증된 것은 없으나, 기정사실로 받아들여지고 있는 것이 바로 "우뇌는 좌뇌에게 협력한다."이다. 앞서 설명했듯이 인간은 언어로 상호작용을 하며 이성적으로 성장하는데, 이는 대부분 좌뇌의 역할이고, 우뇌는 이에 협력하는 관계이다. 이는 분할뇌 환자가 되어서도 마찬가지인데, 좌뇌는 스스로 '단 하나의 의식'이라고 생각하지만, 실제로는 분리된 우뇌에게도 따로 의식이 존재한다는 것이다. 분할뇌 환자에게 오른쪽과 왼쪽의 시야를 분리해 놓고 '가장 좋아하는 색을 골라 봐라'라고 하면 서로 다른 색을 고른다. 또한 똑같이 시야를 분리시킨 상태에서 좌뇌와 우뇌에게 각각 다른 그림을 그려달라고 요구하면 실제로 그린다. 이는 분할뇌 환자 본인이 '자신의 의지'라고 생각하는 행동과 감각들은 본래 의

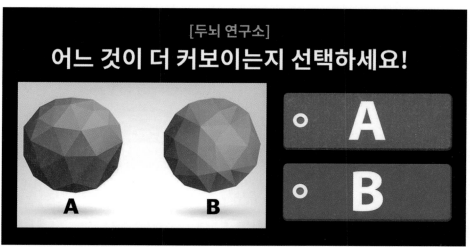

자료: kr.vonvon.me

🔧 그림 11.7 좌뇌형? 우뇌형?[2]

식의 주체였던 좌뇌의 생각일 뿐이고, 환자가 본인의 의지와 상관없이 왼손이 마음대로 움직인다고 생각하는 외계인 손 증후군[1] 같은 증상은 우뇌의 의식이 본인의 의지대로 행동하려 한다는 것이다.

분할뇌 환자들이 공통적으로 나타나는 증상이긴 해도, 그 정도와 패턴이 모두 다른데, 이는 분할뇌 환자의 우뇌가 정상인이었을 때처럼 얼마나 좌뇌에게 일방

---

1) Alien Hand Syndrome. 다른 말로는 Dr. Strangelove Syndrome이라고도 한다. 뇌에서 좌반구와 우반구를 연결해 주는 뇌량 파괴 등의 이유로 없어진, 분할뇌 환자에게서 주로 볼 수 있는 증상이다. 한쪽 팔이 자신과 상관없이 움직이는데, 마치 어떤 목적을 띤 것처럼 행동한다. 예를 들자면,
  • 정상 손이 와이셔츠 단추를 채웠는데, 외계인 손이 다시 푼다.
  • 담배를 물었는데, 외계인 손이 그 담배를 빼앗는다.
  • 컵을 들었는데, 외계인 손이 그 컵을 빼앗으려 한다. 그래서 양 손 간에 실랑이가 벌어진다.
  • 외계인 손이 자신의 얼굴을 계속 때린다.
  • 외계인 손이 자신의 목을 조른다.
2) A는 좌뇌형, B는 우뇌형

적으로 협력하려 하느냐에 따라 다르다는 것이다.

단, 나뉘고 망가진 의식을 멀쩡히 두 개의 의식이라 부르는 것은 어폐가 있다.

(4) 여담

정상적인 사람이 '뇌는 둘로 나뉘어져 언어중추 역할을 맡은 좌뇌에게 우뇌가 서포트한다.'라는 사실을 알게 되었을 때, 좌뇌는 쇼크를 먹고, 우뇌는 당연한 사실에 덤덤할 거라고 한다. 그에 반해 뇌가 나뉘어질 때 우뇌는 이전과 다를 바가 없기 때문에 이에 별로 놀라지 않는다고 한다. 현재 상황에서 좌뇌가 '이는 불가능해.'라고 생각하고 반발하는 것도 이 또한 언어를 담당하는 좌뇌이기 때문이다.

분할뇌 환자들에게서 일어나는 외계인 손 증후군은 그 증상이 참 다채롭다. 기본적으로 환자가 하려는 일을 방해하는 것은 물론이요, 옷 입는 것 방해하기, 자신의 뺨 때리기, 지나가던 사람 치기, 운전 중 오른손 방해하기, 심지어는 수면 중인 자신의 목을 조르려 한 사건도 있다.

자료: m.blog.naver.com

⚙ 그림 11.8 외계인 손 증후군

🔩 그림 11.9 초음파를 사용해서 서로 간에 의사소통을 하는 돌고래들

은 돌고래는 선천적으로 분할뇌를 갖고 태어나는 동물이다. 좌뇌와 우뇌를 연결하는 뇌량이 거의 없다. 때문에 이를 이용하여 좌뇌와 우뇌를 각각 따로 따로 재우면서 활동하는 것이 가능하다.

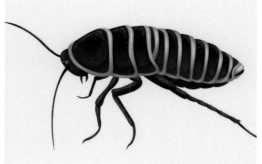

🔩 그림 11.10 바퀴벌레는 머리가 잘려도 살 수 있다

바퀴벌레도 따지자면 분할뇌를 갖는 생물로 분류할 수 있는데, 이는 다리들이 모두 각각 뇌로서 기능하기 때문이다. 이는 다리에 신경이 밀집되어 있어 머리가 없어도 기본적인 생식 활동이 가능하다고 한다. 다만, 입이 없어, 에너지 공급이 불가능하여 일주일 내에 죽는다고 한다.

2. 우뇌를 사용하는 인문계 사람이 오래 산다

운동선수는 겉으로 보기에는 매우 건강하고 튼튼해 보인다. 또한 잘 단련된 근육은 아름답다. 평소에 하드 트레이닝을 통해서 몸을 단련했기 때문이다. 그러나 격렬한 훈련은 반드시 활성산소를 동반하기 마련이다.

스포츠 의학계에서는 운동선수들은 겉보기에는 건강해 보이지만 실제로는 건강하다고 말할 수 없다. 오히려 그렇지 못한 편이 더 적절한 표현일 것이다. 그 증거로 일반 사람들은 힘든 일을 하면서도 대부분의 사람들이 정년 60~65세까지 별탈없이 근무하지만, 스포츠를 직업으로 하는 사람 중에는 60세까지 현역으로 활동하는 경우는 거의 찾아보기 어렵다.[3]

프로 야구의 경우에는 30세가 넘으면 베테랑이며, 40대 현역은 매우 드물다. 격투기 같은 운동은 20대가 황금기이며, 40대에게는 매우 무리한 운동이다. 뿐만 아니라 운동선수는 일반인에 비해서 몸에 자주 이상이 생기고 수명도 짧다. 그들은 스포츠를 통해 돈과 명예를 얻는 대신에 자신의 몸을 혹사하기로 각오하고 있으므로 은퇴할 때까지 겨우 지탱해가는 것에 불과하다. 따라서 일반인이 이들을 흉내 내는 것은 어리석은 짓이라고 할 수 있다.

최근에는 아마추어 마라톤이 유행하여 많은 사람들이 참가하고 있는데, 전문의들은 극구 말리고 있다. 건강을 위한 마라톤이라면 전혀 도움이 안 된다는 것이다. 특히 여자 마라톤 선수의 경우에는 선수 대부분이 생리불순으로 고통을 받고 있으며, 생리를 제대로 한다 해도 무배란(無排卵)일 가능성이 많기 때문이라고 한다.

---

3) 하루야마 시게오 저, 반광식 역, 뇌내혁명, 사람과책, 1996, pp.126~129.

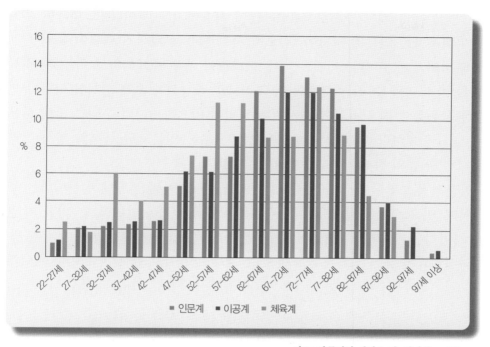

자료: 하루야마 시게오 저, 전게서, p.128.

🔩 그림 11.11 운동과 수명의 관계

정자나 난자는 활성산소의 공격을 받기 쉬우므로 과격한 운동을 하는 선수는 아이를 낳지 못하는 경우가 많다고 한다. 낳더라도 기형아를 낳을 확률이 높다고 한다.

지나친 운동이 몸에 좋지 않다는 사실은 [그림 11.11]에서도 명확하게 나타나고 있다. 이것은 운동과 수명의 관계를 보여주는 그림인데 장수라는 측면에서 확실히 운동선수들이 불리하다는 것을 알 수 있다.

몸을 단련해서 튼튼한 근육을 갖고 있음에도 불구하고 운동선수 출신이 일찍 죽는 것은 활성산소로 인한 피해가 그만큼 많기 때문이다.

그리고 인문계와 이공계를 비교하면, 인문계가 상대적으로 더 수명이 길다는 것을 알 수 있다. 이것은 인문계 사람들이 우뇌를 많이 사용하는 반면에, 이공계 사람들은 논리·계산 등으로 좌뇌를 많이 사용하기 때문이다. 그렇다면 우뇌를 많이 사용하는 인문계 사람이 더 오래 사는 이유는 뇌내 모르핀이 우뇌에서 먼저 분비되기 때문이다. 이것은 뇌내 모르핀이 매우 중요하다고 하는 사실을 다시 한 번 확인할 수 있는 사례이다. 그러므로 건강하게 오래 살기를 바란다면 적당한 운동을 통해 근육을 단련시키는 노력이 필요하거니와 우뇌를 많이 사용하는 것도 중요하다. 우뇌를 사용하는 방법으로는 인문고전 독서와 명상 그리고 음악·미술 등의 정서함양 활동을 들 수 있겠다.

인간의 정보전달에서 가장 중요한 역할을 하는 물질은 뇌에서 분비하는 호르몬이며, 이 호르몬을 잘 활용하면 우리는 탁월한 능력을 발휘할 수 있다. 뇌 안에는 기억력을 향상시키는 해마라는 부분이 있는데, 뇌내 모르핀은 이 부분을 활성화시켜 건망증이 생기지 않도록 하는 효능도 가지고 있다. 학습이나 기억력에

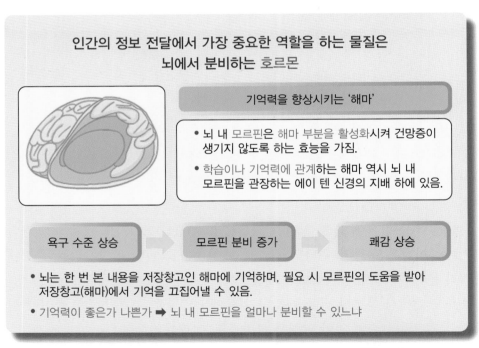

자료: m.blog.naver.com

🔩 그림 11.12 모르핀의 효능

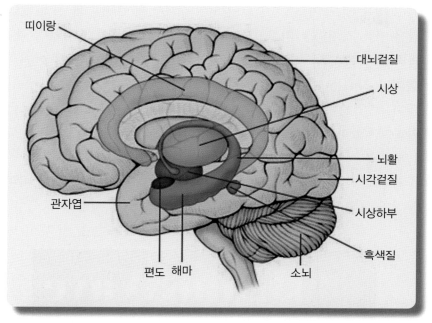

자료: m.blog.naver.com

⚙️ 그림 11.13 해마는 두뇌의 중앙처리장치라고 할 수 있다

관계하는 해마 역시 뇌 내 모르핀을 관장하는 에이 텐 신경의 지배 하에 있다. 뇌내 모르핀의 연구에 의하면, 욕구수준이 높아질수록 뇌 내 모르핀이 많이 분비되며 그만큼 쾌감도 커진다고 한다.

　해마(hippocampus)는 시각, 청각, 미각, 후각, 감각을 분석해 그 데이터를 기억이라는 이름으로 두뇌에 저장한다.

3. 우뇌를 사용하면 α파 상태를 만들 수 있다

　뇌파가 α파일 때 뇌 내 모르핀이 나온다. α파와 뇌 내 모르핀이 하나의 짝을 이루고 있는 것이다. 그런데 뇌파가 α파를 유지하는 상태는 깨어 있는 것도 아니고 자고 있는 것도 아닌 그 중간 정도의 상태이다.[4] 따라서 깨어 있는 상태에서도 잠을 자는 것처럼 뇌의 활동을 떨어뜨리면 매우 좋은 효과를 얻을 수 있다. 그러면 잠재뇌(潛在腦)를 활용할 수 있기 때문이다. DNA에는 본능 이외에 조상의 경험이나 지혜는 물론 정보까지 입력되어 있는데, 바로 그것이 우뇌에 저장되어 있다. 편안한 상태로 긴장을 이완시키면 잠재뇌가 활동하고, 그러면 우뇌 역시 활발해져 α파를 방출하는 것이다.

교육의 목적은 인간이 훌륭한 재능을 발휘하도록 돕는 것이어야 한다. 그러나 인간이 가지고 있는 무한한 재능을 계발하기는커녕 그 싹을 잘라내 버리는 현재의 획일적인 교육은 많은 문제점을 안고 있다.

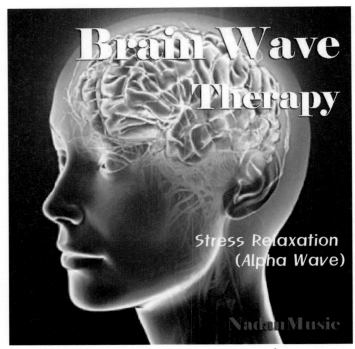

자료: youtube.com

🔧 그림 11.14 스트레스 해소와 피로회복을 위한 힐링음악(α파)

---

4) 하루야마 시게오 저, 전게서, pp.259~267.

학교는 이미 죽었다. 인간으로 하여금 자유롭고 활달한 분위기에서 자신의 독특한 개성을 계발하게 하는 학교가 없기 때문이다. 획일적인 규격에 따라 평균 점수가 나오고 그 점수가 좋으면 그만이라는 식이다. 따라서 어느 특정 분야에 뛰어난 재능이 있더라도 다른 부분이 모자라면 좋은 평가를 받을 수 없는 것이다. 그런 교육은 전근대적인 기업에 어울리는 인간만 길러왔을 뿐이다. 그것은 바로 좌뇌만 사용하는 효율적인 기계 부품을 만들어내는 것과 같다.

의학적으로 볼 때도 우뇌를 많이 사용하는 것이 바람직하다. 좌뇌는 의식적으로 에너지를 발생시켜야 하지만 우뇌는 에너지를 많이 사용하지 않고 효율적으

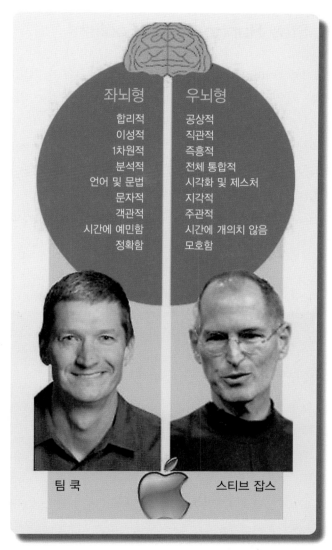

자료: bikenaver.com

그림 11.15 좌뇌형 인간과 우뇌형 인간

로 도파민을 작용시킬 수 있다. 사람이 개성을 가지고 자신의 최고 능력을 발휘할 수 있다면, 이 세상은 더욱 살기 좋은 곳으로 변할 것이다.

4. Stay Hungry, Stay Foolish

《Stay Hungry Stay Foolish》는 인도 비소설 작가인 Rashmi Bansal의 책이다. 그것은 기업가 정신의 거친 길을 따라 수익성 있는 일자리를 남긴 IIM Ahmedabad 출신 25명의 MBA에 관한 이야기를 담고 있다. IIM Ahmedabad CIIE(혁신, 인큐베이션 및 기업가정신센터) 간행물이다. 《Stay Hungry Stay Foolish》는 300,000권 이상을 판매하여 인도 출판사에서 새로운 기록을 창안했으며, 8개 언어로 번역되었다.

Bansal은 기업가 정신에 관한 수많은 책의 저자다. 점들을 연결하고, 꿈을 꾸고, 가난하고 부자인 슬럼을 따르고, 모든 무지개를 따라 가며 집으로 데려간다.

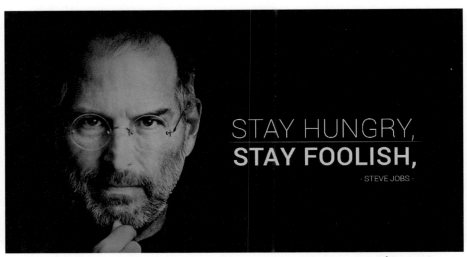

자료: youtube.com

🔩 그림 11.16 Stay hungry, Stay foolish!

애플의 전 최고경영자(CEO) 스티브 잡스의 사망 소식에 전 세계가 큰 슬픔에 잠겼었다. 사람들이 잡스를 존경하고 애도하는 것은 그가 애플을 세워 실적을 올리고 회사를 키운 뛰어난 경영자였기 때문만은 아니다. 그는 역경에 굴하지 않았다. 그 역경을 극복하고 결국 화려한 꽃을 피워낸, 위대한 인간의 삶을 보여 주었다. 그러기에 많은 사람들은 감동하고 있는 것이다.

위대함은 '좋은 결과(success)'만으로 달성할 수 없는 가치다. '이야기(story)'가 반드시 있어야 한다. 비록 힘들고 고달픈 인생의 여정이었지만 스티브 잡스의 성과 뒤에는 늘 '이야기'가 있었다. 그 이야기는 인간이 좌절과 환란 속에서 어떻게 살아야 하는지를 우리에게 보여주는 좌표가 됐다.

그는 2005년 스탠퍼드대 졸업식에서 한 연설 중에 'Stay hungry, Stay foolish!'라는 영원히 기억될 화두(話頭)를 남겼다. '배부름보다 배고픔에 머물러라! 그 고통이 나를 늘 깨어 있게 하리라! 늘 모자라다고 생각하라! 그 낮춤이 나를 더욱 채울 것이다!' 참으로 동양적 가치에 대한 이해와 성찰이 없다면 나오기 힘든 말이다.

그가 밝혔듯이 그는 동양의 참선에 심취했었다. 철학과 인문학에 대한 열정으로 가득 차 있었다. 짧은 이 한마디에서 이런 그의 정신사적 배경을 읽을 수 있다. 현실에 안주하고 지식의 교만으로 가득 차 있는 사람들이 정신을 번쩍 들게 하는 일갈(一喝)이다!

Stay hungry! 《논어(論語)》에서 공자는 군자를 역경 속에서 꽃을 피우는 사람

🔧 그림 11.17 스티브 잡스는 사업가가 아니라 인문학자

이라고 정의한다. 일명 '고궁(固窮)형' 인간이다. 궁(窮)은 어려운 역경이다. 위대한 군자(君子)는 역경을 두려워하지 않으며 그 역경 속에서 오히려 더욱 단단해진다. 추사(秋史)는 제주도 유배지에서 추사체란 화려한 꽃을 피워냈다. 다산은 강진 유배지에서 다산(茶山) 실학(實學)을 완성했다. 'Stay hungry'는 '문과의 우아(優雅)·고궁(固窮)'과 통한다.

위대한 리더에게 배고픔은 더 강해지는 계기가 된다. '궁즉통(窮則通)'이라! 궁한 상황은 새로운 통(通)으로 난 기회의 길이다. 《맹자(孟子)》에는 역경이 인간을 더욱 강하게 할 것이란 뜻으로 '사어안락(死於安樂), 생어우환(生於憂患)'이라고 정의한다. '안락한 일상이 나를 죽일 것이오, 배고픈 상황이 오히려 나를 살릴 것'이란 뜻이다. 안락한 삶이 나를 달콤하게 하지만 성장은 멈출 수밖에 없고, 우환과 역경이 나를 힘들게 하지만 새로운 성공을 찾아내는 계기가 된다는 말이다.

Stay foolish! 《도덕경(道德經)》에서 노자는 지식을 비우고 어리석음으로 사는 것이 위대한 지혜를 가진 사람의 인생방식이라고 정의한다. '대지약우(大智若

자료: lifemedicine.tistory.com

🌀 그림 11.18 사어안락(死於安樂), 생어우환(生於憂患)

愚)', 위대한 지혜를 가진 사람은 바보처럼 보인다. 바보는 늘 지식에 굶주려 있다. 새로운 지식으로 나를 무장하기 위해 교만한 천재보다 겸손한 바보가 돼야 한다. 청나라 정판교란 사람의 인생철학, '난득호도(難得糊塗)' 역시 같은 맥락이다. 똑똑한 사람이 자신의 광채를 줄이고 바보처럼 산다는 것은 어려운 일이라는 뜻이다. 강하기 때문에 낮출 수 있고, 채웠기 때문에 비울 수 있으니, 그 비움은 새로운 채움을 위한 새로운 도약이다. 'Stay foolish'는 '이과의 우직(愚直)·성실(誠實)'과 통한다.

역경(窮)과 겸손(愚)은 스티브 잡스 인생의 핵심가치였다. 그는 안락한 삶보다 배고픈 소크라테스를 선택했다. 교만한 천재보다 겸손한 바보로 남고 싶어 했다. 뭔가를 이루고도 버릴 줄 알았고 채우고 비우는 지혜가 있었다. 21세기가 지나가는 역사의 어느 한편에 스티브 잡스 같은 사람이 있었다는 것은 참으로 행운이다. 우리가 늘 잊지 않아야 할 화두를 그의 삶으로 보여줬기 때문이다.

결국 스티브 잡스는 문과와 이과의 융합형 삶을 평생 추구했는지 모른다. 그는 PC를 개발한 불세출의 엔지니어이면서 인문학도였다.

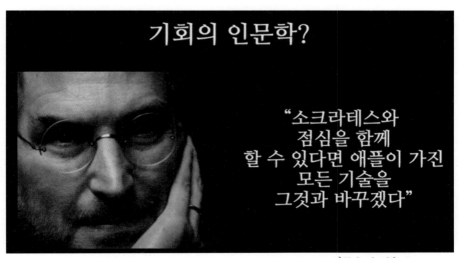

자료: backsulife.tistory.com

⚙️ 그림 11.19 스티브 잡스와 인문학

5. 빌 게이츠가 일 년에 두 번 사라지는 이유

성공한 지식노동자들에게는 어떤 공통점이 있을까? 빌 게이츠는 1년에 두 번 외부 접촉을 완전히 끊고 미래를 설계하는 '생각 주간'을 갖는다. 조앤 롤링은 해리포터 시리즈를 집필하는 동안 소셜 미디어를 완전히 끊었다. 심리학자 카를 융은 호숫가 작은 마을에 별장을 짓고 자신만 들어갈 수 있는 방을 만들었다.

미국 학습 전문가 칼 뉴포트는 《딥 워크》에서 "이들이 공통적으로 추구한 것은 방해받지 않고 최고의 집중력을 발휘할 수 있는 환경"이라고 소개했다.

저자는 로봇이 인간의 노동을 대체하는 시대에 새로운 승자가 되기 위해서는

산만한 세상에서 집중해서 일하기 : 딥 워크

이러한 시대에 가장 필요한 능력이 '집중해서 일할 수 있는 능력',

즉 딥 워크(Deep Work) 역량이다.

칼 뉴포트(Cal Newport) : 조지타운 대학의 조교수, 학습 전문가

딥 워크의 3가지 규칙

1) 몰두하라!

2) 무료함을 받아들여라!

3) 피상적 작업을 차단하라!

자료: blog.naver.com

✿ 그림 11.20 산만한 세상에서 집중해서 일하기

'딥 워크(deep work)' 능력이 중요하다고 말한다. 인지능력을 한계까지 밀어붙이는 완전한 집중 상태에서 수행하는 직업적 활동을 뜻한다.

문제는 수많은 지식 노동자들이 딥 워크에서 멀어지고 있다는 점이다. 네트워크 접속 시간이 늘어났기 때문이다. 이메일과 문자 서비스 같은 통신 서비스, 트위터와 페이스북 같은 소셜네트워크서비스(SNS), 버즈피드와 레딧 같은 인포테인먼트 사이트 때문에 산만해질 수밖에 없다. 이런 정신 상태로는 창의적인 사고와 몰입이 불가능하다.

네트워크가 인간의 집중력을 퇴화시키면서 '몰입하는 인간'의 가치는 그만큼 높아졌다. 비즈니스 저술가 에릭 바커는 몰입 능력을 '21세기 초능력'이라고 표현했다. 뉴포트는 "딥 워크 능력을 신장하고 삶의 핵심으로 만든 소수는 크게 번창할 것"이라고 말했다.

빌 게이츠는 일 년에 두 차례씩 도시를 떠나 미국 서북부 몬태나 주 별장에 은둔한다. '생각 주간(think week)'이라 불리는 일주일간의 은둔생활 동안 빌 게이

자료: news.chosun.com

⚙️ 그림 11.21 일 년에 두 번 은둔하며 내공 쌓는 빌 게이츠

츠는 MS 직원들은 물론 가족의 방문도 거절한다. 보이는 것이라고는 산밖에 없는 산골짜기 별장을 찾는 사람은 하루에 두 차례씩 식사를 넣어주는 관리인뿐이다.

여기서 빌 게이츠는 먹고 자는 시간을 제외한 거의 모든 시간을 사색과 독서하는 데 사용한다. MS 직원들이 작성한 보고서를 읽고 이에 대한 자신의 생각을 정리해 관련자들에게 필요한 사항을 이메일로 지시한다. 빌 게이츠는 이 기간에 100여개에 달하는 보고서를 읽는다.

빌 게이츠가 읽을 보고서는 MS 직원이라면 누구나 작성해 제출할 수 있다. 그러므로 자신의 아이디어가 빌 게이츠에게 전달되는 '생각 주간'은 MS 직원들에게는 흥분 속에 결과를 기다리는 기간이다. 빌 게이츠는 충분한 고민 끝에 새 기술의 개발이나 신규 사업 아이템을 결정한다. MS가 인터넷 브라우저 시장에 참여하게 된 계기 역시 바로 이 기간에, 이 방식으로 결정됐다.

빌 게이츠의 심사숙고하는 모습은 MS의 사풍(社風)에도 영향을 미쳤다. MS는 오랜 시간 회의를 거듭한 후 중요한 결정을 내린다. 회의 시간이 한 번에 8시간이

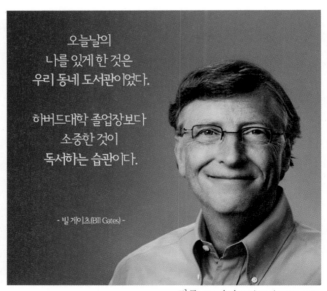

자료: seouleducation.tistory.com

⚙️ 그림 11.22 독서광 빌 게이츠

걸릴 때도 있다. 빌 게이츠는 "앉아서 생각하라고 월급 준다."고 말하기도 했다.

빌 게이츠는 지금까지도 독서하는 습관을 유지하고 있다. 2010년부터 자신이 읽은 책 서평을 개인 블로그 '게이츠 노트(gatesnotes.com)'에 올려 독서의 힘을 널리 전파 중이기도 하다. 그는 독서의 중요성에 대해 "오늘의 나를 있게 한 것은 우리 마을의 도서관이었다."며 "하버드대 졸업장보다 소중한 것이 독서하는 습관"이라고 말하기도 했다.

6. 인문학이 답이다

제4차 산업혁명 시대, 가장 유 망한 학문은 무엇일까? 사람들에게 요구되는 능력은 하루가 다르게 바뀌고 있다. 무엇을 배워야 빠르게 변하는 사회에서 살아남을 수 있을까? 컴퓨터 언어? 외국어? 자격증? 정답은 '인문학'이다. 기술은 변해도 기술을 사용하는 인간은 변하지 않기 때문이다. 인문학을 바탕으로 성공한 사람들을 보면 인문학의 중요성을 알 수 있다.

세계 최고의 부자인 빌 게이츠는 1만4천여 권에 달하는 책을 보유한 독서광이다. 빌 게이츠는 언론과의 인터뷰에서 이렇게 말한 바 있다. "인문학이 없었다면 컴퓨터가 없었을 것이고, 당연히 나도 없었을 것이다." 마이크로소프트의 시장 독점 및 특허 소송 위기에 부딪혔을 때 그는 《손자병법》에서 지혜를 구했다. 또한 자서전에는 "오늘의 나를 만든 것은 《손자병법》덕분이다."라고 썼다.

투자의 귀재, 20세기를 대표하는 미국의 사업가이자 투자가 워런 버핏, '오마하의 현인'이라는 별명을 가지고 있는 그는 인문고전 독서가인 찰스 멍거를 스승으로 두고 있다. 매일 깨어 있는 시간의 삼분의 일을 독서하며 보내는 것으로 유명하다. "결코 독서보다 더 좋은 방법을 찾을 수 없을 것이다."라고 말한 바 있다.

인문학을 바탕으로 성공한 사례는 다양한 분야에 셀 수 없이 많이 있다. 물론 인문학적 소양만으로 성공했다는 것은 과장이다. 좋은 환경과 제도가 있었다는 것도 부인할 수 없다. 하지만 인문학적 소양이 성공하게끔 한 결정적인 요소가 되었다는 것 역시 부인할 수 없는 사실이다. 기술보다 빠른 생각의 속도는 분명

자료: namu.mirror.wiki

⚙ 그림 11.23 워런 버핏

히 인문학에서 나온다. 그러니 4차 산업혁명에서 가장 유망한 학문은 '인문학'으로 꼽을 수 있지 않을까.

고리타분하게 느껴지는 인문학이 재조명받는 것은 무한한 상상력과 창의력의 샘물이기 때문이다.

인텔연구소 제네비브 벨 박사는 "인문학은 새로운 생각의 촉매제로 작용해 사회발전에 엄청난 기회를 제공한다."고 했다. 이 말은 첨단 기술로 무장한 IT 기업들의 인문학 접목 시도가 늘어나는 이유를 잘 설명한다. 벨 박사는 이런 현상이 앞으로도 지속될 것으로 전망한다. 그녀는 "공학적 사고가 어려운 문제를 해결하는 것이라면, 인문학은 어려운 질문을 던지는 것"이라고 했다.

인문학은 결국 인간에 대한 학문이다. 흔히 문(文)·사(史)·철(哲)을 포함하는 의미로 쓰이고 있지만 인문학(humanities)이라는 용어 자체는 본래 라틴어의 '인간다움'(humanitas)에서 나온 말이다.

니체는 인문학을 '인간 삶의 경험에 대한 이해와 그 의미 탐구를 통해 궁극적으로 스스로의 성숙한 삶을 형성하게 해주는 학문'으로 정의했다.

자료: ko.wikipedia.org

⚙ 그림 11.24 프리드리히 니체

다시 말해, 인문학은 인간의 삶과 주변 세계에 대한 성찰을 바탕으로 인간성을 고양하기 위한 실천적 가이드인 셈이다. 삶을 보는 통찰력과 지혜가 인문학의 향기에 녹아 있는 것이다.

인공지능이 인간의 판단을 대신하고 자율주행자동차가 운전을 대신하며 모든 정보가 실시간으로 수집, 분석, 공유되면서 이른바 4차 산업혁명의 시대가 도래한다고 한다. 4차 산업혁명의 특징은 네트워크 기술과 인공지능을 통해 강화된 판단력이다. 기술의 발전은 인간이 보유한 능력을 인간보다 더 잘 발휘하도록 하는 방향으로 발전해 왔는데, 이제 인간 고유의 능력으로 여겨지던 합리적인 판단과 배움의 영역에도 진보의 손길이 미친 것이다. 4차 산업혁명에 이르기까지 인문학은 세상을 바라보는 틀을 공급하는 인간 사유와 행위의 원천이었다. 서양 과학기술의 발전은 근대 철학의 인간중심, 이성중심적 사고와 분리하여 이

"애플의 모든 제품은
인문학과 기술의 교차점에 서 있다."

그림 11.25 스티브 잡스와 인문학

해할 수 없다. 자연을 이해와 지배의 대상으로 본 것이 철학이었고, 정신과 물질의 관계를 규명하려 애쓴 것도 철학이었다. 그러므로 오늘날 위세를 잔뜩 떨치고 있는 현대 기술 문명의 배후에는 인문학이 있다고 보아야 한다. 인문학의 바탕이 없는 4차 산업혁명은 마치 모래 위에 쌓은 성처럼 쉽게 무너져 내릴지 모른다.

빌 게이츠는 "인문학이 없었다면, 컴퓨터도 나도 없었을 것"이라는 말을 했다. 또한 작고한 스티브 잡스도 "애플의 모든 제품은 인문학과 기술의 교차점에 서 있다."라는 유명한 말을 남기기도 했다. 이처럼 정보화시대에 가장 성공한 두 사람이 공통적으로 인문학의 중요성을 이야기한 것은 그 만큼 인간의 미래에 있어 사람에 대한 관심과 고찰인 인문학적 소양이 그 만큼 중요하다는 의미일 것이다.

Reference

가와무라 겐키 저, 이인호 역, 문과 출신입니다만, 와이즈베리, 2017.

노형진 외 2인, Excel을 활용한 컴퓨터 경영통계, 학현사, 2012.

노형진 외 2인, SPSS를 활용한 일반선형모형 및 일반화선형혼합모형, 학현사, 2013.

노형진, SPSS를 활용한 분할표의 분석 및 대응분석, 학현사, 2011.

노형진, SPSS를 활용한 정성적 데이터의 통계분석, 학현사, 2010.

노형진, SPSS를 활용한 조사방법 및 통계분석(제2판), 학현사, 2014.

노형진·정한열, SPSS에 의한 통계분석 입문, 한올출판사, 2008.

노형진, SPSS를 활용한 주성분분석과 요인분석, 한올출판사, 2014.

노형진, SPSS를 활용한 회귀분석과 일반선형모형, 한올출판사, 2014.

노형진, 엑셀로 배우는 경영수학, 한올출판사, 2008.

노형진·이애경, 제4차 산업혁명을 위한 인재육성, 배문사, 2017.

노형진·이애경, 제4차 산업혁명을 이끌어가는 스마트컴퍼니, 한올출판사, 2017.

노형진·이애경, 제4차 산업혁명의 핵심동력 - 장수기업의 소프트 파워 -, 한올출판사, 2017.

하루야마 시게오 저, 반광식 역, 뇌내혁명, 사람과책, 1996.

한중전략경영연구소 편저, 제4차 산업혁명 충격과 도전, 배문사, 2017.

大瀧令嗣, 理系思考 エンジニアだからできること, ランダムハウス講談社, 2005.

飛岡健, 工學的發想が經營を變える, 日刊工業新聞社, 1984.

春山茂雄, 腦内革命2, サンマーク出版, 1996.

太田次郎, 文科の發想·理科の發想, 講談社現代新書, 1981.

八杉龍一, 科學とは何か, 東京敎學社, 1979.

和田秀樹, 文系のための使える理系思考術, PHP, 2007.

INDEX

아나크로니즘   51
아이작 뉴턴 경   206
아인슈타인의 사고실험   255
아카데메이아   262

저자 소개 **노 형 진**

서울대학교 공과대학 졸업(공학사) / 고려대학교 대학원 수료(경영학박사)
일본 쓰쿠바대학 대학원 수료(경영공학 박사과정)
일본 문부성 통계수리연구소 객원연구원 / 일본 동경대학 사회과학연구소 객원교수
러시아 극동대학교 한국학대학 교환교수 / 중국 중국해양대학 관리학원 객좌교수
국방과학연구소 연구원 역임
현재) 경기대학교 경상대학 경영학과 교수
　　　전공, 품질경영·기술경영·다변량분석(조사방법 및 통계분석)
　　　중소기업청 Single-PPM 심의위원 / 대한상공회의소 심사위원·지도위원
　　　한중전략경영연구소 이사장 / 한국제안활동협회 회장

　　　주요저서 : EXCEL을 활용한 품질경영(학현사)
　　　　　　　　Amos로 배우는 구조방정식모형(학현사)
　　　　　　　　SPSS/Excel을 활용한 알기쉬운 시계열분석(학현사)
　　　　　　　　SPSS를 활용한 조사방법 및 통계분석(제2판)(학현사)
　　　　　　　　SPSS를 활용한 일반선형모형 및 일반화선형혼합모형(학현사)
　　　　　　　　EXCEL에 의한 경영과학(한올출판사)
　　　　　　　　SPSS를 활용한 회귀분석과 일반선형모형(한올출판사)
　　　　　　　　SPSS를 활용한 주성분분석과 요인분석(한올출판사)
　　　　　　　　Excel 및 SPSS를 활용한 다변량분석 원리와 실천(한올출판사)
　　　　　　　　SPSS를 활용한 비모수통계분석과 대응분석(지필미디어)
　　　　　　　　SPSS를 활용한 연구조사방법(지필미디어)
　　　　　　　　SPSS를 활용한 고급통계분석(지필미디어)
　　　　　　　　SPSS를 활용한 통계분석의 선택방법(지필미디어)
　　　　　　　　제4차 산업혁명을 위한 인재육성(배문사)
　　　　　　　　제4차 산업혁명을 이끌어가는 스마트컴퍼니(한올출판사)
　　　　　　　　제4차 산업혁명의 핵심동력 -장수기업의 소프트파워- (한올출판사)
　　　　　　　　제4차 산업혁명을 위한 조직 만들기 -아메바 경영의 진화- (한올출판사)

　　　e-mail: hjno@kyonggi.ac.kr

제4차 산업혁명을 위한 **문과·이과 융합형 인재**

초판1쇄 인쇄 2018년 1월 10일
초판1쇄 발행 2018년 1월 15일

지은이   노 형 진
펴낸이   임 순 재

펴낸곳   (주)한올출판사
등 록   제11-403호
주 소   서울시 마포구 모래내로 83(성산동, 한올빌딩 3층)
전 화   (02)376-4298(대표)
팩 스   (02)302-8073
홈페이지   www.hanol.co.kr
e-메일   hanol@hanol.co.kr

ISBN 979-11-5685-617-7